Gunnar Decker

Rilkes Frauen

oder Die Erfindung der Liebe

R F C L A M
L E I P Z I G

Besuchen Sie uns im Internet:
www.reclam.de

© Reclam Verlag Leipzig, 2004
1. Auflage, 2004
Umschlaggestaltung: Gabriele Burde
unter Verwendung von: siehe Seite 313
Autorenfoto Umschlagklappe: privat
Mit 29 Abbildungen
Gesetzt aus Rotis serif
Satz: Reclam Verlag Leipzig
Druck und Bindung: Ebner & Spiegel, Ulm
Printed in Germany
ISBN 3-379-00816-8

... wie wahnhaft er das Wunschbild der Frau zu erzwingen versuchte, von der er sich seine Erlösung versprach, wie er dieses aus dem Nichts geschaffene Bild mit der ganzen Mächtigkeit seiner dichterischen Phantasie auf eine Unbekannte projizierte und fassungslos erlebte, daß die Wirklichkeit seinem Wahn nicht entsprach.

Dieter Bassermann, *Der andere Rilke*

Inhalt

mit Baladine Klossowska (Merline) – Haushälterinnen – Merlines Verbannung – Gudi Nölke hilft immer – Psychoanalyse – Briefe an Aurelia Gallarati-Scotti oder Der Faschismus-Verdacht gegen Rilke – Der Briefwechsel in Gedichten mit Erika Mitterer – Ruth, die fremde Tochter – Sekretärinnen – Letzte Amouren – Erfüllte Fernstenliebe zu Marina Zwetajewa – Val-Mont als Zauberberg – Einwanderung ins Französische & Adieu Marina – Das Ende

Der Mann, der die Frau suchte – und Frauen fand

Ich würde alles tun ... diese vielen schalen und oft so indiskreten Äußerungen über einen produktiven Menschen und seine Hervorbringungen, dieses verwässernde Geschwätz, zu unterdrücken; zumindest ihm möglichst die Nahrung zu entziehen durch das Beiseitebringen der privaten Briefe und Aufzeichnungen, Erschwerung des läppischen Biographismus und aller dieser Unziemlichkeiten. Mein Gedanke wäre ... die Werke ganz allein diesen schweren, geheimen Kampf aufnehmen zu lassen mit den feindseligen nächstfolgenden Dezennien ...

Hugo von Hofmannsthal an Rilkes Tochter Ruth (1927)

... eine dichterische Erscheinung ist niemals vollkommen erkennbar, wenn man nicht zugleich das Bildnis des Menschen erweckt.

Stefan Zweig

Die wechselnden, jedoch immer irgendwie lächerlichen Versuche, mit Bart wie ein Mann und nicht wie ein trauriger Pennäler auszusehen, scheitern. Man sieht die Anstrengung, die es kostet, sich dem Bild eines Dichters anzuverwandeln. Dennoch fallen Mensch und Dichter immer wieder auseinander. Sein Dichter-Selbstbild: ein Klischee. Seine zur Schau gestellte Melancholie hat die Natürlichkeit von Schwerathletik. Er verwendet – darin der Mutter Phia gleich – einen Großteil von Zeit und Aufmerksamkeit auf die Garderobe. Selbst als Eremit der letzten Lebensjahre in dem euphorisch Schloß genannten Turm von Muzot nimmt er sein einsames vegetarisches Abendessen immer an sorgfältig gedeckter Tafel und im Smoking ein.
Trotzdem wirkt sein Äußeres befremdend, sogar abstoßend auf die, die ihn zum ersten Mal sehen. Franz Werfel registriert

»dicke, fast kindliche Lippen« und ein graues Gesicht. Loulou Albert-Lasard malt ihn mit charakterlos-fliehendem Kinn. Über seinen Mund ist vieles gesagt worden; selbst seine größten Verehrerinnen finden ihn häßlich. Allein die großen Augen, die mehr nach innen als nach außen blicken, verraten uns – eher ungewollt – dann doch den Dichter.

Nie hatte er die kreatürliche Selbstsicherheit des von ihm bewunderten Detlev von Liliencron, der einmal von sich sagte: »Es ist geradezu mein Stolz, daß ich immerzu für einen Fettwarenhändler gehalten werde. Entsetzlich wär's für mich, sähe ich aus wie ein Dichter.« Er dagegen, der ernsthafte Wortarbeiter, maskiert sich als Dichter für lyrisch gestimmte Damenrunden. Wie raffiniert. Wie töricht. Der Zyniker Gottfried Benn bescheinigt ihm eine »dürftige Gestalt«, die ein »Born großer Lyrik« sei, und Robert Musil, für Kollegenlob sich eigentlich nie zuständig fühlend, spricht zur Totenfeier des Dichters das Unerhörte aus: »Dieser große Lyriker hat nichts getan, als daß er das deutsche Gedicht zum erstenmal vollkommen gemacht hat.« Und wie um das Bild vom zu belächelnden, weil arg romantisierenden »Cornet«-Dichter vollständig zu zertrümmern, gipfelt Musils Rede: »Er gehört zu den Jahrhundertzusammenhängen deutscher Dichtung, nicht zu denen des Tages.« Welch ein Knall: Jahrhundertzusammenhänge! Das steckt den Geltungs-Rahmen ab: zwischen Hölderlin und Kafka, Goethe und Georg Trakl.

Rilkes privates Leben erscheint aus dieser Perspektive nicht mehr als ein langer, ein wenig verbummelter Gang zu vielleicht dreißig Gedichten und einem Prosastück, die bleiben werden. Aber auch die Legenden um seine Person werden bleiben. Legenden lassen sich nicht mittels Kritik aus der Welt schaffen. Jede Kritik vergrößert den Nimbus. Aber soll man Leben überhaupt kritisieren? Man kann es zu verstehen versuchen, auch da, wo es scheinbar jede Logik hinter sich läßt. Man kann die Seitenpfade des Verstehens der großen Gedichte gehen und dabei sehen, wie sich in der zufälligen Begebenheit schon der notwendige Vers abzeichnet, den der Dichter noch lange mit sich tragen muß, bevor er ihn ausspricht.

Seine ersten schwärmerischen Gedichte schickt der Neunzehnjährige 1895 nach Misdroy: *Die einzige Gnade, die ich erflehe, ist die, daß meine Werke ein zartes Echo in den Herzen hübscher Frauen finden möchten.* Die Empfängerin ist ein Fräulein Ella. Augenscheinlich ist sie hübsch. Wäre sie es nicht, Rilke würde ihre Klugheit, ihre Sensibilität oder ihren Charme rühmen. Denn schon der junge Rilke ist ein Meister im Rühmen. Während er andere rühmt, feiert er sich selbst.

Rudolf Kassner schreibt, Rilke habe die »sogenannte schöne Frau« nicht gesucht, sondern »die Frau von der Frau aus empfunden«. Und doch bleibt dabei die Frau zugleich »das andere«, wie er in einem (später gestrichenen) Versentwurf der »Gegenstrophen« (1912) schreibt: *Oh verwandelt euch nicht! / Bleibt Unbegreifliche, auch / wenn der bemühte Beruf / euch zu Erklärlichen stellt. / Ihr seid die Anderen selbst, / wo ihr Ähnliches tut.* Im Weiblichen erkennt er eine elementare Schöpferkraft, eine Gebärfähigkeit, die der Künstler seinem Werk gegenüber lebenslang zu erlangen sucht.

Rilke ist von Frauen geprägt: von seiner Mutter, die er schließlich haßt, ohne daß er sein Verhältnis als »gehorsamer Sohn« bis zu seinem Tod (Mutter und sogar Großmutter mütterlicherseits überleben ihn) offen aufzukündigen wagt. Ersatzmutter Lou Andreas-Salomé – die zugleich seine erste Geliebte ist – schafft eine beinahe masochistisch zu nennende Abhängigkeit (geprägt von Fürsorge und seelischer Grausamkeit), die alle seine folgenden Bindungsversuche fatal belastet. Die mütterliche Mäzenin Marie von Thurn und Taxis ist es, die ihm ein Stück innerer Freiheit Lou gegenüber zurückgibt – und dennoch jenes Maß an Behütetsein bietet, das er sucht.

Clara Westhoff heiratet er recht unmotiviert. Den herb-männlichen (noch dazu norddeutschen) Typ *Virago* hätte er eigentlich nie gemocht, beschließt er im nachhinein. Rilke liebt die sinnlich-weichen, südlichen Frauen – und fürchtet zugleich deren erotisches Temperament. Clara bleibt nach der unvermeidlichen Trennung eine Freundin, die seine Herablassung geduldig erträgt – und ihm die entscheidende Tür zu Rodin öffnet. In dessen Bannkreis verändert sich sein Selbstverständnis als Dichter vollständig.

In Paula Modersohn-Becker ist Rilke wohl – eine Zeitlang – stärker verliebt als in ihre Freundin Clara. Aber hier versagt er völlig. Er weiß ihre Zuwendung nicht zu würdigen, vor allem: er ist so blind ihren Bildern gegenüber, daß er sie (wie auch Clara) in seiner Worpswede-Monographie nicht einmal erwähnt. Und versagt sogar noch Jahre später als Freund, der den übernommenen Auftrag monatelang schlicht vergißt, ihre Pariser Wohnung aufzulösen. Da ist sie längst resigniert und (von Rilke wiederum enttäuscht) zu Otto Modersohn nach Worpswede zurückgekehrt, um ein Kind von diesem ungeliebten Manne zu bekommen, den zu verlassen sie fest entschlossen war. An den Folgen der Geburt stirbt sie. Jetzt erst erschrickt Rilke, beklagt seine Blindheit und wird zum Requiem-Dichter für die tote Freundin.

Seine Tochter Ruth nimmt er kaum zur Kenntnis. Statt dessen sucht er sich Ersatztöchter, die er in seiner unbeständigen Art umsorgt, bilden will und gleichzeitig zu seinen Geliebten macht – wie Marthe Henneberg und Angela Guttmann. Ruth Rilke versuchte ihr Leben lang, das betont bäuerische Gegenteil ihres überfeinerten Vaters zu sein. Auch die Art ihres Selbstmordes 1972 mit Auto-Auspuffgasen war gewollt »unvornehm«.

In der Zeit von 1910 bis 1922 verwendet Rilke fast seine gesamte Energie darauf, eine Frau zu finden. Wesentliche Dichtung entsteht in dieser Phase kaum. Bis auf die beiden Elegien, die er 1912 auf Duino schreibt, bleibt das meiste Skizze. Dafür wirbt er um die Pianistin Magda von Hattingberg (»Benvenuta«), um die Malerin Loulou Albert-Lasard (»Lulu«) und um die geheimnisvolle Baladine Klossowska, von der lange nur das Liebes-Pseudonym »Merline« bekannt war. Irgendwann reicht es Marie von Thurn und Taxis, und sie schilt ihn einen »Don Juan«, der sich wie ein kleines Kind aufführe, obgleich er auch ein großer Dichter sei. Eine dunkle Ahnung davon, daß dieser große Dichter das Kind in sich wachhalten muß, um produktiv zu sein, scheint ihr dann doch gekommen zu sein.

Von Niederlagen, die er selbst provoziert, unerschüttert, bemüht Rilke sich um Sidonie Nádherný, die dann bald so enttäuscht von ihm ist, daß sie sich dem scharfzüngigen Kritikergott aus Wien, Karl Kraus in die Arme wirft.

Rilke, der die Liebe feiert, ist gleichzeitig immer auf der Flucht vor ihr. Denn Liebe heißt, einen anderen in seine Nähe rufen. Rilke aber hält mit der Art, wie er herbeiruft, den anderen doch wieder fern. Er ist ein Pathetiker der Distanz, ein Virtuose der Fernstenliebe. Liebend praktiziert er die Selbstaustreibung der Liebe. Mit der vergeblichen Suche nach der einen Frau gewinnt er viele Frauen. Man ist noch zu haben. Jedenfalls theoretisch. Das Prinzip Popstar funktioniert. Der einsame Dichter wird zur Projektionsfläche.

Auf der Flucht ist Rilke auch vor Mimi Romanelli, einer heißblütigen Venezianerin, der er begonnen hatte Avancen zu machen. Er läßt sich von der alternden Eleonora Duse ausbeuten, von ihren Launen fast zur Verzweiflung treiben – und zeigt am Ende doch Mitleid mit dieser einmaligen Schauspielerin, die nicht mehr zu leben versteht, nachdem sie ihren künstlerischen Zenit überschritten hat.

In seinen Gedichten wird Rilke dann jede dieser längst verblaßten, verhinderten oder schon halb vergessenen Lieben neu erfinden. Wenn sie nur noch Erinnerungsbild sind, gehören sie ihm ganz, sind sie nah und stören ihn trotzdem nicht. Dann feiert er sie. Die Reihe der Frauen kann man fortsetzen, bis hin zu zuverlässigen Beschützerinnen wie Nanny Wunderly-

Volkart. Sie ist eine Cousine der Gebrüder Reinhart, jener Mäzene, die Rilke – nach Fürsprache Nannys – das Überleben in der Schweiz sichern und den Turm von Muzot kaufen, in dem er seine letzten Jahre verbringt. Er fühlt sich der personifizierten Langsamkeit Regina Ullmann nah, die es sich so schwer macht mit dem Schreiben. Wie gut Rilke das versteht!

Immer also haben seine Begegnungen mit Frauen weitreichende Folgen, denn leichtfertig ist Rilke (meist) nicht. Erotische Verstrickungen lassen ihn nicht unberührt, sie erschüttern ihn bis in die Sprache hinein. Vor dieser Verliebtheit geradezu ins ewige Mißlingen, eine Lebenspartnerin zu finden, die er doch vorgibt zu suchen, steht er selbst immer wieder fassungslos.

All diese Frauen hinterlassen sichtbare Spuren nicht nur in Rilkes Leben – auch in seinem Werk. Seine Offenheit ihnen gegenüber ist so groß, daß die Intensität des Sich-Anvertrauens jeweils nur sehr kurze Zeit andauern kann. Und es bleibt ein Geheimnis unter ihnen – das der Geschwisterlichkeit. Alle Frauen verzeihen schließlich die Enttäuschung über seinen scheinbar unmotiviert-plötzlichen Rückzug nach eben noch beschworener Liebe. Rilke hat panische Angst davor, seine Unabhängigkeit aufzugeben. Er braucht den Selbstschutz der Distanz. Er ist Mitwisser der Frau – und dennoch bleibt sie ihm ein Geheimnis, das ihn fasziniert: die große Unbekannte. Dieser gibt er in seinen Gedichten eine Gestalt.

Ein Narziß. So sah ihn bereits Rudolf Kassner. Die Sexualität des Narziß sucht sich die Fantasie als Erfüllungsort. Allein in der Dichtung, diesem zweiten und für Rilke eigentlichen Dasein im ausgesuchten Wort, lebt er wirklich, entsteht der »Weltinnenraum«. Gewiß ist es kein Zufall, daß zu Rilkes letzter Arbeit im Sommer 1926 die Übersetzung von Paul Valerys Gedicht »Narcisse« wird. Die von einer in die andere Sprache übersetzende Erkundung des Mythos vom Narziß wird zur Grenzerforschung.

Ein Egoist des Wortes, der sich mit dem selbstauferlegten Zwang, arbeiten zu müssen, herumschlägt und sich doch oft vor Seelen-Lähmung nicht rühren kann. Als von seinen Mäzeninnen abhängiger »Hofpoet« (wie Marie von Thurn und Taxis ihren »Doktor Seraphico« erfrischend schnörkellos betitelt) erscheint er geradezu devot. Gleichzeitig gehört er mit dem »Malte Laurids Brigge« und den »Neuen Gedichten« zu den ersten kompromißlos-modernen Wortarbeitern des 20. Jahrhunderts.

Die Frau, die er liebt, bleibt für immer ein Bild, das er in sich trägt. Die nahe Ferne. Er sucht das Urbild der Frau immer hektischer, immer beliebiger wohl auch, bei vielen Frauen.

Am Ende braucht er für die Liebe kein Gegenüber mehr. In den – wie wir heute wissen: unechten – Briefen der portugiesischen Nonne Mariana Alcoforado aus dem 17. Jahrhundert meint er das Geheimnis der Liebe entdeckt zu haben. Hier saugt Ekstase – die mystische Steigerung des Ich ins Welthafte bei gleichzeitiger Verinnerlichung von Welt – alles Äußere in sich auf, läßt sie jede Bindung zurück. Hieraus erwächst, wie es Stefan Zweig nennt, eine »Aura der Unberührbarkeit«. Vollkommene Liebe: für Rilke die vollendete Selbstbezogenheit der Liebe, Selbst-Liebe, die ständig neue Bilder zur Stimulanz fordert und sie verbraucht.

Eine letzte Liebe nur in Briefen. Marina Zwetajewa begegnet er nie. Distanzgeschützte Fernstenliebe wird ihm zur höchsten Form der Liebe, weil sie ihm erlaubt, ganz Bildhöhlenbewahrer, ganz Worthandwerker zu bleiben. Zum Glück für seine Leser. Zum Unglück für die nicht wenigen Frauen, die sich Hoffnungen auf ein gemeinsames Leben machten, weil er in ihnen – Liebe spielendes Dichterkind – diese Hoffnung nährte.

Rilke aber beschwört Nähe und lebt vom Nimbus der Ferne. Das Paradox: Ferngerückt als Mensch, kommt er uns irritierend nahe – als Dichter. Schreibend erfindet Rilke sich selbst. Friedrich Sieburg bekundet, man solle ihn vor allem (!) mit Rilkes Frauengeschichten verschonen: »Und doch ist es kein wahres Leben, das sich da entfaltet, es ist vielmehr ein einziges Versagen, ein ständiges Zurückweichen vor der menschlichen Bewährung.« Und Friedrich Gundolf, der Abgesandte des dichterischen Konkurrenz-Unternehmers Stefan George, schreibt boshaft, dies sei ein willenloser Mensch, der »schlechthin abhängig, passiv, einlässig und durchlässig« erscheine, ebenso »entlassen, zerrissen, all-durchbohrt«. Was hier abwertend gemeint ist, zeugt unter anderer als der Kunst-ist-Weihe-Optik des George-Kreises gerade von Rilkes Modernität. Er hat etwas vom modernen Mystiker, einem unzeitgemäßen Magier der Relativität, wie ihn Robert Musil in seinem epochalen Werk »Der Mann ohne Eigenschaften« (das ist zuerst ein kühler Skeptiker!) vorstellt.

Auch Rilke mißtraut seiner Liebesfähigkeit anderen gegenüber. Am Weihnachtsabend 1911 nennt er sich ein *Monstrum, das im Grunde nie um irgendein Wesen so tief und quälend und unablässig besorgt* gewesen sei wie um sich selbst, und fragt selbstanklägerisch, ob *so ein Scheusal überhaupt über das, was zwischen Menschen spielt,* zu Worte kommen dürfe. Hier wie überall pendelt Rilke zwischen Selbstanbetung und Selbstverachtung. Er sucht die Höhen und Tiefen der Ekstase. Die Mitte ist für ihn nur lau; Zustand innerer Lähmung. Was er findet, ist immer nur Zerrissenheit, das Fragment, dem der Weg zum Ganzen versperrt bleibt. Ein kongeniales Erspüren des Zeitalters liegt darin.

An jede Schloßmauer malt Rilke das ferne und mit Unerfüllbarkeitsgarantie versehene Sehnsuchtsbild Frau. Eine Insel der Schönheit im häßlichen Meer der Zeit, Doping für die bis an die Leistungsgrenze getriebene dichterische Einbildungskraft. In die ferne Geliebte projiziert er all seine erotische Erwartung. Keine Wirklichkeit könnte ihr je standhalten. Hier wird die Frau zur Ikone, zum Inbegriff der Anbetung. Damit auch zu einem bloßen Fantasieprodukt, das den von Monomanie geprägten Dichter-Tagesablauf nicht (oder nur kurzzeitig) beeinträchtigt.

Das bevorzugte Medium für eine derartige Aufstachelung erotischer Fantasien ist der Brief. Rilke, die Eismaschine, produziert Hitzebilder in Serie, tauscht beständig Nähe gegen Ferne aus. Dieter Bassermann schreibt, Briefe seien Rilke das bevorzugte Medium von Selbstanalyse. Zugleich zeigen sie die »Sorge nach Unsterblichkeit«, den »Blick über die Schulter auf die Nachwelt«, wie Claire Goll bemerkt. Frauen seien ihm dabei die »vollkommensten Formen«, in die er seine Verse gießen konnte. Für Claire Goll bleibt Rilke ein Solitär im lebenslangen Selbstgespräch, ein »Erzengel im Jackett«.

Die Tage sind vom Briefeschreiben nahezu ausgefüllt. Dichter-Geschäftspost, mit aller Akribie und feinem Gespür für jede sich eröffnende Chance. Denn, das darf man nicht vergessen: Rilke verdient mit seinen Gedichten viel zuwenig, um davon leben zu können (jedenfalls nicht so, wie er sich das vorstellt). Eine makabre Pointe hat deshalb Stefan Zweigs bewundernder Satz, keiner der Dichter seiner Zeit sei so frei gewesen wie Rilke, der sich nirgends band.

Es ist die Freiheit des Almosenempfängers. Ein Dauerzustand latenter Panik. Das prägt. Den Charakter sowieso, aber auch den Stil und nicht allein den der Briefe. Rilkes wachsende Schwierigkeiten, dem eigenen dichterischen Anspruch zu genügen, sind auch den Schatten geschuldet, die diese gehobene Eintänzermanier, sich von Frauen einladen (aushalten!) zu lassen, auf sein Selbstwertgefühl legt. Rilke erleidet das Schicksal eines Autors, der die Armut zu umgehen sucht, ohne seine Dichterexistenz preiszugeben. Er spaltet unbewußt den galanten Gesellschaftsmenschen ab vom Dichter, der seine Worte einzeln wägt. Mit rhetorischer Eleganz und diplomatischer Geschmeidigkeit versucht er, die kaum lebbare Schizophrenie der Situation zu verdecken. Was in Frankreich als Proustsche Salonexistenz normal gewesen wäre, bringt das Prager Provinzkind, das er überallhin mit sich trägt, innerlich aus dem Gleichgewicht. So sucht er zunehmend seine Salons und Schlösser auf dem Land und in völliger Einsamkeit – ein paradoxes Unternehmen.

Marga Wertheimer, später Rechtsanwältin in Zürich, arbeitet im Herbst 1924 für einige Wochen in Muzot als Sekretärin bei Rilke. Sie hat darüber den Bericht »Arbeitsstunden mit Rainer Maria Rilke« geschrieben. Und uns mit dieser naiv-verehrenden Privat-Chronik ein glaubwürdiges Bild von Rilkes aus lauter Selbstinszenierung bestehendem Alltag gegeben. Wie er ein Monokel trägt und intensiv um seine Kleidung besorgt ist, wie er sich hineinsteigern kann in die Frage, welches Muster der neue Sofastoff haben soll, oder wie er lange über die Symbolik von Nahrungsmitteln doziert. Und wie er ständig laut seine Gedichte vor sich hin spricht. Wer will schon solcher Karikatur eines Dichters begegnen?

Manches an Rilkes Gebaren erinnert an einen Modemacher, einen Designer, etwa, wenn er mit Hingabe und Sendungsbewußtsein eine Philosophie des Hutes entwickelt. Rilke war so abergläubisch, daß er den Spiritismus von Ahnenbeschwörung und Tischerücken (bei Marie von Thurn und Taxis fanden oft Seancen statt) doch wohl ernster nahm, als mancher solch Peinlichkeiten umschiffende Deuter uns im nachhinein glauben machen will.

In Paris, zur Zeit des »Malte Laurids Brigge«, hatte Rilke sieben, acht Jahre lang höchst beschränkt und ungesichert gelebt. Aber 1909, als dieses den Blick in den Moloch Großstadt freigebende Paris-Buch endlich im Druck ist, weiß er: so will er nicht mehr leben. Eher gar kein Dichter mehr sein als dieses Elend. Beschränkte Verhältnisse, mit Geld genau rechnen müssen – solch Daseinsenge ist für Rilkes Empfinden schon blankes Elend. Der Kleinbürgerhorizont seiner Prager Kindheit, dessen den Charakter duckende Gewalt er fürchtet, steht drohend vor ihm.

All das verraten uns seine Briefe. Wie seine Gedichte aber sind auch seine Briefe von sehr unterschiedlicher Qualität. Die An- oder Abwesenheit innerer Anteilnahme läßt sich bei aller Beredsamkeit nie ganz verbergen. Müßte man alle heute zugänglichen Briefe lesen (es sind Tausende), wäre das kaum ergiebig. Der Kreis der Briefpartner, denen gegenüber er aufrichtig ist, läßt sich an einer Hand abzählen. Mittels dieser tagefüllenden Briefproduktion sichert sich Rilke seinen Lebensunterhalt.

In seinen Briefen spielt er die Rolle des Berufsromantikers, der weiß: viel schmeicheln ist besser als wenig schmeicheln und schwärmerische Lyrik besser als nüchterne Prosa. Rilke hat damit – höchst erfolgreich – ein Image für sich kreiert, so perfekt, daß ihn heute jede Werbeagentur darum beneidete. Es ist das Bild des einsamen, seiner Erlösung harrenden Dichters in klösterlicher Zelle. Da entdeckt noch jede Frau in sich einen Messias.

Hans Egon Holthusen sieht im »Malte Laurids Brigge« das Modell eines Menschen vorgebildet, der »liebend nicht lieben kann«. Das Paradox, daß jemand, der über tausend (!) Briefpartner hatte, dabei doch ohne wirkliche Bindung an andere Menschen blieb, nennt Peter Jokostra drastisch die »abseitige Geisteshaltung eines kompletten Psychopathen«.

Ironischerweise ist Masturbation eine der Hauptbedrückungen seiner letzten Lebens-Zeit. Denn er führt, in einem Brief vom 31. Oktober 1925 an die eifrige Freud-Schülerin Lou Andreas-Salomé, sein Siechtum (die unerkannte Leukämie) auf diese *Selbstreizung* zurück. Lou versucht zu beschwichtigen, vermutlich aber vergeblich. Denn Rilke sieht, wie er an Nanny Wunderly-Volkart am 12. November 1925 schreibt, bereits sich selbst als *ein mir Unbekannter, so unbekannt, daß ich mich manchmal, Momente lang, auf einen ›außer mir‹ verlasse, der ›Ich‹ sein müßte.*

Der passionierte Barfußgänger Rilke will – wie Nietzsche – die menschliche Natur von der falschen Moral des dauerhaft schlechten Gewissens befreit sehen. Unsere Natur ist nicht sündhaft. Sündhaft ist, gegen die Natur zu leben. Aber für sein eigenes Leben mißlingt genau das. Seine Existenz verkünstlicht zusehends. Er schreibt sieben phallusverherrlichende Gedichte (1915); eine schrecklich verdruckste Reimerei, wo sich »Grate« auf »nahte« reimt, wo es eine sich aufrichtende *Säule* gibt und die Verse: *Ach wie bin ich eng darin. / Schmeichle mir, zur Kuppel auszutreten: / um in deine weichen Nächte hin / mit dem Schwung schoßblendender Raketen / mehr Gefühl zu schleudern, als ich bin.*

Das Schlüsselwort dieses pubertären Ergusses heißt *Schamgehölze.* Ein halbherziger Aussteiger aus der Kleinbürgerwelt, der hoch hinauswill: ein Aufsteiger. Das auch. Es gehört zu den Produktionsgesetzen seiner Dichtung, daß alles suggestive Ansprechen des Lesers sich – im letzten Moment – doch wieder in einer Privatmythologie verbirgt. Deutlich wird, wie sehr Rilke das Thema Sexualität beschäftigt, das er immer in einem direkten Zusammenhang mit dem Tod sieht. Damit Neues entstehen kann, muß Altes absterben. Rilke ringt um die Anschaubarkeit dieser Ungeheuerlichkeit, die Natur auch ist.

Als Mann fühlt er sich mißglückt. Er malt sich ein ideales Gegenbild aus zur eigenen Unvollkommenheit. Der Dichter deutet sein Leben um, pendelt zwischen Scham und einer Verschämtheit, die sich gern einmal un-verschämt gäbe, aber gerade dann nur hölzern wirkt. So wechselt Kunst nahtlos über zu Kitsch – und keineswegs nur in seinen Jugendgedichten. Er bleibt immer das katholisch-eingeschüchterte Jungen-Mädchen vor der dunkel drohenden Mutter.

Der Briefschreiber nimmt jede Erfüllung schreibend vorweg, produziert, wie es Dieter Bassermann formuliert, eine »Scheinnähe der in seiner Fantasie geschaffenen Intimität«. Auch die Geliebte ist ein Resultat des Schreibens, das aus dem Nichts heraus jenes Bild selbst erzeugt, dem der Dichter verfallen ist – und gegenüber dessen Vollkommenheit jede vorfindbare Wirklichkeit höchst provisorisch wirken muß.

Die Gefängnistore der Dichtung schließen sich hinter ihm. Ein

Schicksal, das zu bejahen er lange zögert. Erst im Turm von Muzot gelingt es, mit den »Sonetten an Orpheus«.

Leben besteht im Verbrauchen von Wünschen. Der Dichter weiß dies mit sicherem Instinkt, versagt sich die Erfüllungen, um die Wünsche aufzusparen. Aus denen imaginiert seine Dichtung eine Gegenwelt zu jener Welt, die sich die wirkliche nennt. Aber an der möglichen Welt der Kinder und Dichter gemessen, ist es die ärmere Welt. Oder wie es der Rilke trotz romancierhafter Massigkeit so erstaunlich seelenverwandte Balzac schreibt: »Sie war mir mehr als eine Frau, sie war eine Dichtung voll Geheimnis.« Hierin gründet die Hermetik eines Narziß, der sein eigenes Spiegel-Bild zum Bild der Welt erklärt.

Der Platz, auf den sich Rilke die Frau wünscht: in sicherer Ferne, aber gut sichtbar. Darum bindet er sich nicht an Frauen. Frauen sind ihm schöne Dinge, die die Fantasie eine Zeitlang anregen. Für den Dandy Oscar Wilde, den Erfinder des Prototyps des modernen Narziß, Dorian Gray, ist der Künstler als »Schöpfer schöner Dinge« ein beharrlicher Einwand gegen die Welt der Nützlichkeiten. Auch für Rilke wird das eigene Leben zum Material. Das als Kunstwerk auskristallisierte Leben entzieht sich der eigenen Verfügbarkeit – wird geradezu bedrohlich in seiner Fremdheit.

Die Besonderheit des Narzißmus bei Rilke: aus manischer Ich-Fixiertheit wächst manische Ich-Vernichtung. Dem Fegefeuer des »Malte Laurids Brigge« folgt die Hölle der »Duineser Elegien«.

Der schreckliche Engel der Elegien verhindert die Versöhnung mit der eigenen Natur. Hier steht Rilke an einer Schwelle. Es ist jene, die Musil im Blick hatte. Wird der mit dem Ersten Weltkrieg eingetretene Untergang der alten Welt zum Aufgang einer neuen Welt? Was wird aus den Menschen in einer anonymen, kalten Engelsordnung, die die einer durchtechnisierten Welt ist? Hoffnung gibt allein die schöpferische Natur des Menschen.

Die »Sonette an Orpheus« bewahren den Weg zum Offenen, zum wiederholten Neuanfang. Eine Selbstvergewisserung, die sich der mythischen Wurzel von Aufklärung erinnert. Ein Bild vom Anfang, mit dem man neu anfangen kann. Die weibliche Welt steht als Gegen-Prinzip zur männlichen Ratio-Welt mit ihrem Arsenal an desaströser Vernichtungs-Technik vor uns als eine Aufforderung zur rettenden Selbstkorrektur.

Rilke züchtet seine Einsamkeit wie eine seltene Blume, um sie auszustellen. Er bleibt dabei auf weibliche Fürsorge angewiesen. Er braucht die Frauen, die reichen, die adligen, um auf ihren Schlössern zu leben. Er will, daß sie an ihm Gefallen finden. Er hat kaum Geld, darum muß er überall Gast sein. Am liebsten Ehrengast. Da werden alle Frauen schön – aus Not. Daß er nebenbei auch ein raffinierter Impotenzvortäuscher ist, der Frauen zu Versuchen der Rettung seiner Männlichkeit überaus erfolgreich zu animieren versteht, sei nur am Rande erwähnt.

Das ist die profane Seite, blanke Überlebensklugheit eines vorgeblich Mittellosen mit hohen Komfortansprüchen. Doch die Not kommt von innen. Rilke betet die Frau an wie eine Madonna, die ihm helfen soll, die richtigen Worte zu finden. Eine Muse soll sie sein. Nah, wenn er sie braucht, fern, wenn er sie nicht braucht. So eine Frau aber existiert nur im Hirn des Dichters.

Mit Fixsternen, Kometen und Sternschnuppen verglich Wolfgang Leppmann Rilkes Frauen. Rilke hätte dieser spielerische Himmelskörpervergleich gefallen. Waren Frauen doch etwas, das er gern in den Himmel hob. Ab und zu jedenfalls will dieses Buch sie zurück auf den Boden stellen.

Die Insel Prag

Der Junge, der ein Mädchen sein sollte

Prag im ausgehenden 19. Jahrhundert ist eine Insel. Eine gotisch-mittelalterliche Stadt, umzingelt von kapitalistischer Industrie. Ein Ort, wo man das Gestern konserviert – und doch ahnt: dies ist eine museale Anstrengung.

Doppelt zur Insel wird Prag der deutschen Minderheit. Abgeschnitten vom deutschen Sprachraum, blickt sie sich immerzu selbst im Spiegel an. Hier wächst ein kollektiver Narzißmus heran. Mit zwanzig Jahren hat Rilke seine Geburtsstadt verlassen. Sie war ihm zu eng, zu gestrig. Sein Leben wurde zur ruhlosen Wanderung.

In seinem 1899 geschriebenen Aufsatz über den Zeichner Emil Orlik schildert er so ein Wanderer-Schicksal. Der kleine Text wird ein erster Schlüssel auch zu Rilkes Narzißmus. Prag ist darin ein im Nebel liegendes Traumbild aus vergangener Zeit. *Die giebelige, türmige Stadt ist seltsam gebaut: die große Historie kann in ihr nicht verhallen. Der Nachklang tönender Tage schwingt in den welkenden Mauern.*

Es herrscht Untergangsstimmung. Die Industrie-Zeit wird auch diese über Jahrhunderte gewachsene Stadt rasch in einen Zerstörungs-Taumel ziehen und bestenfalls museale Hüllen hinterlassen. Eine tiefe Melancholie erhebt sich mit artifizieller Pose. Und der junge René Maria Rilke trägt besonders dick auf: *Gott dunkelt in hohen gotischen Kirchen. In silbernen Särgen sind heilige Leiber zerfallen und liegen wie Blütenstaub in den metallenen Blättern.*

Dieses Posieren versucht das Fehlen echter Bindung mit lauter Talmi zu ersetzen. Eine Versuchung, die in Rilkes Leben andauert. Nie hat er das Gefühl, wirklich dorthin zu gehören, wo er sich gerade befindet. Nach dem Untergang des k. u. k. Imperiums bemüht er sich zwar um einen Paß der neuen tschechischen Republik und ist glücklich, ihn schließlich in den Händen zu halten – aber Heimat wird sie ihm darum nicht. Wie ihm schon das alte Prag um die Jahrhundertwende nicht Heimat war. Auch damals fühlte er sich als Fremder. In Prag nimmt Rilkes Bindungslosigkeit ihren prägenden Anfang, wächst sein schließlich unüberwindliches Distanzbedürfnis zur Umwelt. Zudem spricht Rilke kaum tschechisch, versucht gar nicht ernsthaft, die Barriere zu überwinden. Eine Stadt der *vielen Feindschaften und Falschheiten* nennt er Prag, wo sich die *Mußestundenkunst alternder lediger Damen fast unmerklich mit den anderen Ausstellungsstücken* verbindet, wo die *Mittelmäßigkeit* es sich überall behaglich macht.

Eine Kindheit hier, das ist wie in Gustav Meyrinks »Golem«, eine düstere Traumwelt, die die Fantasie derer aufstachelt, die begabt sind, feiner zu hören und zu sehen. *Was andere Kinder anderswo mühsam zusammenträumen, das steht hier lebensgroß und von der Wirklichkeit bejaht, mitten in ihrem Tag.*

Sofja Schill, die russische Freundin aus Schmargendorfer Tagen, notiert in ihren »Erinnerungen«: »Daß Rilke ein Heimatgefühl fehlte, war mir verständlich; als Tscheche von Geburt und Deutscher der Kultur nach kannte er kein Vaterland.« Darum habe er nur in der Welt der Poesie ein Zuhause finden können.

Rilke sieht, daß es nur zwei Wege gibt, als in Prag geborener Deutscher erwachsen zu werden. Entweder paßt er sich mit besonderem Eifer an – oder geht für immer weg. Diesen Weg ist Emil Orlik gegangen und auch Rilke geht ihn. Heimat stellt sich fortan im ständigen Unterwegs her, als jenes atmosphärisch Offene, das Rilke später den *Weltinnenraum* nennt. Und Frauen werden ihm dabei zum Heimat-Ersatz für Momente. Aber auch das nur flüchtig und darum – wie bei Süchtigen – in wachsender Frequenz.

Es ist eine Quadratur des Kreises von Fortgehen und Ankommen – im eigenen Werk. Ein wenig scholastisch klingt es, wenn er über Emil Orliks Weggehen schreibt: *Und jede fernere Fremde, welche er aufsucht, ist nur Raum für den Anlauf, dessen es braucht, zu dem großen Sprung bis in den innersten Kreis ihres unverratenen Wesens.*

So trägt Rilke die offene Wunde, die ihm seine Kindheit ist, vor sich her. Siegel dauerhafter Verletztheit und Flagge des ins Fremde Exilierten. Die Mutter Phia und Prag, das sind die beiden Pole, in die seine Kindheit eingespannt bleibt, wie in einen Schraubstock. An Jelena Woronina schreibt er im Juni 1898, als er Prag besucht: *... der Alltag, der in Prag so enge ist wie nirgendwo, die Menschen, die in Prag so dunkel gehen und gar kein Verlangen haben nach Glanz und Klarheit, und diese Vergangenheit, die mich aus Gestalten und Häusern und Tagen so verständnislos anstaunt – ich fühle, daß ich auch das nicht mehr fürchten muß ... Gearbeitet hab' ich nichts; dazu ist Prag zu enge.*

René Karl Wilhelm Johann Josef Maria Rilke wird am 4. Dezember 1875 in die Prager Beamtenwelt hineingeboren. Der Vater, Josef Rilke, gilt bald im bürgerlichen Sinne als gescheitert. Er heiratet Sophie Entz, die sich selbst Phia nennt. Das war am Beginn einer Offizierslaufbahn, die früh endet. Wegen eines Halsleidens ist Josef Rilke zu oft dienstunfähig. Schließlich wird er Inspektor bei der Bahn. Eine Schmach für die ehrgeizige Phia, die sich bald darauf von ihrem Mann trennt.

Rilke besitzt ein tiefes Verständnis für das Scheitern seines Vaters, für das Scheitern überhaupt – selbst da, wo es ein bloßes Versagen ist. Er verachtet seine Mutter für ihr kaltes Erfolgsstreben. Diese an Amt und Würde äußerlich meßbare Wirklichkeit bleibt für ihn eine Marginalie. Zu schaffen macht sie ihm dennoch.

Reichtum ist innen oder nirgends, weiß der Möglichkeitsmensch Rilke, der seinem Vater so nahe steht wie der Mutter fern. Obwohl, oder vielleicht gerade weil die Mutter durchaus eine musische Seite besitzt, die dem Vater völlig abgeht. Aber für Phia ist die Kunst immer nur etwas Äußerliches, das man ausstellt. Rilke baut an einer Innen-Welt, die sich den Nützlichkeits-, Moral- und Wertvorstellungen des Außen beharrlich entzieht.

Alle Sehnsucht der Mutter ist mit dem Adelsstand verbunden. Rilkes erfolgreicher Onkel Jaroslav war kurz vor Renés Geburt geadelt worden. Doch der Vater blieb von diesem Privileg ausgeschlossen. Das hat sie nie verwunden.

Dabei kann Phia Rilke für ihre Zeit durchaus als emanzipiert gelten. Sie besitzt einen starken Willen und läßt nicht zu, daß sie jemand dominiert. Der Hang zum Luxus hat Hintergründe. Ihr Vater ist ein reicher Unternehmer und – obwohl nicht adelig – eine Größe in der Prager Gesellschaft. Phia wächst in einem Barockpalais in der Herrengasse auf. Hohe Decken, weite Treppen und kostbare Einrichtung, das wird ihr Maßstab für angemessenes Wohnen. Der Bahninspektor Josef Rilke kann es ihr nicht bieten.

Seinen Vater – er starb bereits 1906 – hat Rilke geliebt. Noch 1923 kommt er in einem Brief an die Gräfin Margot Sizzo auf sein Verhältnis zu ihm zu sprechen: *Wenn ich mich erinnere, wie ich – oft bei äußerster Schwierigkeit, einander zu verstehen und gelten zu lassen – meinen Vater geliebt habe! Oft, in der Kindheit, verwirrten sich meine Gedanken, und das Herz erstarrte mir in der bloßen Vorstellung, er könnte einmal nicht mehr sein.*

Das Kind René ist von Geburt an schwächlich. Darum hütet es Phia auf überängstlich-verzärtelnde Weise. Hinzu kommt, daß ihr ein Jahr zuvor bereits eine Tochter kurz nach der Geburt gestorben war. Die Geburt des Sohnes kann sie nicht über diesen Verlust hinwegtrösten. So projiziert sie in René die gestorbene Tochter hinein. Rilke bleibt ein Einzelkind. Er wächst im Bewußtsein auf, für seine Mutter der Ersatz der toten Schwester zu sein.

Bis zu seinem fünften Lebensjahr trägt er Mädchenkleider. Der Vater sieht ohnmächtig zu. Später erinnert sich Rilke, seine Mutter habe mit ihm wie mit einer großen Puppe gespielt. Auch der Knabe René spielt zum Entzücken der Mutter gern mit Puppen, kämmt ihnen stundenlang die Haare.

Noch bevor er zur Schule geht, lernt Rilke Schiller-Balladen auswendig. Phia läßt ihn damit vor Besuchern auftreten. Niemand sage, dies wäre ihm später bei seinen inszenierten Dichterlesungen nicht von Nutzen gewesen.

Ebenso wie die hehre Kunst liebt Phia Uniformen. 1886 schickt sie den bis eben noch verzärtelten Zehnjährigen auf die Militärschule nach Sankt Pölten. Ein Schock, Einfall brutaler Außenwelt, der das Kind zwar nicht zerbricht, aber seine tiefe Verachtung gegen alles Außen stärkt. (Sein ganzes nachfolgendes Leben wird für ihn eine Verteidigung des Innen gegen das Außen.) In der Dichtung findet diese Verteidigungshaltung zur Form; eine Sprache, die den Leser nicht fortstößt, die aber auf Abstand hält, noch da, wo sie Innigkeit und Zustimmung beschwört.

Rilke hat seiner Mutter die seelische Grausamkeit nicht verziehen. Die Mutter, so urteilt er später kurz und vernichtend, sei ein *vergnügungssüchtiges erbärmliches Wesen.*

Aber wie sehr Rilke seiner Mutter – bei aller Ablehnung – doch wieder ähnlich ist, daran erinnert Ralph Freedman. »Verkleidungen« werden ein Teil von Rilkes Dichtung. Rilkes dichterische Selbststilisierung gleicht der katholischen Selbststilisierung der Mutter. Auch seine innere Ruhelosigkeit, die Getriebenheit von Ort zu Ort, teilt er mit der Mutter. Wie Phia versucht er angestrengt, seine Bedürftigkeit zu kaschieren. Er kleidet sich selbst in Perioden finanzieller Not mit großer Sorgfalt und bemüht sich krampfhaft um die Bekanntschaft mit Hochgestellten und Reichen.

Der Eintritt des zehnjährigen René in die Militärschule Sankt Pölten wird zur Abschiebung aus dem Elternhaus. Denn zeitgleich verläßt Phia ihren Mann. Rilke verliert damit – allzu früh – jede sichere Zuflucht. Das verzärtelte Einzelkind sieht sich plötzlich einer rüden Jungmännergesellschaft ausgeliefert. Er fühlt sich von der Welt wie durch eine Glasscheibe getrennt.

Vier Jahre muß er hier ausharren. Erstaunlich, daß er es übersteht. Aber vielleicht geht bereits hier von ihm eine Distanz gebietende Einsamkeit aus, die ihn davor bewahrt, zum Opfer pubertärer Machtspiele der Zöglinge zu werden.

Ein Schlaglicht auf die herrschende Gemeinheit und Brutalität dieser Militärschulen wirft Rilkes Erzählung »Die Turnstunde« von 1899. Vielleicht liegt das Geheimnis, warum er nicht unterm Rad zerbrochen ist, auch darin, daß der Heranwachsende keinerlei Bestreben zeigt, in den Knaben-Hierarchien irgendeine Rolle zu spielen. Er sucht nicht Bindung, die ihn hätte angreifbar machen können, sondern beharrt – aristokratisch – auf Distanz. Das macht ihn zwar zum Fremdkörper in einer militanten Umwelt, aber es schützt ihn auch vor deren Zugriff. Eine Strategie, die prägend für Rilke wird.

Der ausgesetzte und verlassene Knabe fühlt sich verraten, schreibt bettelnde Briefe an die Mutter, ihn heimzuholen – und beginnt insgeheim, seine Mutter mehr und mehr zu hassen. Phia lebt inzwischen in Wien, wo sie ein neues Leben anfangen will. Da sind ihr die Klagen des Sohnes lästig. Aufschlußreich zwei Fotos von Sankt Pölten, die Phia beschriftet hat: »Das Gefängnis meines kranken Kindes.« Und: »Die Anstalt, das traute Heim, meines geliebten, teuersten Kindes.« Unter dieser wortreich drapierten Herzenskälte leidet er.

Die Mutter als schrecklicher Engel

Interessanterweise taucht hier schon das Bild des Engels in Verbindung mit der Mutter auf. Sie erscheint ihm in seinen Fantasien: *Ach komm als rettender Engel, hilf!* Aber Phia kommt nicht und wenn, dann nur um einen kurzen Besuch bei dem immer wieder kranken Kind (Migräne!) zu machen, sich als liebende und sorgende Mutter zu präsentieren und dann weiterzueilen. Vor diesem Hintergrund liest man auch den Anfang der ersten Duineser Elegie anders: *Wer, wenn ich schriee, hörte mich denn aus der Engel / Ordnungen? Und gesetzt selbst, es nähme / einer mich plötzlich ans Herz: ich verginge von seinem / stärkeren Dasein ... Ein jeder Engel ist schrecklich.*

Im Nicht-Verhältnis zur Mutter offenbart sich die Ur-Szene seiner Dichtung: Liebe ist etwas Fernes. Allein mittels Kunst rückt sie uns nahe, als selbst hervorgebrachte Welt. So ist Rilkes Bahn vorgezeichnet: eine Artisten-Existenz. Rilke hat in »Die Weise von Liebe und Tod des Cornets Christoph Rilke« (1899) das Bild der Mutter mit dem der Madonna verknüpft. *Dann erzählt jemand von seiner Mutter ... Als ob es nur eine Mutter gäbe ... Und wie sie lange vorüber sind, später, fällt ihm ein, daß das eine Madonna war.* Diese Überhöhung der idealen Mutter zur Madonna (nahezu eine Verjenseitigung) wirkt sich aus auf Rilkes Beziehung zu jeder künftigen Frau in seinem Leben. Sie muß sich in ihrer Eigenschaft als Geliebte zugleich als gute Mutter erweisen.

Jede seiner künftigen Geliebten steht unter dem Horizont einer Mutter, die – liebend, schützend, strafend – stellvertretend für den nur mit sich selbst beschäftigten ewigen Jüngling die Verbindung zur Außenwelt vermittelt. Darum die Flut von Briefen, die Rilke produziert. Die plötzliche Ehe mit Clara Westhoff wird zum mißlingenden Versuch des Ausbruchs aus diesem Muster. Rilke trägt sein Mutterbild, hadernd und hoffend, beständig vor sich her; wird nie erwachsen im Sinne einer Selbst-Übernahme des eigenen Lebens. Immer müssen andere den Alltag für ihn regeln. Rainer, das ewige Kind im Dichter, horcht nur auf die eigenen Befindlichkeiten. Alle bitteren Erfahrungen, die er im Alltag macht, perlen äußerlich an ihm ab. Sie gehen ein in seine Dichtung, nicht aber in sein Leben.

So reift die Dichtung, aber nicht der Dichter. Noch der fünfzigjährige Mann hat etwas von jenem naiven Kind, auf das der wissende Dichter (das ist er auch) mit zunehmender Ermüdung blickt.

Phias Sentenzen

Der Geist, den Phia Rilke verbreitet, läßt sich in ihren eigenen schriftstellerischen Versuchen besichtigen. 1900 veröffentlichte sie »Ephemeriden«, für den Tag Notiertes. Eine Sammlung von Sentenzen von so atemberaubender Harmlosigkeit, daß sich die Qualen Rainer Maria Rilkes angesichts solcherart Hausfrauenphilosophie nur ahnen lassen.

Was teilt uns Phia Rilke mit? »Die Sünde braucht Sekunden, die Buße fordert Jahre«, »Das entbehrlichste Wort im Leben heißt Luxus«, »Im Glauben liegt Friede«, »Wäre doch das Leben so schön wie die Welt!«, »Aufrichtigkeit festigt das Vertrauen« …

Phia Rilke ist Teil jener Welt, vor der Rilke auf der Flucht ist. Dennoch hält er die Fassade des treuen Sohnes aufrecht, schreibt seiner heillos mit einem starrsinnigen Katholizismus im Gepäck durch die Welt reisenden Mutter regelmäßig zu Weihnachten Briefe. Aus der Distanz gelingt es ihm leichter, Nähe vorzutäuschen, die nicht existiert. Er bleibt bis zum Schluß das Kind, das weiß, was die Mutter von ihm erwartet – das beflissene Ausfüllen der Sohnesrolle. Wenigstens einmal im Jahr will er ihr das bieten, zu Weihnachten.

Es erschüttert, zu sehen, welch weiten Weg Rilke als Dichter gegangen ist und wie er im Verhältnis zur Mutter bis zu seinem Sterben als über Fünfzigjähriger doch immer auf derselben Stelle tritt. Eilfertige Demonstrationen von Beflissenheit sind diese Briefe, nicht ernst gemeint, nur geschrieben, um den Schein von Harmonie aufrechtzuerhalten. Die Wahrheit der Briefe ist: seiner herrischen Mutter gegenüber vermochte es Rilke nie, sich zu ermannen, er blieb zeitlebens ein Muttersöhnchen.

Zum letzten Weihnachten, das Rilke vor seinem Tod bewußt erlebt, 1925, schreibt er der Mutter in jener kunstgewerblich verschlungenen Diktion, die alle seine Dichter-»Geschäftsbriefe« zeigen. *Wir knieen zu gleicher Zeit, in der gleichen Erinnerung, hineingerückt, jeder von seiner Seite her, in das Licht der gleichen Christ-Nachts-Gnade: und so knieen wir neben einander. Schließ mich ein in Dein aufopferndes Gebet, in seiner Festlichkeit und Frohheit, zu der Du, gehorsam, von der Krippe Anlaß um Anlaß nimmst, und laß mich Dir sagen, wie ich Deinen Mut im innersten Herzen bewundere, der Dich ›Weihnachten‹ fühlen und feiern läßt in Einsamkeit und mancher Sorge, ohne daß eine Ablenkung oder Entbehrung Dein Gefühl stören kann ...* Hier klingt Rilke dann genauso falsch wie seine Mutter in den »Ephemeriden«.

Was die Herausgeberin der »Weihnachtsbriefe«, Hella Sieber-Rilke, nicht hindert, inmitten dieser Orgie der falschen Töne die Innigkeit der Mutter-Sohn-Beziehung zu feiern. Phia Rilke sei es gewesen, die in dem Sohn immer schon den Dichter und nie den Offizier gesehen hätte. Aber dieser Dichter, wie ihn Phia sich vorstellt, ist einem Offizier nicht unähnlich. In den Briefen an die Mutter anverwandelt Rilke sich ihr und zeigt seine gefährdetste Seite: ein kunstgewerblich-sentimentales mit Pathos aufgeladenes Geltungsstreben.

Letzte Begegnung

Das letzte Mal sehen sich Mutter und Sohn im Oktober 1915 in München. Mehr als elf Jahre vor seinem Tod! Danach geht er ihr aus dem Weg, ohne daß es zum offenen Bruch kommt. Aber der Abstand zwischen beiden ist unüberbrückbar, wie das Gedicht zeigt, das er im Anschluß an den Besuch über seine Mutter schreibt:

Ach, wehe, meine Mutter reißt mich ein.
Da hab ich Stein um Stein zu mir gelegt
und stand schon wie ein kleines Haus, um das sich
                         groß der Tag bewegt,
sogar allein.
Nun kommt die Mutter, kommt und reißt mich ein.

Sie reißt mich ein, indem sie kommt und schaut,
Sie sieht es nicht, daß einer baut.
Sie geht mir mitten durch die Wand von Stein.
Ach wehe, meine Mutter reißt mich ein.

Die Vögel fliegen leichter um mich her.
Die fremden Hunde wissen: das ist der.
Nur einzig meine Mutter kennt es nicht,
mein langsam mehr gewordenes Gesicht.

Von ihr zu mir war nie ein warmer Wind.
Sie lebt nicht dorten, wo die Lüfte sind,
sie liegt in einem hohen Herzverschlag
und Christus kommt und wäscht sie jeden Tag.

Erinnerung an Phia Rilke

Hertha Koenig, die Münchener Freundin, erinnert sich an jene letzte Begegnung Rilkes mit seiner Mutter. Sie war beim gemeinsamen Essen anwesend. Als Rilke zu ihr sagte, seine Mutter komme, habe er liebenswürdig gelächelt. Aber, so schreibt sie rückblickend, »dennoch gewahrte ich einen Ausdruck der Anstrengung auf seinem zarten Gesicht und jenes scheue Zurückweichen seiner Bewegungen, als stünde er recht eigentlich hinter sich selbst, als sei sein Körper immer in Gefahr, sich zu weit mit vorzuwagen bei der Bewegung seiner hinübertastenden Arbeit, die zu unterbrechen jedesmal einen Riß gab; denn der allgemeine Menschentag hatte eine andere Einteilung als sein Schöpfertag.« Rilke also fürchtet das Kommen seiner Mutter, weil es ihn aus seiner Welt herausreißt.

Man geht gemeinsam in ein vegetarisches Restaurant, wobei Phia, »eine große schlanke Sechzigerin«, am Kopfende des Tisches sitzt. Hertha Koenig bemerkt in ihrer Erscheinung etwas Schattenhaftes, als käme sie aus einer ganz anderen Art von Leben. Ihre Gegenwart sei stark fühlbar gewesen. »Wenn sie sprach, durch ihre kurzen treffsicheren Sätze in österreichischer Klangfarbe; wenn sie schwieg, durch den Ausdruck jenes undeutbaren Schweigens, durch das starke Zittern ihrer Hände, das weniger ein Kranksein zu verraten schien als eine dauernde innere Kampfbereitschaft – wofür wußte ich damals noch nicht.«

Phia verteidigt das heile Bild ihrer Existenz mit aller Kraft. Zu diesem Bild gehört auch der sie liebende Sohn, der weiß, er hat es ihr verdanken, daß aus ihm ein Dichter geworden ist. Wahrscheinlich hat sie das wirklich geglaubt. Dann passiert das Hertha Koenig Erschütternde: »Ich merkte plötzlich, daß Rilke steil vor sich niedersah – anders als sonst mit jenem Ausdruck gütiger Bescheidenheit, den er beim Eintritt in ein Zimmer, beim Niedersetzen zur Mahlzeit mitbrachte – es war ein klei-

ner weher, entmutigter Knabenzug; als hätte er soeben einen
Tadel bekommen ...«

Was folgt, ist eine »beklommene Mahlzeit«. Das sei nicht der
Rilke gewesen, den sie kannte. »Heute war er ausschließlich
der Sohn dieser dunklen Mutter.« Rilke bittet Hertha Koenig,
am nächsten Tag wiederzukommen, wohl weil ihm das Alleinsein mit der Mutter ganz unerträglich ist. Voll Beklommenheit
gegenüber dieser merkwürdigen Frau erscheint Hertha Koenig
tags darauf, und langsam stellt sich eine Art von »ehrfürchti-
ger Scheu« bei ihr ein, »ähnlich wie man sie als Kind beim Got-
tesdienst fremder Religion empfand.« Denn Phia Rilke ist ganz
durchtränkt von einem Katholizismus, der jede weltliche Re-
gung in ihrer Gegenwart schon ungebührlich erscheinen läßt.
Selbst wenn sie zum Abschied »Gott befohlen ...« sagt, zittert
darin die Anstrengung mit.

Gleichzeitig mustert sie die Kleidung anderer Frauen genau
und höchst kritisch; ihre Schwäche für elegante Kleidung wirkt
bei derart ausgestellter Entweltlichung schon wieder komisch.
Auch dieses Faible für Eleganz überträgt sich auf ihren Sohn.
Phias Katholizismus ist das Gegenteil jener Jesus-Herzens-
frömmigkeit, die der junge Rilke (der reife Dichter nicht mehr)
stilisiert und mit der er seiner Liebessehnsucht ein Bild gibt.
Auch hier hat er etwas aufgehoben, was von der Mutter
kommt, aber unter gänzlich anderem Vorzeichen – Innen gegen Außen – und es ihr damit aus der Hand genommen, ohne
daß sie es bis zu ihrem Tode gemerkt hat; wohl weil sie es
nicht bemerken wollte.

Hertha Koenigs Bekanntschaft mit Phia Rilke geht über Rainer
Marias Tod hinaus und dauert bis zu Phias Tod 1931. Gern
sieht Phia, nun ganz von der Rolle der trauernden Dichter-
Mutter ausgefüllt, eine Frau in ihrer Nähe, die ihren Sohn
gekannt hatte. So betrachten wir mit Hertha Koenigs Augen
eine starke und eigensinnige Greisin, die sich postum einen
Sohn nach ihrem Bilde schafft, der zur Illustration ihrer Kir-
chenfrömmigkeit paßt. Sie beginnt nun die Orte zu besuchen,

an denen Rilke gelebt hat, auch Schloß Muzot. Dort betet sie in der alten Kapelle und beschließt, diese zum Andenken an ihren Sohn (und dem Herrn zum Lob!) restaurieren zu lassen.

Einmal sagt sie stolz, die Menschen in der Umgebung von Muzot hätten den scheuen Dichter nur »den frommen Rilke« genannt. Das gefällt Phia, die bekannte, sie liebe die Priester. Die Blasphemie ihres Tuns bemerkt sie nicht.

Sie besitzt einen sicheren Sinn für den effektvollen Auftritt. Als sie wegen ständig geschwollener Füße ihre kleinen eleganten Knopfstiefel nicht mehr tragen kann, ist sie erbost wie ein Kind, das nicht bekommt, was es will. In ihrem Hotel »Deutscher Kaiser« in München bewohnt sie lange ein Eckzimmer, um den Bahnhofsplatz überblicken zu können. Hier residiert sie wie eine Fürstin und liebt die jungen Kellner. Und jeden Mittag um zwölf Uhr wiederholt sich im Speisesaal des Hotels dasselbe Schauspiel. Auf die Minute Schlag zwölf drehen alle die Köpfe in die gleiche Richtung: »... die schwarze Gestalt in Mantel, Hut und langem Schleier schritt mühsam und dennoch sehr erhobenen Hauptes durch die Reihen. Ihre Hände zitterten, ihre funkelnden Augen suchten – suchten – was, verriet das angespannte Schweigen ihrer schmalen Lippen nicht. Wäre statt Mittag die nächtliche zwölfte Stunde gewesen, hätte man vermutet, eine längst versunkene Zeit sei erstanden in dieser Gestalt, der einzig Lebenden, der einzig Handelnden unter Schatten, die stumm an kleinen Tischen ihre Mahlzeit einnahmen.«

Hertha Koenig findet in einem Band Rilke-Briefe, den Phia Rilke in München zurückließ, auch eine angestrichene Stelle. In dieser spricht Rilke über seine Mutter: ... *Ich bin gar kein Liebender, mich ergreifts nur von außen, weil mich nie jemand ganz und gar erschüttert hat, vielleicht, weil ich meine Mutter nicht liebe* ... Das hatte Rilke am 21. März 1913 an Marie von Thurn und Taxis geschrieben. Hertha Koenig notiert es 1963 in »Erinnerungen an Rilkes Mutter«.

Nun haben jedoch einige spielverderberische Germanisten herausgefunden, daß der Band mit den Rilke-Briefen erst 1933 erschien, zwei Jahre nach Phia Rilkes Tod – sie also gar nicht im Besitz dieses Buches sein und folglich auch keine Anstreichungen in ihm vornehmen konnte. Schade, denn es ist eine Szene, auf die wir so gewartet haben, die sich aber wohl nie ereignet hat: der Sohn sagt der Mutter, für wie bigott er sie hält, wie sehr ihr ganzes Wesen dem eigenen widerstrebt. Denn alles, was Rilke in seinem Leben unternimmt, ist letztlich ein Versuch, der Mutter-Welt, die ihn anekelt, zu entkommen. Phia behandelt ihn bis zu seinem Tod als Kind, auf das sie einen unanfechtbaren Besitzanspruch hat. Dennoch schreibt er ihr seine artigen Briefe und, wenn es sich nicht umgehen läßt, sie zu treffen, ist er tatsächlich ein folgsamer, nie widersprechender Sohn.

Phia ist in der Alltags-Wirklichkeit eben sehr viel stärker als er. Diese Stärke verachtet er und emigriert mit seiner Schwäche in ein Kunst-Reich, wie es künstlicher nicht zu denken ist. Hier will er der Souverän seiner selbst sein, unerreichbar für den groben Macht-Sinn der Mutter. In einem Brief an Lou Andreas-Salomé schreibt er am 19. Februar 1912 über Phia: *... es war kaum zu begreifen, wie sie bei diesem mit Hinleiden und Devotion wie mit Zerstreuungen ausgefüllten Dasein Geschmack am Leben behielt, ja sich ihm erst recht zutraulich attachierte. Wenn man einmal zu etwas Ruhe und Fassung käme, ließe sich sicher auch das und ihre ganze unaufgeklärte Erscheinung einsehen, beschreiben, möglicherweise bewundern ...*

Nur allzu gern gibt Rilke der Versuchung nach, seine Unzufriedenheit mit sich selbst auf die Mutter zu projizieren. All seine Seelenverwundung legt er ins Brief-Schaufenster, in dem er seine Lebensbeschwerlichkeiten als schicksalhafte Fügungen ausstellt. Es ist ein großes Um-Mitleid-Betteln.

Besonders Lou Andreas-Salomé ist die Empfängerin von Klagen und Hilferufen. Gibt es einen sicheren Weg, auch die gutwilligste Frau zu vertreiben? Bereits im September 1897 in Wolfratshausen, wo er mit Lou eine kurze Zeit der Innigkeit erlebt – um dann doch von ihr wegen eines anderen Mannes, der zu ihr kommt, kurzerhand ausquartiert zu werden –, beginnt er über das Schicksal zu klagen, von aller mütterlichen Liebe verlassen worden zu sein. Beim Abschied aus Wolfratshausen berührt ihn die Herzlichkeit einer alten Frau aus dem Ort, so dass er am 8. September 1897 vorwurfsvoll an Lou schreibt: ... *hätt ich doch eine Mutter besessen, so schlicht, so im tiefsten Herzen mühefroh und mühefromm, wie diese Alte ...*

Die Puppe als Metapher entfremdeter Kindheit

Das Kind René muß regelmäßig mit seiner Mutter in die Kirche gehen und dort die Wundmale Christi küssen. Was es gleichzeitig fasziniert und schockiert – ihm letztlich jede Form des religiösen Kultus auf inbrünstige Weise verhaßt macht. Wie tief sich das in Rilke eingräbt, welch weitreichende Folgen dieses Beispiel einer ihm herzlos und grausam erscheinenden Frömmelei hat, läßt sich an einem kleinen, eher beiläufigen Aufsatz aus dem Jahre 1914 ersehen. »Puppen« ist vordergründig ein Text zu den Wachspuppen Lotte Pritzels, die Rilke in einer Münchener Ausstellung gesehen hat. Hintergründig wird er zur Metapher seiner Kindheit.

Die Puppe ist uns ähnlich – unser vergegenständlichtes Spiegelbild als Spielzeug. Paradoxerweise ist die Puppe – biologisch gesehen – auch etwas Erwartungsvolles: Möglichkeit einer zukünftigen Verwandlung. Aus der Puppe heraus tritt eine neue Gestalt. Da unterliegt, den Blicken entzogen, etwas einer Metamorphose, »entpuppt« sich als neu.

Die Puppe wird am Ende zum Projektionsraum für Liebe und Haß. Jede Puppe als Nachbildung einer menschlichen Gestalt hat etwas vom Fetisch an sich. Etwas, dem auf magische Weise eine Seele eingehaucht ist. Diese jedoch wurde zuvor einem anderen lebenden Wesen entzogen. Wo die Puppe ist, geht die *Welt der Kinder vorüber,* schreibt Rilke. Die Puppe bleibt immer *frühalt, sie hat alle Unwirklichkeiten ihres eigenen Lebens angetreten.* Sie wird zur Entfremdungsgestalt von Rilkes eigener Kindheit, etwas, das in ihm gärt und ihn zu immer neuen Formulierungsversuchen treibt: *Der Puppe gegenüber waren wir gezwungen uns zu behaupten, denn wenn wir uns an sie aufgaben, so war überhaupt niemand mehr da.*

Rilke notiert neidvoll am 29. September 1900 in seinem Worpsweder Tagebuch über den von ihm sehr verehrten Autor des »Niels Lyhne«, Jens Peter Jacobsen, dieser habe nichts gehabt, nur: *Eine große, ungeheuer farbige Kindheit, in der er alles fand, was seine Seele brauchte, um sich phantastisch zu verkleiden.* Die Verkleidungen der Kindheit beschäftigen Rilke auch in seinem Puppenaufsatz. Eine dieser Verkleidungen ist die in ein Mädchen. Vieles, was Rilke schreibt, läuft auf diesen Punkt biographischer Beschädigung zurück.

So ist Malte Laurids Brigge ein Bruder des Niels Lyhne, den es nach Paris verschlagen hat und der dort von der Weite und Tiefe des Nordens träumt, so wie Rilke von Westerwede, dem er soeben erst entflohen ist. Und etwas vom dunklen Geheimnis des ewig fremden Prag seiner Kindheit geistert in allen seinen Texten umher. Das sind sämtlich Puppen – oder Masken –, die der Dichter als Vehikel jener Metamorphosen nimmt, die dann zu Selbstoffenbarungen werden.

Die Puppe steht für das Paradox, aus dem »Weltinnenraum« in ein Offenes zu treten und auch darin noch ein Fremder sein zu müssen. Selbst das Offene bleibt dem Dichter ein Gefängnis.

Die Puppe ist bei Rilke behaftet mit dem Makel unreiner Empfindung. Das Kind ist in der naiven Unmittelbarkeit seiner Weltwahrnehmung gestört, es sieht sich besetzt von Erwachsenenkalkülen. Puppe heißt jenes Gegenüber, das – wie später der Engel der Duineser Elegien – nie antwortet: *Sie erwiderte nichts, so kamen wir in die Lage, für sie Leistungen zu über-*

nehmen, unser allmählich breiteres Wesen zu spalten in Teil und Gegenteil, uns gewissermaßen durch sie die Welt, die unabgegrenzt in uns überging, vom Leibe zu halten. Die bestimmungslose Leere der Puppe zwingt die mit ihr Spielenden, sie mit eigener Subjektivität auszufüllen: *sie war so bodenlos ohne Phantasie, daß unsere Einbildung an ihr unerschöpflich wurde.* Und hier beginnt die Umwertung der Puppe in den Händen des Dichters. Alleingelassen vor dem kalten Abbild der Puppe, beginnt sich die eigene Fantasie in ihr zu spiegeln. Der Narziß wird geboren. Er ist das Kind einer Puppenwelt. Der Gegenstand existiert nur, insoweit wir ihn erkennen. Anthony Stephens hat die Trennung – und auch die Einheitsmomente – von Ich und Welt als etwas aufgefaßt, das sich im Bewußtsein des Dichters abspielt: »Die Puppe ist die Projektion des Ich – sie registriert ›den unaufhörlichen Goldregen unserer Erfindung‹, und wenn dieser, paradoxerweise, nicht mehr fließt, ist die Leere des Ich ganz enthüllt. In keinem von beiden Fällen erlebt das Ich ›Wirklichkeit‹, sondern nur die Spiegelungen seiner eigenen Subjektivität.« Schließt sich die Frage an, ob alle Erfahrung von Welt letztlich aus der Selbsterfahrung hervortritt, es also für uns eine Welt außerhalb unserer Erfahrungsmöglichkeiten gar nicht gibt? Oder nur im Sinne einer dunklen fremden Engelsmacht, die jene einer omnipotenten Puppe ist, die sich unseren Aneignungsbestrebungen erfolgreich entzieht und darum in ihrer dunklen Macht ebenso schrecklich wie schön bleibt: unberechenbare Natur.

Lou Andreas-Salomé nimmt in einem Brief vom 12. September 1914 diesen Gedanken Rilkes auf. Es herrscht Weltkrieg und (noch) die Euphorie des Siegens. Der Krieg habe etwas von der Puppe »in unserem Sinne«, schreibt Lou. »Neulich las ich, vor einer Lokomotive hätten sie eine feindliche Uniform wie eine schlotternde Puppe aufgehängt, und dachte unwillkürlich: ›da ist das Bild, das Gleichniß!‹ Es ist nämlich dieselbe Verwechslung mit dem Sichabgrenzenmüssen, für das man dem Kinde, damit es das lernt, die Puppe hinhält; sicher geschah das ja lange Zeiten hindurch nichts weniger als spielerisch sondern in spontaner Haßabgrenzung gegen die einem Stamme feindliche Welt, der gegenüber er ganz nur Ein Geschöpf für sich war. Nun ist es, als habe man an irgend einem Punkt vergessen, daß es inzwischen ein Puppenbalg wurde und nur solange gilt, als man noch nicht selbständig genug ist um die Einheit der Welt ungestraft und lebendig wieder umarmen zu dürfen; anstatt in den Balg schießt man plötzlich in atmende Leiber, auf einander, als habe man im Manöver irrtümlich scharfe Patronen bekommen.«

Das liest sich fast schon wie ein Ausgriff auf die virtuelle Realität zukünftiger Distanz-Kriege, die am Computer geführt werden. Man sieht Puppen fallen – aber es sterben Menschen.

Die göttliche Vally

Rilke vermag Frauen wenig mehr zu bieten als seine höchst anspruchsvolle Hilflosigkeit. Dennoch gilt er gemeinhin als Frauenverführer großen Stils. Nicht sie leben von ihm, sondern er von ihnen. Das Prinzip zieht sich durch. Beinahe ist er ein Gigolo. Er perfektioniert die Kunst, Geld zu nehmen und schöne Worte zu geben.

Seine erste Freundin wird auch gleich zur Verlobten: Valerie David von Rhonfeld, die er Vally nennt, seine »göttliche Vally«. Das Grundmuster von Rilkes Verhältnis zu Frauen findet sich schon hier. Da ist er gerade achtzehn Jahre alt und schreibt an seinem ersten Gedichtband.

Valerie ist ein Teil jener Mütter- und Großmütterwelt, die ihn umstellt und gegen die er rebelliert. Prager Provinzadel. Der Adel zieht ihn zwar magnetisch an, aber nur, wo dieser ihm seine Zuwendung schenkt. Ablehnung erträgt Rilke nicht. Daher sein auch vor plumpen Schmeicheleien nicht zurückschreckendes Werben um Anerkennung.

Rilkes Schicksal wird es, daß die meisten der vielen Frauen, die ein Verhältnis mit ihm hatten, ihn überleben. Fast alle schreiben sich im nachhinein ihre Statistenrolle im Dichterleben in eine Hauptrolle um. Doch Rilke hat damit gerechnet, ja es sogar forciert. Er wußte, Legenden allein sind es, die unsterblich machen.

Valerie nimmt Rilke nicht über den Umweg seiner Gedichte wahr, sie sieht ihn noch ganz ohne diesen Filter. Bei dem Namen René stellt sie sich einen eleganten Franzosen vor. Statt dessen tritt jemand vor sie, mit einer platten, von ständigem Schnupfen geschwollenen Nase, mit unnatürlich großem Mund und abstoßend wulstigen Lippen. Das lange, schmale Gesicht verwandelt sich in ihrer Erinnerung in eine einzige Fratze. Eiterpusteln überall, der ganze Jungdichter ist von »abstoßender gemeiner Häßlichkeit«. Schließlich, der Atem! Einfach unerträglich.

Aber schon passiert – inmitten der Abstoßung – das Unerklärliche: »Sein Gesicht fesselte, blendete mich.« Anziehung inmitten der Abstoßung. Darin liegt das Geheimnis. Ein Fluidum, das nicht ganz von dieser Welt zu sein scheint. Rilke steht kurz vorm Abitur und dichtet nur, wenn die Schularbeiten gemacht sind. Aber mit regelmäßiger Arbeit hat Rilke so seine Schwierigkeiten, er arbeitet schubweise mit oft langen – später jahrelangen – Pausen. Ein Ekstatiker, der zwischen manischen Höhenflügen immer wieder in tiefe depressive Löcher fällt. Auch diese Instabilität bleibt eine Konstante.

Das, was Rilke zum Dichter auf der Grenze zum hermetischen Sprechen macht, ist sein Narzißmus. Er sucht die Worte, um sich in ihnen zu spiegeln. Nur im Wort-Spiegel ist er bei sich. Andere Menschen, Frauen vor allem, können hierbei bestenfalls »Schutzengel« sein. Valerie erkennt dies schnell und ist bereit, diese Rolle zu übernehmen. Zwar warnt Rilkes Mutter Phia sie vor dem »Irrlicht«, das ihr Sohn sei, und prophezeit, »Undank und einsames Leben« würden unweigerlich auf sie zukommen. Vorerst aber bedichtet Rilke noch seine »göttliche

Vally«: *Sag Vally, – soll ich beten,/ bin ich vom Schlaf er-*
wacht,/ so sich die Sonnen röten,/ in Morgensonnenpracht?
Man plant eine gemeinsame Zukunft. Zuerst aber muß Rilkes
Gedichtband »Leben und Lieder« finanziert werden. Der Pen-
näler Rilke hat kein Geld und seine Eltern wollen nichts geben.
Aber er hat ja seinen »Schutzengel« Vally. Sie schenkt Rilke ihr
Weihnachtsgeld, ihr Monatsgeld und wertvolle Spitzen von
der Großmutter. Der Band erscheint 1894. Die Gedichte dieses
Debüts sind von Rilke in keine der späteren Sammlungen aufgenommen worden. 1906 schreibt er: *Die früheste Publikation*
›Leben und Lieder‹ ist ganz ohne Belang und, soviel ich weiß
und hoffe, eingestampft worden.
Die Verlobte wird für Rilke schnell ein Teil seiner Gedichtwelt.
Er zieht sie in den Spiegel hinüber, in dem er immer nur sich
selbst erblickt. Aber die reale Frau, die eine Verbindung mit
ihm einfordert, erscheint Rilke mehr und mehr als Vorposten
der störenden Alltagswelt. In die Briefe ziehen diese Distanzen
immer zeitversetzt ein. Hier hält sich die Illusion der Nähe
länger. In der Nacht zu seinem neunzehnten Geburtstag am
4. Dezember 1894 verfaßt er eine lange Lebensbeichte für
Vally, die all die Grundthemen seiner späteren Lebenslegende
schon aufruft: *Du kennst die lichtarme Geschichte meiner*
Kindheit … Du weißt, wie ich einen großen Teil des Tages ei-
ner gewissensarmen und sittenlosen Dienstmagd überlassen
war, und daß diejenige Frau, deren erste und nächstliegende
Sorge ich hätte sein sollen, mich nur liebte, wo es galt, mich in
einem neuen Kleidchen vor ein paar staunenden Bekannten
vorzuführen.
Bild und Realität vermischen sich, aus Verbindung wird Verstrickung. Valerie erscheint Rilke nun zunehmend als Bedrohung. Kein Wunder, wenn man in der Nacht Sätze wie diesen
schreibt: *Dann laß uns den ersehnten Hausstand gründen …*
Dann wollen wir schaffen, tüchtig in der Ausübung unserer
Künste, gegenseitig helfend, ratend wie zwei wackere, seelige
Menschen. Das war dann, bei Tageslicht besehen, selbst für

das manierierte Stilempfinden des Jungdichters allzu *seelig* und *wacker* gesprochen. Also folgt der Rückzug. Schließlich liegen »Leben und Lieder« hinter ihm – und Rilke blickt nach vorn.

Auch das Zugleich von inniger Beschwörung der Zweisamkeit und gleichzeitiger Absetzbewegung wird er bei anderen Gelegenheiten beibehalten – und perfektionieren. Er kann nur aus der Distanz lieben, poetisiert alle Realität sofort, indem er sie in eine unerreichbare Ferne rückt. Zu große Nähe ist immer unpoetisch; in diesem Punkt ist der sonst so sanfte Rilke rigoros. Er bricht die Beziehung zu Valerie ab. In seinen Briefen herrscht zwar noch eine Weile der alte Schwärmer-Ton, aber diese Briefe gehören schon ganz zur Spiegel-Welt des Dichters.

Valerie ist für Rilke schnell in die Historie hinabgesunken. Eine Ikone der Sehnsucht, eingereiht in Rilkes Trophäensammlung. Natürlich schreibt er ihr, nachdem er sie verlassen hat, noch einen überschwenglichen Brief: *Liebe Vally, dank für das Geschenk der Freiheit, Du hast Dich groß und edel erwiesen auch in diesem schweren Augenblick.* Etwas, woran Rilke sich nicht zu berauschen versteht, gibt es nicht.

Valerie hat nie geheiratet. Die Katholikin fühlte sich lebenslang an Rilke gebunden. Sie allein habe ihn, der anderen Frauen gegenüber ein kalter Genußmensch gewesen sei, wirklich seelisch nahegestanden. Das behaupten von sich auch all die anderen Frauen. Rilke macht zum erotischen Artisten, daß er jeder Frau das Gefühl herausgehobener Aufmerksamkeit zu vermitteln vermag. Er scheint noch da zu geben, wo er nur nimmt.

Im Sommer 1895 besteht Rilke das Abitur, er schließt ein Lebenskapitel ab, zu dem auch Valerie gehört. Nach dem Abitur muß Rilke erst einmal eine Erholungsreise antreten. Er fährt nach Misdroy an die Ostsee und schaut sich nach einer neuen Muse um, für die er Gedichte schreiben kann. Er trifft Ella Glaessner, eine Prager Arzttochter, mit der er lange Strandspaziergänge unternimmt. Und tatsächlich, schon einige Tage später schickt er ihr Widmungsgedichte und dankt überschwenglich dafür, daß seine Novelle »Die goldene Kiste« sie so *gefesselt und gerührt* habe. In dieser Zeit hat sich Rilke angewöhnt, mit René Maria Caesar Rilke zu unterschreiben. Vielleicht soll der martialische Caesar die weiche Maria mit Härte kontrastieren.

Ella bleibt eine jener Bewunderinnen, von denen Rilke auch später nie genug um sich sammeln kann. Sie kommen und gehen. Denn Rilke braucht zwar viel Zuwendung, aber noch mehr Unabhängigkeit.

Vorläufig schreibt sich Rilke an der Prager Universität ein, die geteilt ist in eine deutsche und eine tschechische Universität. Ende 1895 erscheint »Larenopfer« – mit einem von Vally entworfenen Umschlag. Rilke verfaßt eine Selbstanzeige mit den Worten: *Dieses Werk, das in Böhmen die ›starken Wurzeln seiner Kraft‹ hat, ragt doch weit ins Allgemein-Interessante, und eignet sich seiner vornehmen Ausstattung wegen vorzüglich zu Geschenkzwecken.* Unmittelbar hierauf stellt er sein erstes »Wegwarten«-Heft zusammen, mit dem Untertitel: »Lieder, dem Volke geschenkt von René Maria Rilke«. Diese Hefte verteilt er kostenlos an Krankenhäuser, Volks- und Handwerkervereine. Am 30. Dezember schreibt er einen ersten Brief an Láska van Oestéren, deren van im Namen zwar holländisch ist, aber doch adelig klingt. Außerdem wohnt sie auf einem Schloß. So schickt er Láska (sie schreibt Novellen) Briefe voller Schmeicheleien, allein mit dem Ziel, zu den van Oestérens nach Veleslavin eingeladen zu werden. Solch Schlössertourismus wird ihm zum Sport, auf den er künftig einen Großteil seiner Energien verwenden wird. Er weiß sich vom Wort geadelt. So gibt er dann sein Debüt in der später vielgespielten Rolle des *Schloßpoeten*, wie er sich hier selbst nennt.

In die Endphase seiner Prager Jugendzeit fallen die ersten dramatischen Versuche. Am 6. August 1896 kommt die melodramatische Szene »Jetzt und in der Stunde unseres Absterbens«

bei einer Benefizverstaltung zur Aufführung – zusammen mit einer französischen Komödie. Man lacht über Rilkes Melodramatik. Die »Bohemia« nennt das Stück ein »gehäuftes Elend mit verhängnisvollen Verwicklungen«.

Aber es gibt auch positive Stimmen, die Rilke ermutigen, den Abend als großen Erfolg zu betrachten und sich eine glanzvolle Zukunft als Dramatiker zu erhoffen.

Die Ersatzmutter als Geliebte

Aufbruch ins Offene

Prag im Rücken, beginnt Rilke sogleich eine unruhige Existenz. Ende September 1896 geht er nach München. Von seinem Vater bekommt er ein »Monatsgeld«, von seinen beiden Cousinen Paula und Irene ebenfalls. Sie folgen damit – als »lästige Pflicht« – dem Wunsche ihres verstorbenen Vaters, Rilkes Onkel Jaroslav. Rilkes größter Wunsch, von dem er sich nur schwer und eigentlich nie ganz zu lösen vermag, ist es, als Dramatiker Erfolg zu haben. Aber von seinem Stück »Frühfrost« will kein Theater etwas wissen. Also erscheint erst einmal der Gedichtband »Traumgekrönt. Neue Gedichte von René Maria Rilke«, mit Gedichten aus den Jahren 1894 bis 1896. Widmungsexemplare schickt er sogleich an Detlev von Liliencron, Otto Julius Bierbaum, Karl Kraus und an Ludwig Ganghofer, den Münchener Lokalmatador, für den er im Jahr darauf das Gedicht »Meerleuchten« schreibt. Mit aller Energie versucht Rilke, in die Münchener Gesellschaft aufgenommen zu werden. Er lernt die Fotografin Nora Goudstikker kennen, die er im März 1897 – Zufall oder nicht – am Gardasee wiedertrifft, als er seine Mutter nach Arco begleitet. Von hier aus reist er zum ersten Mal nach Venedig. Die innere Unruhe des Zwanzigjährigen ist groß. Er will endlich bemerkt werden, Erfolg haben. Ein Zufall kommt ihm zu Hilfe.

Am 12. Mai 1897 trifft er den Fixstern seines Lebens, Lou Andreas-Salomé, die mit ihrer Freundin, der Schriftstellerin Frieda von Bülow, für einige Zeit von Berlin nach München übergesiedelt war. Sofort widmet er auch Lou ein Exemplar seines »Traumgekrönt« und ist entschlossen, sich nicht so leicht abschütteln zu lassen. Lou soll ihm die Türen zur Welt öffnen.

Lou Andreas-Salomé, der Engel als Amor und Ersatzmutter

Lou Andreas-Salomé gibt Rilke den Namen Rainer und setzt damit eine Zäsur. Von nun an will Rilke nicht mehr der dauerunglückliche René aus Prag sein – sondern Rainer, der Dichter, der sein eigenes Leben lebt.

In seinen Werken ist ihm das gelungen – privat unterzeichnete er die Briefe an seine Mutter Phia bis zu seinem Tode mit René. Als Rilke Lou Andreas-Salomé kennenlernt, ist sie sechsunddreißig und er zweiundzwanzig. Er verfällt sofort in Euphorie, als er sie bei Jakob Wassermann zum Tee trifft. Sie – mit der Überlegenheit der lebenserfahrenen Frau – beobachtet ihn kühl. Seine Augen seien seelenvoll, sein Hals so dünn wie die Schultern schmal. Einen Hinterkopf besitze er nicht, notiert sie in ihr Tagebuch. Rilke bittet Wassermann, Lou vorgestellt zu werden. Er hat Lous Aufsatz »Jesus der Jude« gelesen und zeigt sich beeindruckt. Was ist das für eine rätselhafte Frau?

Rückblende. Lous Petersburger Kindheit und Nietzsches vergebliches Werben

Das Rätsel also liegt in ihrer Stärke. Werner Ross hat geschrieben: »Niemals hat eine Frau die Emanzipation mit dem festeren Vorsatz betrieben, die Waffen der Frau nicht aus der Hand zu geben.« Lou wirkt anziehend, ohne dabei wirkliche Nähe zuzulassen. Sie verkörpert Erotik und fordert gleichzeitig kühl

Distanz. Sie lebt das skandalöse Paradox, eine intelligente und trotzdem erotisch gefangen nehmende Frau zu sein.

Lou Andreas-Salomé nähert sich Männern immer mit einem starken Machtinstinkt. Sie besiegt sie regelmäßig, weil sie ihre Weiblichkeit als Mittel der Dominanz einsetzt. Sie selbst läßt sich nie besiegen. Hingabe kann sie, die einen klugen Essay über die Erotik geschrieben hat, nur als Schwäche verstehen.

Vielleicht hat es damit zu tun, daß sie als Generalstochter in Sankt Petersburg geboren wird, 1861 als sechstes Kind und einzige Tochter. Befehlen lernt sie früh. Der Vater ist ein Deutschbalte im Dienste des Zaren. Die Dienstwohnung der Familie liegt gegenüber dem Winterpalais. Soeben ist die Leibeigenschaft aufgehoben worden. Der Vater ist bei ihrer Geburt schon 57 Jahre alt.

Vater und Tochter vergöttern sich gegenseitig. Als er 1879 stirbt, ist sie achtzehn und fühlt sich, als müsse sie nun ohne Gott weiterleben. Das Gottesproblem interessiert sie tatsächlich, aber nicht in seiner dogmatischen Form, sondern als religionsgeschichtliches Phänomen.

Sie trifft den Prediger der Niederländischen Gesandtschaft und Erzieher der Zarenkinder, Hendrik Gillot, und nimmt bei ihm – heimlich – Privatunterricht. Sie lesen gemeinsam Spinoza, Leibniz, Kant und Kierkegaard. In der gemeinsamen Arbeit blüht die Achtzehnjährige auf, sie ist mit ekstatischem Eifer bei der Sache.

Wie in ihrem späteren Leben immer wieder, geht sie intime Arbeitsbeziehungen ein, die zu Mißverständnissen Anlaß geben. Während Lou durch die gemeinsame Arbeit zu sich kommt, verliert sich Gillot immer mehr. Er ist unvernünftig hingerissen. Lou registriert es mit einer stillen Verachtung, in die sich Mitleid gegenüber den kopflosen Männern mischt. So verliebt ist er, daß der zweiundvierzigjährige Pfarrer in exponierter Stellung seine Familie verlassen und ganz mit ihr zusammenleben will. Lou besieht sich noch einmal das störanfällige männliche Vernunftmodell und beschließt, daß ihr so etwas nie passieren wird. Sie sollte recht behalten.

Sie flüchtet aus Rußland vor dem verliebten Prediger, mit dem sie aber, auch das typisch für sie, aus der Distanz weiter freundschaftliche Beziehungen unterhält. 1880 beginnt sie in Zürich Theologie und Kunstgeschichte zu studieren, erkrankt, bekommt einen Bluthusten und muß zur Erholung nach Italien reisen. Dort trifft sie Malwida von Meysenbug, die mütterliche Nietzschefreundin, deren »Memoiren einer Idealistin« sie gelesen hat.

Dort trifft sie auch Paul Rée, der in Lou ein »sehr merkwürdiges Mädchen« sieht, das, wie er seinem Freund Nietzsche schreibt, dieser unbedingt kennenlernen müsse, weil sie »im philosophischen Denken zu denselben Resultaten« gekommen sei wie er selbst. Nietzsche läßt »diese Russin« (die übrigens nur sehr schlecht russisch spricht) grüßen: »Ich bin nach dieser Gattung von Seelen lüstern. Ja, ich gehe nächstens auf Raub aus ...« Alles Großsprecherei, die nicht mit Lous eisernem Willen rechnet. In Lous Vorstellung von Freiheit kommt zwar das – auch erotische – Arbeitsbündnis mit Männern (gern zu dritt) vor, aber keine Ehe.

Als sie von Rom kommend einen Ausflug zum Orta-See unternehmen, erfährt Nietzsche sein »Mysterium vom Monte sacro«, und Lou wird später schreiben, sie wisse nicht mehr, ob sie Nietzsche geküßt habe. Nietzsche plant für die gemeinsame Zukunft und ist schwer getroffen, als sich ihm Lou entzieht. Von Nietzsche hat Lou zu diesem Zeitpunkt (1882) wohl kaum etwas gelesen, er beeindruckt sie auch sehr viel weniger als sein Freund Rée.

Gemeinsam lassen sie sich fotografieren. Das merkwürdige Arrangement hat sich Nietzsche ausgedacht. Er und Rée an der Deichsel eines Wagens, darin Lou kauernd mit einer Peitsche in der Hand. Eine Ahnung davon, daß Lou sie beide nur vor ihren Wagen spannte, muß der Philosoph da schon gehabt haben. Und wenn er ein Jahr später im »Zarathustra« die bösen Sätze schreibt: »Wenn du zum Weibe gehst, vergiß die Peitsche nicht«, dann spricht hieraus auch der Hohn des verschmähten Liebhabers über sich selbst.

Nietzsche, Rilke, Freud. Viele berühmte Männer versammeln sich in ihrem Leben. Mehr als Episoden sicherlich, aber kaum anderes als neugierig besichtigte Studienobjekte. Lernen und studieren gilt ihr als Lebensform. Ekstasen findet sie in der Arbeit. Sie bindet sich an niemanden, ihr Unabhängigkeitswille treibt auch Nietzsche zur Verzweiflung. Dabei lebt sie nur, was der Philosoph geschrieben hat: »Folge nicht mir, folge Dir nach!« Etwas anderes war für sie gar nicht vorstellbar.

Friedrich Carl Andreas heiratet sie 1887, vor allem wohl deshalb, um gegen Bindungsbegehrlichkeiten Dritter geschützt zu sein. Mit Andreas lebt sie auf freundschaftlicher Basis zusammen. Das heißt, sie hat freundschaftliche Gefühle für ihn, er ist ihr völlig verfallen. Man sagt, sie habe ihn geheiratet, weil er versuchte, sich vor ihren Augen ein Messer in die Brust zu stoßen. Friedrich Carl Andreas weiß, daß er keinerlei Anspruch hat auf sie – und Lou verweigert sich ihm. Trotzdem hält die Ehe bis zu Andreas' Tod 1930. »Ungebundenheit in der Bindung« heißt Lous Credo. Ihr Leben lang hat sie schnell wechselnde Liebschaften, die jedoch immer auf der Grenze zum Unverbindlichen verbleiben. Sie perfektioniert die erotische Dreiecksbeziehung. Immer, wenn ihr einer der Liebhaber zu nahe kommt, ermuntert sie den anderen. So neutralisieren sich die Kräfte, und sie bleibt frei und unabhängig. Manch einer hat sie dann asexuell und egoistisch genannt. Am gemeinsten ist die Äußerung des abgewiesenen Nietzsche, der erleben muß, wie der von ihm als Bote ausgeschickte Paul Rée eine Verbindung mit der einzigen schicksalhaften Liebe seines Lebens eingeht. In seiner ohnmächtigen Wut verliert er alle Vornehmheit und jeden Stil: »Dieses dürre schmutzige übelriechende Äffchen, mit ihren falschen Brüsten – ein Verhängniß! Pardon!« Rée nimmt diese Äußerungen verständlicherweise so schlecht auf, wie sie gemeint sind; das Verhältnis der beiden bis dahin innigen Freunde ist zerstört.

Für Nietzsches Philosophie interessiert Lou sich erst einmal nicht sonderlich. Erst als Nietzsche tot ist und berühmt zu werden beginnt, wird auch sie zur Nietzsche-Expertin und schreibt das Buch »Nietzsche in seinen Werken«. Und als Rilke tot ist, schreibt sie ihr Buch »Rainer Maria Rilke« (1928). Aber für Rilke hat sie sich durchaus ernsthaft interessiert – und sei es nur als Anschauungsfall für eine schwer neurotische Persönlichkeitsstörung.

Faszination und Distanz

In den »Christus-Visionen« unternimmt Rilke nicht weniger als eine Umwertung aller Werte im Sinne Nietzsches. Christus sei von der Welt instrumentalisiert und mißbraucht worden. Hierin zeigt sich der Versuch, sich vom äußerlichen Kirchenglauben der Mutter zu befreien. Rilke spricht von einem Gift, so süß wie der Kuß der Mutter. Er sucht einen Messias. In diesem Moment seelischen Vakuums, Rilkes innerlicher Ablösung von der Prager Jugendzeit und seines zögerlichen Aufbruchs ins Ungewisse eines eigenen Werks, betritt Lou Andreas-Salomé die Bühne.

Sie bekommt, auch wenn sie dann jahrelang für Rilke unsichtbar sein wird, die Hauptrolle in seiner Lebensinszenierung. Rilke wird ihr diese Rolle auch dann noch aufzwingen, als sie längst auf Distanz beharrt. Aber hier im München des Jahres 1897 – und die folgenden vier Jahre ihres engen Zusammenseins – wird sie ihm tatsächlich zur »Seelenführerin«. In Rilkes Augen bestätigen seine Christus-Visionen das, was Lou in ihrem Aufsatz »Jesus der Jude« geschrieben hatte. Die Verheißung der Erlösung sei etwas, das sich nicht jenseitig, sondern diesseitig erfüllen müsse. Rilke hat sein großes Thema gefunden: die Weltimmanenz Gottes. Damit steht er in der Tradition des mystischen Pantheismus – und Lou bestätigt ihn darin.

Am 13. Mai schickt Rilke einen ersten Brief an Lou. Am 17. Mai sitzt er schon zu Lous Füßen und liest ihr eifrig drei seiner »Christus-Visionen« vor. Im Bekanntschaften-Schließen geht er zielstrebiger und schneller voran als in der Arbeit an seinen Texten. Lou ist von Rilkes merkwürdiger Dichtung aber nicht sonderlich begeistert. Zu ekstatisch-verblasen, zu pathetisch-ungenau, zu schwülstig, zu unecht, findet sie.

Mit anderen Worten: reiner Gefühlskitsch! Lou ist die einzige, der Rilke diese Fundamentalkritik seines noch unsicheren – aber um so anmaßender auftrumpfenden – Dichtertums abnimmt, ohne sich abzuwenden. Denn Rilke ist Lou sofort heillos verfallen. Aus diesem bedingungslosen Vertrauen zu Lou und deren nüchterner Kritik an seiner Art zu dichten, die mit Zuwendung verbunden ist, ergibt sich für Rilke die Chance zu wachsen. In seiner überschäumenden Bewunderung schreibt er Lou umgehend einen Band mit eilfertig produzierten Gedichten.

Lou bemängelt auch deren Form, lehnt sie als gut gemeint, aber schlecht gemacht ab. Von den hundert Gedichten unter dem Titel »Dir zur Feier« wird auf Lous Verlangen über die Hälfte vernichtet. Nur sehr wenige dieser Gedichte übernimmt Rilke in den 1899 mit dem trotzigen Titel veröffentlichten Band: »Mir zur Feier«. Es sind – da hatte Lou recht – schwache Gedichte, die wie sein ganzes Frühwerk daran kranken, daß sie bloß Gefühle aussprechen. Zehn Jahre später hat Rilke mit dem »Malte Laurids Brigge« eine eindrucksvolle General-kritik dieses Frühwerks abgeliefert: *Ach, aber mit Versen ist so wenig getan, wenn man sie früh schreibt. Man sollte warten damit und Sinn und Süßigkeit sammeln ein ganzes Leben lang und ein langes womöglich, und dann, ganz zum Schluß, vielleicht könnte man dann zehn Zeilen schreiben, die gut sind.*

Für einen Dichter kommt es nicht darauf an, Gefühle zu haben, sondern die Dinge so – artistisch kalt – auszusprechen, daß sie gefühlt werden können, weiß er nun. Rodin und Paris werden ihm diese Kunst-Erfahrung vermitteln, mit der er weit über Lous eigenes Kunstverständnis hinausgehen wird.

Warum vermag Lou Andreas-Salomé den jungen Dichter so in ihren Bann zu ziehen? Lou unterscheidet sich erheblich von anderen Fin-de-siècle-Frauen. Vor allem dadurch, daß sie nie einen Zweifel daran läßt, daß intellektuelle Stärke ihre Wurzeln in sexueller Aktivität hat. Lous Lebenswiderspruch besteht darin, Männer zu sich heranzuziehen und sie dann von sich fortzustoßen. Sie hält die Männer an der Peripherie ihrer eigenen Existenz – und dennoch unter Kontrolle. Rilke erleidet dies – und beginnt es bei seinen eigenen Frauenbeziehungen zu kopieren.

Ist Lou egoistisch, unfähig zu Hingabe und Opfer? Fehlt es ihr an Herzenswärme, wie die von ihr Enttäuschten sagen? Mag sein. Aber es ist auch ungerecht, ihr vorzuwerfen, daß sie Konventionen bricht, darauf beharrt, ihr erotisch-geistiges Leben selbst zu bestimmen. Wenn auch die Verluste, die seelischen Trümmerfelder, die sie zurückläßt, enorm sind.

Rilke und Lou Andreas-Salomé treffen sich in ihrem Hang zu Pathos und Verzückung. Jedoch kämpft Lou mit eiserner Disziplin dagegen an, läßt sich kaum je hinreißen. Eine kurze Zeitlang wohl doch: denn sie gibt sich Rilke hin. Bei Rilke wechselt die Begeisterung mit Phasen der Gereiztheit und der Passivität.

Erst einmal sieht sich Rilke vollständig im Rausch seines Glücks gefangen. Mit Lou hat er eine Geliebte, die zugleich intellektuelle Partnerin und mütterliche Beschützerin ist. Die Geschichte des sich von der Mutter ungeliebt fühlenden Kindes scheint doch noch eine wundersame Wendung zu erfahren. Rilke erkennt in seiner Geliebten auch das Ideal einer Mutter. Aber Rilke täuscht sich in Lou, denn diese hat verständlicherweise überhaupt nicht die Absicht, sich für Rilke verantwortlich zu fühlen. Er klammert sich so an sie, daß sie sich entschlossen Luft zu machen beginnt. Es wird für Rilke eine bittere Erfahrung, die er wohl nie ganz hinter sich läßt. Statt den Umgang mit Menschen und fremdem Willen zu lernen, der eigene Erwartungen enttäuschen kann, scheut er nur immer weiter zurück in die Einsamkeit, deren Kehrseite die bloße gesellschaftliche (und auch erotische) Geschäftigkeit sein wird. Niemandem wird Rilke mehr so vertrauen wie Lou.

Ein Sommer auf dem Lande. Demütigungen in Wolfratshausen

Sie beschließen, den Sommer 1897 gemeinsam auf dem Land, in Wolfratshausen zu verbringen. Aber kaum sind sie angekommen, da meldet sich ein russischer Schriftsteller und Kritiker: Akim Lwowitsch Wolynski aus Petersburg. Lou erwartet von ihm eine intellektuelle Anregung bei ihrer Arbeit an der Novelle »Amor«, der Geschichte des Mordes einer Frau an ihrem Geliebten. Wolynski soll sie ins Russische übersetzen. Sofort lädt Lou ihn nach Wolfratshausen ein. Rilke stört, er muß ausziehen und sich eine andere Bleibe suchen, da Lou Wolynski ständig um sich haben will. Welch eine Ernüchterung für den eben noch im Freudenrausch taumelnden Rilke. Im Nachbarort Dorfen findet Rilke eine Unterkunft, von wo aus er tagsüber zu dem Haus hinübergeht, das er und Lou sich für den Sommer gemietet hatten. Jetzt ist er dort nur noch ein »junger Freund« , der assistierend das ins reine schreibt, was Lou und Wolynski zusammen verfassen. Er bekommt bereits jenes Dreieck zu spüren, das Lou sofort aufbaut, wenn ihr jemand zu nahe kommt.

Die seelische Grausamkeit, die Demütigung des jungen Mannes, dem sie sich als Geliebte hingegeben hat, sitzt tief. Aber bald schon kümmert Lou sich wieder um die physischen

Folgen seiner psychischen Labilität. Der hypersensible Rilke wird – man kann das verstehen – von »sexuellen Fehlfunktionen«, Hämorrhoiden und Ekzemen geplagt. Wolynski bleibt nur einen Sommer, aber der bis eben so stürmische Rilke ist erst einmal auf Distanz gebracht. Und fühlt sich so schlecht, wie er behandelt wird.

Doch noch immer hofft er auf eine innige Verbindung, eine Lebensgemeinschaft also, die die verheiratete, aber trotzdem ihre Unabhängigkeit als höchstes Gut wahrende Frau strikt ablehnt. Lou bindet sich an niemanden. Ständig tauchen weitere von ihren Freunden und Bekannten in Wolfratshausen auf. Man ißt gemeinsam vegetarisch, trägt schlichte Kleidung und geht barfuß – etwas, das Lou bei ihrem Mann Friedrich Andreas gelernt hat. Das Haus, in dem Lou wohnt, wird beflaggt und mit der Aufschrift »Loufried« versehen, eine Persiflage auf Wagners »Villa Wahnfried«, vielleicht aber auch ernst gemeint. Im nachhinein wird Rilke den Sommer in Wolfratshausen verklären, wohl wegen des Schlimmeren, was zwischen ihnen noch folgen sollte.

Lou bemüht sich, Rilke die überschäumende Sentimentalität auszutreiben. In Abschreib-Übungen (!) trainiert sie ihm eine neue Handschrift an, weil ihr seine bisherige nicht gefällt. Einen neuen Namen hat er schon. Rilke ist ganz im Banne dieser Frau. Sie verweigert sich nach dem Bruch ihrer Beziehung jeder Neuauflage, um die Rilke beständig wirbt. Vielleicht aus Kälte und weil man abgelegte Liebschaften nicht wieder aufwärmt – vielleicht aber auch, weil sie um Rilkes dichterisches Funktionieren weiß. Er braucht nicht Nähe, sondern Ferne, nicht Erfüllung in Gemeinschaft, sondern die Sehnsucht des Solitärs. Ist das ein Klischee? Wo Rilke doch immer hektischer Frauen um sich versammelt, die alle nur den mehr und mehr berühmten Dichter in ihm sehen?

Auch Friedrich Andreas kommt nach Wolfratshausen. Er ist den alternativen Lebensstil seiner Frau gewohnt, akzeptiert ihn, was diesem weltoffen-toleranten Menschen mitunter aber auch schwergefallen sein mag. An eine Affäre Lous mit dem jungen Rainer mag er zunächst nicht glauben. Und als er es dann doch erfährt, läßt ihn das nicht gleichgültig. Ende August reist Lou ab – zu ihrem früheren Geliebten, dem Arzt Friedrich Pineles (»Zemek«). Sie will ihn um Rat fragen, was mit Rilke zu tun sei, der ihr zunehmend Schwierigkeiten bereitet. Er ist – nicht zuletzt durch Lous Verhalten – an den Rand seiner psychischen (und damit bei ihm auch sofort physischen) Belastbarkeit gekommen. Rainer bleibt inmitten seiner Gefühlsverwirrung in Wolfratshausen zurück. Wer bin ich, fragt er sich – und weiß keine Antwort.

Dann kehrt Lou noch einmal für einige Tage nach Wolfratshausen zurück und wohnt bei Rilke. Dieser entschließt sich, Lou nach Berlin zu folgen. Man plant eine gemeinsame Reise nach Rußland, von dem sie beide schwärmen. Aber Rainer, sosehr sich der junge unsichere Mensch auch an Lou klammert, geht es im Grunde ähnlich wie ihr. Der erwachende Dichter in ihm will Distanz, braucht Rückzug. Sein labiles Schwanken erwächst in dieser Zeit aus dem Bemühen um Bindung. Erst nach der Trennung von Lou wird er das Alleinsein als Lebensform des Dichters akzeptieren und sich eine Vielzahl von hilfreichen Freundinnen suchen, an die er sein Herz nun nicht mehr so ganz und gar hängen wird.

Vor allem öffnet ihm die umtriebige Lou nun auch die Türen der Berliner Gesellschaft. Aber nicht bei allen kommt seine zielgenaue Schmeichelei an, mit der er wichtige Leute für sich einzunehmen pflegt. Bei dem Maler Reinhold Lepsius, wo auch Georg Simmel und Fritz Mauthner verkehren, erlebt er Stefan George, der dort inmitten seiner Jünger eine Lesung zelebriert. Dieser königliche Auftritt eines Dichters fasziniert Rilke – fortan inszeniert auch er seine Lesungen nach allen Regeln des Kunstgewerbes. Rilke bittet George in der ihm eigenen ungestümen Art, sein Jünger werden zu dürfen. Die Antwort ist auf eisige Weise ablehnend. Was für Rilke, so vor schädlicher Jüngerschaft bewahrt, ein großes Glück ist.

Der Traum von Rußland

Zwei Rußlandreisen unternehmen Rainer und Lou. Sie verlaufen nicht so erfreulich, wie ihre nachträgliche Mythisierung vermuten läßt. Man hält gegenseitig daran fest, daß dies ein großartiges Erlebnis gewesen sei; dabei vollzog sich hier de facto die Trennung zwischen ihnen. Für Rilke – bei allem Schmerz – ein heilsames Ereignis, das ihn recht unvorbereitet trifft. Denn Rußland verstärkt all die fatalen Neigungen in ihm zu Schwärmertum und Gefühlskitsch. Erst der Schock, den die Metropole Paris und das Erleben des Kunst-Arbeiters Rodin für ihn bedeuten, erhebt seine Dichtung über süßliche, um sich selbst kreisende Idyllenmalerei, macht sie hart, fragmentarisch, spröde und auf welthaltig-moderne Weise tief.

Ende April 1899 reisen Lou und Rainer in Begleitung von Lous Ehemann Friedrich Carl Andreas nach Rußland. Die Dauer-Verzückung in ihren Augen mag man sich gar nicht vorstellen. Dabei sind sie sich durchaus darüber im klaren, daß die slawophile Geistesströmung in Rußland reaktionäre Züge besitzt.

Einer von Rilkes Vorzügen ist, daß er seine eigenen Begeisterungen, die ihn eine Zeitlang gefangengehalten haben, zu analysieren vermag. So wird er in einem der großen Bekenntnisbriefe, die zugleich immer auch Vorarbeiten zu wichtigen Texten sind, rückblickend über Rußland als Traum und Realität notieren: *Daß Rußland meine Heimath ist, gehört zu jenen großen und geheimnisvollen Sicherheiten, aus denen ich lebe, – aber meine Versuche hinzugehen, durch Reisen, durch Bücher, durch Menschen sind wie ein Nichts und mehr eine Abwendung als ein Näherkommen.* Das ist die differenzierende Sicht im nachhinein. Und auch Lou ist viel zu klug, um Folklore mit ursprünglichem Leben zu verwechseln. In einem Brief an Rainer schreibt sie über die »kirchlichen und reaktionären Slawophilen« und deren beschränktes »wiederum einseitig anti-europäisches Gesichtsfeld«.

Sofort nach ihrer Ankunft in Moskau wendet sich Rilke an den Maler Leonid Pasternak. Pasternak malt gerade an einem Porträt von Leo Tolstoi. Also möchte er ihnen doch bitte ein Treffen mit ihrem Idol arrangieren. Für Lou und Rainer ist Tolstoi das personifizierte Rußland. Tatsächlich werden sie zum Tee beim Grafen Tolstoi nach Jasnaja Poljana eingeladen. Rilke ist von der Szenerie so begeistert, daß er gar nicht wahrhaben will, wie wenig sich Tolstoi für ihn, der kaum russisch spricht, oder für Lou, um deren Russisch es auch nicht besonders gut steht, interessiert. Tolstoi unterhält sich angeregt mit dem hochgebildeten Iranisten Friedrich Carl Andreas, der gerade eine Arbeit über die persische Babi-Sekte veröffentlicht hat, für die sich auch Tolstoi interessiert.

Danach ist die Audienz zu Ende, und Lou und Rainer beginnen an ihrer Tolstoi-Legende zu stricken, sprechen und schreiben von seiner »Güte und Menschlichkeit«. Dabei hat Tolstoi den Aberglauben der russischen Bauern beklagt und die »einfache Frömmigkeit«, für die Lou und Rainer so schwärmen, eine große Unaufgeklärtheit genannt.

Aber das kommt bei Lou und Rainer gar nicht mehr an. Es ist die Zeit des russisch-orthodoxen Osterfestes – und beide sind sofort völlig gefangen von der Liturgie, den Sakralgesängen und dem Glaubensfanatismus des einfachen Volkes. Rilke fühlt sich in seiner Idee des *mönchischen Lebens* bestätigt; was bei seiner Mutter Phia bloßes äußeres Ritual war, das sieht er hier mit Inbrunst gelebt. Die Warnungen Tolstois haben sie schnell vergessen; im Gegenteil, Tolstoi selbst wird ihnen zur Reliquie. Als sie im Juni aus Rußland zurückkehren, haben sie kein Geld mehr. Dennoch fühlen sie sich auf erhabene Weise glücklich. Rilke sieht sich in seiner Auffassung bestätigt, daß Stolz und Demut dasselbe seien. Den ganzen Sommer über bereiten sie ihre Reise auf, lernen Russisch, vertiefen sich in die Geschichte des Zarenreiches.

Im Jahr darauf kommt es zu einer zweiten Rußland-Reise. Friedrich Carl Andreas ist diesmal nicht dabei. Wieder besuchen sie Tolstoi, aber der erinnert sich gar nicht mehr an sie. Außerdem sind sie gerade in einen Ehestreit des Grafen hineingeplatzt. Auch Rainer und Lou selber streiten nun häufig. Rilke wird immer öfter von seltsamen Angst-Attacken befallen. Auch ihren russischen Freunden mißfällt es zunehmend, wie sie Rückständigkeit zur Ursprünglichkeit stilisieren, wie sie die herrschende Armut zu einem nachahmenswerten »einfachen Leben« verklären.

Beharrlich preist Lou – trotz aller Abweisung bei Tolstoi – das »beseelte Gesicht« des Grafen und spricht von ihm als einem »verzauberten Bäuerlein«. Beide reisen sie durchs Land, aber Rilke ist den Strapazen nicht gewachsen.

In Kiew erleidet er einen Angstanfall von bislang ungekanntem Ausmaß. Er vermag es nicht, an einer bestimmten Akazie vorbeizugehen. Lou fühlt sich immer mehr als Krankenschwester; und für diese Rolle ist sie denkbar ungeeignet. Sie besuchen noch Droshin, den Bauerndichter, gehen wieder viel barfuß und rühmen die unberührte Natur. Aber Lou hat erst einmal genug von Rilke, der sie zunehmend anstrengt. So läßt sie Rainer in Petersburg kurzerhand sitzen und fährt allein weiter zu ihrer Familie nach Finnland.

Dieser Trennung auf Zeit wird bald die dauerhafte Trennung folgen. Das Projekt Mutter und Geliebte in einer Person, so sieht Lou jetzt, ist gescheitert. Rilke braucht lange, um es zu sehen, völlig akzeptieren wird er es nie.

Russische Freundinnen. Sofja Schill aus Schmargendorf und Jelena Woronina aus Viareggio

Lou ist es, die Rilke auf Bildungsreise nach Italien schickt. Als er im April 1898 in Florenz ankommt, hat ihm Lou die Reise genau geplant und die Aufgabe gestellt, ein Tagebuch zu führen (das später als »Florenzer Tagebuch« bekannt wird). Hier in Florenz lernt er auch Heinrich Vogeler kennen, dem er die Verbindung zur Künstlerkolonie Worpswede verdankt. Rilke ist voller Jubel über die Stadt: *Vierzehn Tage bin ich hier ganz still / und bleibe noch, wer weiß wie lange, lauschen,* teilt er Wilhelm von Scholz mit – um dann plötzlich weg zu sein.

Was ist geschehen? Er läuft in den Boboli-Gärten Stefan George über den Weg. George sagt ihm etwas über die verfrühten und unreifen Publikationen junger Leute, am Fallbeispiel Rilkes. Vermutlich waren es ähnliche Worte, die Rilke im »Malte Laurids Brigge« fand – da als Selbstkritik zu früher Verse, wie man sie im nachhinein übt. Aber hier und jetzt, so von George geschulmeistert, ist Rilke schwer gekränkt. George rät, sehr von oben herab, geduldig zu arbeiten und nichts von außen zu erwarten. Immer wo Rilke auf Widerstand stößt, wo er sich mißverstanden oder gar mißachtet fühlt, ist er ganz hilflos. Also räumt er panikartig die Bühne Florenz und taucht Mitte Mai im Seebad Viareggio wieder auf. Die Sätze Georges haben lange in Rilke gearbeitet. Er weiß zu gut, was an ihnen wahr ist

In Viareggio lebt Rilke sichtbar auf. Lou hatte ihm gesagt, er solle so lange in Italien bleiben, bis sie ihn zurückriefe. Eine Tischnachbarin im Hotel in Viareggio macht ihm das Warten angenehmer: Jelena Woronina, die er Helene nennt. Bald unternehmen sie lange Strandspaziergänge, und Rilke ist wieder bei seiner Lieblingsbeschäftigung, dem Ablegen ausführlicher Beichten. Aber die unsichtbare Gegenwart Lous kann auch diese neue Freundin nicht verdrängen. Ein Omen für alle die vielen Frauenbekanntschaften, die Rilke mit Eifer machen wird, um sie dann um so schneller in die Distanz einer Brieffreundschaft zu bringen; ein Forum für Stilübungen und wohltemperierte Selbstauskünfte. Rilke wird bei seinen neuen Frauenbekanntschaften mehr und mehr berechnend. Wer kann ihm diesen oder jenen Kontakt vermitteln, wer besitzt zu viel Geld oder leerstehende Villen in bevorzugter Lage? Rilke entwickelt einen Jagdinstikt auf Mäzene – aber noch hat er es nicht gefunden, das zu erlegende Wild.

Das »Florenzer Tagebuch« führt er folgsam, auch als er längst in Zoppot ist. Es wird Lou nicht sonderlich überzeugen. Vielleicht haben ihr die Stellen nicht gefallen, an denen Rilke Parallelen zieht zwischen Künstlertum und Mutterschaft. Ein Kind zur Welt bringen sei dem Ringen eines Künstlers um die Geburt seines Werkes sehr ähnlich. Warum diese ständigen Bezüge aufs Gebären? Einige Deutungen gehen von einer abgebrochenen Schwangerschaft Lous aus – was die Rilke verordnete Reise nach Italien erklären könnte.

Als romantische Sehnsuchtsbilder konkurrieren Rußland und Italien miteinander. Rilke wird Italien immer mehr zur Negativfolie für das so verehrte Rußland. Ist Rußland der Inbegriff des Echten, so wird Italien immer mehr ein Name für das Unechte. Auch wenn sich Rilke keinerlei Illusionen über die trennende Wirkung ihrer allzu großen Nähe während der beiden Rußlandreisen macht. In seinem »Worpsweder Tagebuch« hält er am 27. September 1900 fest: *Die russische Reise mit ihren täglichen Verlusten ist mir ein so unendlich banger Beweis meiner unreifen Augen, die nicht zu empfangen, nicht zu halten und auch loszulassen nicht verstehen, die, mit quälenden Bildern beladen an Schönheiten vorübergehen und zu Enttäuschungen hin.*

Jelena Woronina schickt er auch nach jenem Mai 1898 in Viareggio poetische Liebesgrüße. In denen rauscht es nur so von *Meereskühle und Waldesdunkel,* auch von *unbestimmten Gestalten aus Glanz und Klarheit* ist die Rede. Ein Jahr danach trifft er sie auf seiner ersten Rußland-Reise in Petersburg wieder. Moskau hatte ihm zuvor viel besser gefallen, weil es »russischer« war. Petersburg kommt ihm unangenehm westlich vor. Jelena Woronina müssen die Ohren geklungen haben bei solchen Sätzen über das rückständige Rußland: *Es ist die letzte, heimlichste Stube im Herzen Gottes. Seine schönsten Schätze sind darin. Und sie liegen nicht verstaubt und müßig herum – sie sind alle im Gebrauch jener tiefen Frömmigkeit, aus welcher heraus Wunder und Werke kamen seit Anbeginn.* Auch Sofja Schill, eine andere russische Freundin, sieht Rilkes slawophiles Rußlandbild mit großer Skepsis. Vergeblich versuchen diese Kosmopoliten den Blick Lous und Rainers, die wie trunken alles Russische anstaunen, mit Hinweis auf die soziale Rückständigkeit Rußlands auszunüchtern. Das Traumbild vom einfachen Leben ist stärker. Bedeutungsschweren Tons teilt er Jelena Woronina mit: *Liebe Freundin, wenn ich als Prophet gekommen wäre, ich würde mein Leben lang Rußland predigen als das auserwählte Land, über welchem Gottes schwere Bildhauerhand wie eine große weise Verzögerung liegt ...* Beginnt der Jung-Dichter sich tatsächlich wie ein Prophet zu fühlen? Jelena Woronina darauf: »O Sie lieber, törichter Dichter, kann man nun für etwas so schwärmen, wie Sie für Rußland?«

Mit Jelena Woronina ist Rilke in Petersburg wieder ganz eng zusammen. Er geizt nicht mit Liebesschwüren. Lou reist offiziell mit ihrem Mann, und Rilke ist wieder der junge Bekannte, der sich ihnen anschloß. Er ist also gar nicht zu allen Anlässen zugelassen. Aber Lou – die junge Jelena vor Augen – wird eifersüchtig. Rilke hat sich nun jeden Abend um acht Uhr bei Lous abendlicher Runde einzufinden.

Auf dieses Zeichen von Unmut der sich immer überlegen gebenden Lou hat Rilke heimlich gewartet. Ist er ihr also doch nicht egal! Er macht, was ihm seine Herrin befiehlt: so heftig, wie er auf Jelena zustürmte, so plötzlich zieht er sich nun zurück. Als Adressatin seiner brieflichen Rußland-Schwärmereien aber braucht er sie noch. In der schriftlichen Nachsorge der Verletzungen, die er mit seinem verbalen Gefühlsgetöse anrichtet, ist Rilke allzeit gründlich. So führt auch die Beziehung zu Jelena Woronina ein briefliches Nachleben. Wen Rilke einmal auf der Adreßliste hat, den läßt er so schnell nicht mehr los.

Sofja Schill, die sich, Anton Tschechow folgend, für eine Reform des rückständigen russischen Sozialsystems einsetzt, sieht mit Befremden, wie Rilke Armut poetisiert zum *großen Glanz*, der von innen kommt. Sie vermittelt ihm bei seiner zweiten Reise ein Treffen mit dem Bauerndichter Droshin, der den Volkstümlern nahesteht und den Sofja Schill für höchstens zweitklassig hält. In ihren Erinnerungen notiert sie über Rilkes Verhältnis zur russischen Literatur, er besitze keine »feste und echte Kenntnis der russischen Sprache«. Also alles nur Folklore? In gewisser Weise ja. Denn er will sich an Rußland ausschließlich erbauen. Das »einfache Leben« dient ihm dabei als Schlüsselwort.

Lou und Rainer besuchen auch die von Sofja Schill initiierten Bildungskurse für Arbeiter. Befremdet notiert Sofja: »Sie interessierten sich nicht für die ersten Versuche der russischen Arbeiter, aktiv in der Politik aufzutreten, sondern für ihr Sein, ihr ländliches Wesen, die gesunden Wurzeln – für ›die Seele des Ackerbauern, die noch nicht endgültig verstümmelt ist durch die Stadt und die Arbeitskasernen‹«. Sofja Schill vermutet, Rilke habe die zerstörerische Armut noch nicht am eigenen Leibe erfahren, nur darum könne er so etwas sagen. Und tatsächlich, in Paris, als das Großstadtelend auch nach ihm greift, wächst seine Angst vor einer alle Kultur vernichtenden Armut.

Noch aber klingt Rilke fest entschlossen in der Verteidigung seines Kitsch-Bildes von Rußland: *Ich entfremde den deutschen Dingen immer mehr, und bis ich die Sprache kenne und kann, werde ich mich ganz Russe fühlen.*

Wie schon bei Vally transformiert Rilke auch bei Jelena Woronina sein Liebesvermögen in Text. Mit anderen Worten: er

trickst auf üble Weise, um alle Unannehmlichkeiten von sich fernzuhalten. Und etwas zweites kommt hier schon hinzu: als *Dichter* will er wiedergeliebt werden. Da wird noch jedes Gegenüber zum Medium für Stilübungen. Rilke, von Lou so energisch zurückgepfiffen, teilt Jelena Woronina plötzlich mit, er habe eine Braut (reine Fiktion!). Brutal fügt er hinzu, diese sei als dritte in ihren gemeinsamen Stunden immer anwesend gewesen. Er beginnt ganz bewußt, Verabredungen nicht einzuhalten, und gibt sich gar keine Mühe, überzeugend zu klingen, wenn er absagt: *So bitte ich Sie: liebe Helene, denken Sie nicht darüber nach, wenn ich heute nicht komme. Ich bin so müde. Alle meine Kraft ist versammelt, um die Augenlider offenzuhalten. Den ganzen Morgen hab ich in meiner Stube gefroren, und bei dem ersten Schritt über die Gasse fiel mich die schwere Schwüle des Tages an. Meine Gedanken haben die Segel eingezogen in dieser Windstille, und meine Gefühle schlafen am Strand von allem. Und haben Träume. Und sind Ihnen träumend nah, Helene. Schreiben Sie mir einmal. Ob Sie vielleicht Freitag Zeit hätten, in die Eremitage zu kommen?*
Jelena rückt für Rilke in die Ferne einer poetischen Bildergalerie. Die Frau selbst zählt nicht mehr. Jeder Ankündigung folgt die Absage: *Bis zum Augenblick, meine liebste Freundin, habe ich die Absicht gehabt zu Ihnen zu kommen. Ich unterlasse es zuletzt, obwohl mich nichts verhindert und obwohl ich weiß, daß ich Freitag und Samstag versagt bin – Ich bin nicht krank, nur müde …* Das ist zweifellos dreist. Aber auch dieser Brief schließt wieder mit, man kann es nicht anders nennen, Demagogie: *Fühlen Sie mich nah, meine liebe Helene! Denn wenn ich Ihr Dichter sein darf, so müssen Sie mir auch die Macht zuschreiben, zu Ihnen zu kommen in der Dämmerung: ohne Gestalt, bei Ihnen einzutreten mit dem Abendrot zugleich, und Gast zu sein in Ihrem tiefen Gefühle und in Ihrer einsamen Freude!*
Es scheint, das Dichterische speist sich hier aus gefühlhaft drapiertem Zynismus. Rilke übergibt sich seiner Geliebten

feierlich als Ikone – zwecks Anbetung. Dafür bekommt die Verstoßene aber auch einige Verse gewidmet: *Wir brauchen solchen warmen Regen / wie er in diesen Nächten flutend fiel, – / so muß der Himmel seine Hände legen / in unsrer Seelen sanftes Saitenspiel ... (Lied für Helene)* Dann schreibt er wieder: *Morgen um 2 1/2 komm ich bestimmt, liebe Helene, müd oder nicht müd – jedenfalls aber freudig des Wiedersehens.* Bis zur nächsten Absage. Rilke spürt die Macht, die darin liegt, sich denen zu entziehen, die ihn erwarten. Er findet daran Gefallen, es richtet sein von Lou niedergedrücktes männliches Selbstwertgefühl auf.

Was sich mehrt in diesem trüben – und ganz auf Lous Reaktionen ausgerichteten – Spiel, sind allein die Widmungsgedichte als lyrischer Schadensersatz für versprochene und dann vorenthaltene Nähe :

Für Helene

Ich höre von weit – von weit
die Uhr aus Ihrem Gemache.
Sie singt in sinniger Sprache
und spricht
als ob sie noch andres bedeute
als Zeit.
Wie wenn Perlen zerreißen
aus einem reichen Geschmeid;
Silben der Zärtlichkeit -
so müssen die Elfen heißen ...
Wie ich ihrer mich freute
wenn sie begann
und in klaren runden
Schlägen ihr Geläute
über die Stirne der Stunden
wie ein Lächeln rann ...

(in einem Brief vom 11. Mai 1899)

Der Dichter spielt auf der Klaviatur von Annäherung und Abstoßung, von gespielter Nähe und kalter Ferne. Er wird dieses
Spiel mehr als ein Vierteljahrhundert lang immer weiter perfektionieren – bis es ganz zu seiner zweiten Natur wird und er
als Virtuose des Seelenfangs, als Ausbeuter fremder Gefühls-
welten vor uns steht.

Worpswede

Flucht in die Idylle

Im September 1900 erinnert sich Rilke an Heinrich Vogelers Einladung nach Worpswede – und fährt kurz entschlossen hin. Denn Lou hatte ihn einfach in Petersburg stehenlassen. Sie hat endgültig genug von dem neurotischen Jung-Dichter. Nie mehr Ersatzmutter sein! Noch sagt sie das Rilke nicht so deutlich. Aber Rilke spürt, daß er ihr mißfällt, die Atmosphäre gestört ist. Als er aus lauter Ratlosigkeit nach Worpswede fährt, ahnt er nicht, daß er damit seinem Leben eine entscheidende Wendung gibt.

Vogeler wiederum ahnt nicht, daß Rilke, wenn er erst einmal auf Besuch gekommen ist, nicht so bald wieder geht. Vorerst bleibt er »nur« sechs Wochen in Vogelers pittoreskem »Barkenhoff«, überlegt aber, ob er nicht für immer hier leben sollte. Denn Rilke ist von der Künstlerkolonie im Moor fasziniert. So hat er sich den Norden vorgestellt: dunkel, schwer und bedeutungstief.

In Worpswede leben außer Vogeler noch Fritz Mackensen, der in den 80er Jahren des 19. Jahrhunderts als erster hierher gekommen war, sowie Otto Modersohn, Friedrich Overbeck und Hans am Ende. Die Künstlerkolonie versteht sich als eine Alternative zum offiziellen akademischen Kunstbetrieb. Anders leben, um anders zu malen! Die Natur soll nicht mehr bloß naturalistisch abgebildet werden, sondern mit dem inneren Auge gesehen und in ihrer Beseeltheit nachempfindbar gemacht werden. Frauen spielen in dieser Männerwelt nur eine untergeordnete Rolle. So fallen auch Paula Becker und Clara Westhoff nicht als Künstlerinnen ins Gewicht, eher als zu heiratende Frauen.

Clara und Paula sind beide Mitte zwanzig und noch ungebunden. Paula, aus dem lebhaft-leichthinnigen Dresden (Elbflorenz!) stammend, Tochter eines Eisenbahnbaurats, hatte zwei Jahre an der Zeichen- und Malschule des Vereins der Berliner Künstlerinnen studiert. Nach mehreren Sommeraufenthalten in Worpswede beschließt sie 1898, ganz hierherzuziehen. Hoch sensibel, wird sie immer auch von Selbstzweifeln und Depressionen geplagt und wirkt in dieser selbstherrlich-nördlichen Männerkolonie eher deplaziert. Clara Westhoff, aufgewachsen in einer Bremer Kaufmannsfamilie, war durch Fritz Mackensen in die Kolonie gekommen.

Clara und Paula reisen zusammen nach Paris, wohnen im selben Hotel am Boulevard Raspail. Sie wollen Erfahrungen machen, auch künstlerische. Paulas Vater bedenkt seine Tochter noch in Paris mit guten Ratschlägen. Sie solle sich doch besser von Clara Westhoff fernhalten. Denn sie, Paula, ließe sich, ohne es zu merken, von deren stärkerer Natur beeinflussen. Einen Ratschlag für ihre weitere künstlerische Entwicklung hat er auch parat. »Je mehr Du Worpswede abschütteln kannst, je weniger Du von dem albernen Worte ›modern‹ an Dir behältst, desto mehr bist Du einen Schritt vorwärtsgekommen.« Das Schöne solle sie malen. Und schön ist für den Vater, was Genuß bereitet – und *davon* verständen die Franzosen allemal mehr als die schwerblütigen Worpsweder. Paula antwortet dem Vater: »Clara und ich geben uns Mühe, die gegenseitigen Existenzen so gut es geht, zu ignorieren. Wir fühlen selbst, daß wir mal von ganz anderer Seite gerieben werden müssen.« Was ja für den Vater auch wieder beunruhigend geklungen haben muß. Paula und Clara besuchen in Paris zwei unterschiedliche Kunstakademien. Paula die Académie Colarossi und Clara die Akademie Julian, beides private Institute, an denen vor allem Frauen und Ausländer studieren, da man hier ohne Vorprüfungen zugelassen wird.

Clara gelingt es durch eine Empfehlung Max Klingers, ihr Idol Auguste Rodin zu treffen. Nun besucht sie ihn regelmäßig, obwohl seine Freundlichkeit nicht darüber hinwegtäuschen kann, daß ihn Frauen als Künstlerinnen überhaupt nicht interessieren. Aber Clara ist schon froh, nicht fortgeschickt zu werden, was Paula in einem Brief an ihre Eltern mit der – etwas verächtlichen – Bemerkung quittiert: »Aber sie ist eben ein Mensch, der überall lernt.«

Paula entdeckt unterdessen das Werk Paul Cézanne, dessen komplexe Einfachheit sie fasziniert. Diesem sinnlich erfahrbaren Reduktionismus wird sie fortan folgen. Damit entfremdet sie sich von den zunehmend ins Jugendstilhafte geratenen Worpsweder Malern.

Rilke wandert durch die Heide und fühlt sich wie im Märchen. Er schreibt den Gedichtzyklus »Vom Tode«. Sein Verhältnis zu den beiden jungen Frauen – als »Mädchen in Weiß« gefeiert« – nimmt, wie sollte es anders sein, schnell Züge von Verstrickung an. Aber Rilke hat bei Lou etwas gelernt, was erotische Dreiecksbeziehungen angeht, aus denen man sich im Zweifelsfalle jederzeit davonstehlen kann. Rilkes auf beide Frauen verteilte erotische Aufmerksamkeit wird von beiden Frauen erwidert. Rilke bevorzugt im stillen wohl Paula Becker. Bindungs-Absichten hat er nicht. Er kreist noch immer um Lou Andreas-Salomé, die zu dieser Zeit aber schon entschieden hat, den ihr lästigen Rilke schnell loszuwerden.

An langen Abenden zelebriert Rilke im Schein von silbernen Kerzenleuchtern seine Lesungen ganz im Stile seiner dichterischen Haß-Liebe Stefan George. Besonders die beiden jungen Frauen will er beeindrucken. Clara, eine großgewachsene, herbe, schweigsame, ein wenig ungeschliffen-ländlich wirkende, aber durchaus schöne Bildhauerin, und Paula, die blonde, lebhafte und Rilke auch in seinen Schwächen durchschauende Malerin.

Paula und Clara öffnen Rilke den Blick für Paris. Rilke nennt das Verhältnis zu beiden Frauen geschwisterlich – ein Indiz für seine Unentschlossenheit. Sie verbringen viel Zeit zusammen. Rilke findet in ihnen auch das Publikum, das er braucht. Denn Dichten heißt für ihn deklamieren. Immer ist er auf der Suche nach Zuhörern. Ergebenes Lauschen erst gibt ihm das Gefühl von Weihe, das er braucht. Seine Dichtung »Die weiße Fürstin« findet in beiden ein ergriffenes Publikum – nicht so im ebenfalls anwesenden Carl Hauptmann (der ältere Bruder Gerhart Hauptmanns), der disputieren will und Kritik anbringt. So etwas kann Rilke nicht gebrauchen.

Worpswede ist ein seltsames Reformprojekt, das sich nicht nur dem Naturalismus verpflichtet fühlt, sondern auch einem merkwürdigen Mystizismus nachfolgt, wie ihn Julius Langbehn in seinem Buch »Rembrandt als Erzieher« propagiert: eine Verherrlichung des Nordens, nicht nur mit nationalistischen, sogar mit rassistischen Untertönen. Hier draußen bekomme man eine »lutherische Sprache«, hatte die für Atmosphärisches höchst sensible Paula Becker sofort bemerkt. Das klingt zwar alles ein wenig nach Blut und Boden, aber als dann Rilke am Rande des Teufelmoors, noch ganz in Rußland-Trance befangen, anlangt, befremdet das besonders die Dorfbevölkerung. Wie er so mit grünem Russen-Kittel und – nein, hier einmal nicht barfuß – in Tatarenstiefeln (andere sagen: in Sandalen) durchs Dorf wandert. Bei den Dorffesten, wo auch Paula und Clara mit den Fischern und Torfstechern tanzen, ist Rilke nur Zuschauer. Er tanzt nie! Statt dessen kommentiert er mit einer von Eifersucht gespeisten Süffisanz das Geschehen: *»Ulk, Ulk, Ulk ... schauerliches Ende deutscher Geselligkeit.«*

Als Rilke erfährt, daß Paula sich mit dem elf Jahre älteren Otto Modersohn verlobt hat, ist er konsterniert. Gerade noch fühlte er sich mit Paula vereint, und nun greift ein anderer, noch dazu älterer Mann, nach seiner Freundin. Für solche Situationen ist Rilke nicht gemacht – männliche Konkurrenz fürchtet er. Er flüchtet im Oktober 1900 von einem zum anderen Tag aus Worpswede, obwohl er da bereits eine Wohnung für den Winter gemietet hatte. Angeblich will er in Berlin seine dritte

Rußlandreise vorbereiten. Er sucht Abstand von beiden Frauen. Aber auch sein Verhältnis zu Lou ist zerrüttet.

Alles übers Kochen

Am Jahresende 1900, als er aus Worpswede in Berlin-Schmargendorf eintrifft, schreibt er Clara viele Briefe – aber auch Paula Becker wird bedacht. Rilke spielt das Spiel, sich alles offenhalten zu wollen, jeder Entscheidung, solange es geht, aus dem Weg zu gehen – um sie dann überstürzt (und falsch?) zu treffen. Wolfgang Leppmann hat darauf hingewiesen, daß Rilkes Briefe Exerzitien eines Dichters sind, der Text auch hier immer zuerst unter den Gesichtspunkten Form und Stil steht. Rilke *arbeitet*, wenn er Briefe schreibt, sie sind ihm Umwege zum Gedicht.

An Clara schickt Rilke in diesem Winter dennoch seltsam haushälterische Briefe. Es geht ums Kochen: *Wenn Sie sich einen doppelwandigen Patent-Kochtopf ›Kann alles‹ aus einem großen Haushaltungsgeschäft kommen ließen, müssen Sie kaum einmal umrühren; die Gefahr des Anbrennens ist dann ganz gering.* Aber neben dieser Koch-Prosa wird auch das Abendessen poetisiert – wie alles von Rilke zu dieser Zeit nach Kleinbürgeridylle klingt: *In einem kleinen Häuschen würde Licht sein, eine sanfte, verhüllte Lampe, und ich würde an meinem Kocher stehen und Ihnen ein Abendbrot bereiten: ein schönes Gemüse oder Grütze, – und auf einem Glasteller würde schwerer Honig glänzen, und kalte, elfenbeinerne Butter würde auf der Buntheit eines russischen Tischtuchs ruhig auffallen.* Er, der Vegetarier, sieht *auf langer schmaler Schüssel* einen blassen westfälischen Schinken, *von Streifen weißen Fetts durchzogen wie ein Abendhimmel mit langgezogenen Wolken.* In diesem Bild spricht sich Rilkes ganze dichterische Peinlichkeit zu dieser Zeit aus. Immer trifft hier Gefühl auf große Gebärde. Das Resultat heißt allzu häufig Kitsch.

Wollte Rilke sich Clara mit seiner Hausratsdichtung auch deshalb nähern, weil er in ihr eine passable Hausfrau sah? Kaum, schließlich ist auch die Rede davon, daß *er ihr* ein Abendbrot mache – die romantische Kavalierszene. Und auch Paula Becker schreibt er zeitgleich solch kulinarische Briefe, aber noch etwas anders, weniger betulich, dafür sinnlich-anspielungsreicher als an Clara.

Und dann, oh Wunder, ist Paula in Berlin. Zum Kochkurs! Auf den schickt der Vater seine Künstlertochter im Januar 1901 zwecks Vorbereitung auf die Ehe mit Otto Modersohn. Schon im Oktober 1900 hatte ihr Rilke detailliert über seine Wohnung in Schmargendorf berichtet: *Also es giebt da ein Vorzimmer, das nicht bemerkenswert ist, eine Küche, die erst interessant werden wird durch meine täglichen Kochversuche ...* Bemerkenswert ist, daß Rilke kurz darauf seinen, wie er ihn nennt, *Sonntagsbrief* schreibt, mit einem langen Gedicht für Paula und den Eingangssätzen: *Sie können Briefe ebenso schön machen wie Abendstunden. Ich las oft und, was ich hernach schrieb, sollen Sie, am Abend da Sie es empfangen, lesen und lieb haben.«* Doch noch ein Versuch, Paula ihrem Verlobten wegzunehmen? Nein, solch energischer Zugriff ist Rilke fremd. Auch schreibt er in diesem Gedicht weniger über Paula als über sich – und ein klein wenig über Clara. Eine Art Kollektivliebesgedicht, mit sich selbst als Hauptperson: *Bin dankbar bei euch beiden, die ihr wie Schwestern meiner Seele seid; denn meine Seele hat ein Mädchenkleid, und auch ihr Haar ist seiden anzufühlen.* Paula antwortet nüchtern, zurechtweisend: »Ich finde wir sollen von unserer armen Seele nicht immer Sonntagsstimmung verlangen.« Da wird er deutlich, der renitente Charakter Paulas, die sich – anders als Clara – nicht zur Anbetung verknechten läßt. Ihre Seele feiere heute auch keinen Sonntag, fügt sie hinzu: »Sie weiß auch nicht, was sie heute feiert oder nicht feiert.« Und dann der selbstgewählte Einsatz, die Annäherung, die selber einen Ton vorgibt – etwas, was Rilke irritiert: »Ich möchte Ihnen das gerne alles mündlich

sagen ... Das kommt, weil Sie so schön mit den Augen hören
können.«

Paula zeigt sich resistent gegen Rilkes Pathos, sie haßt diese Art
Selbstweihe. Besser gefällt ihr der halb scherzend-spielerische
Ton. So wenn Rilke an Paula (mitten im Kochkurs) schreibt: *Wie ist Kochen? Jedenfalls schwerer als Übersetzen.*

Alles über Zitronen

Bei Paula denkt Rilke an eine Frucht – zwar eine Zitrone, aber
immerhin –, der Gedanke an das »Fruchtfleisch« regt ihn erotisch an. 1908 im »Requiem für eine Freundin« wird er den
Frucht-Gedanken noch weiter variieren:

Und so wie Früchte sahst du auch die Fraun
und sahst die Kinder so, von innen her
getrieben in die Formen ihres Daseins.
Und sahst dich selbst zuletzt wie eine Frucht,
nahmst dich heraus aus deinen Kleidern, trugst
dich vor den Spiegel, ließest dich hinein
bis auf dein Schauen ...

Eine Anspielung auf Paulas Selbstbild als schwangerer Halb-
akt. Aber es verrät Rilkes Sicht auf die *naturhafte* Fruchtbarkeit
der Frau, ihre leibliche Schöpferkraft, die sie in einem ganz ursprünglichen Sinne zum Vorbild des Künstlers mache, der sich
damit in einem der Frau nachfolgenden Akt daranmacht, Neues
zu zeugen. Die Ambivalenz der Zitrone liegt auch darin, daß
ihre aufgeschnittenen Hälften knospenden Jungmädchen-
brüsten ähneln – aber ihr Fleisch sauer schmeckt. Der Zitrone
fehlt die Süße einer reifen Frucht – sie ist damit zugleich Sinnbild einer nicht einlösbaren Erwartung, der Jungfräulichkeit,
die um den Eros kreist.

Rilkes Apotheose des Schöpfertums, einer Frucht verglichen, mündet immer wieder ins Symbol der Schwangeren, so wie in diesen 1907 in Venedig geschriebenen Versen:

Wir müssen immer wieder wie schwangere Frauen
vorsichtig um die Ecken gehen und leiden
daß Bilder plötzlich uns ins Werden sinken, –
um immer mehr von denen uns zu scheiden
die bei dem vielen In-die Bücher-schauen
gewohnt sind, alles aufgelöst zu trinken
anstatt den Kern der Wirklichkeit zu kauen

Das ist zum einen ein Beharren auf der Sinnlichkeit als Quelle aller Erkenntnis – auch da, wo sie uns quält. Das Leiden zieht den Vorhang der falschen Sicherheiten beiseite, die der Verstand uns vorgaukelt. Zum anderen ist es ein Wissen um den Auftrag zur Vollendung, den der Dichter in sich spürt: als schmerzende Last des Zurweltbringens des wesentlichen Worts. Darum bietet die reife Frau Schutz, denn sie hat die ihr kreatürlich auferlegte Mission, schöpferisch zu sein, durch den Akt des Gebärens neuen Lebens bereits erfüllt. Das sieht Rilke nun nicht in dem konservativ-patriarchalischen Sinne, daß Frauen ohnehin nur fürs Kinderkriegen und die Familie zuständig seien. Im Gegenteil, es ist voller Bewunderung gesagt. Der Dichter ist der Frau verwandt – als ein mit dem Wortgebären Beschäftigter. Hier unterscheidet er sich von Rodin. Der ist ein rechter Macho und sieht in der Frau nur das Objekt der Begierde.

Dazu geht Rilke immer mehr auf Distanz. Er will der Frau geschwisterlich nah sein. Auch im Reich der Kunst hält Rilke die Frau (ihrer Gebärerfahrung wegen) für wissender als den Mann. Denn der Dichter kann die Worte nicht in Aufklärerart beherrschen, sondern muß sich ihnen anverwandeln – auch dienend, auch demütig.

Das erhellt den Hintergrund für Rilkes Suche nach einer mütterlichen Geliebten. Hierin ist er Balzac erstaunlich ähnlich, der – bei verwandter erotischer Biographie – in seinem Roman

»Die Lilie im Tal« geschrieben hatte: »Seien Sie der Freund einflußreicher Frauen! Die einflußreichsten Frauen sind die alten ... Gönnerschaft ist ihre letzte Liebe ... Meiden Sie junge Frauen! ... Die junge fordert Ihr ganzes Leben, die Alte verlangt nur hin und wieder eine Aufmerksamkeit ... Junge Frauen, mein Freund, sind egoistisch, kleinlich, wissen nichts von wahrer Freundschaft, lieben nur sich selbst und würden Sie irgendeinem vorübergehenden Erfolg opfern.«

In einem Brief an Gräfin Sizzo vom 16. Dezember 1923 schreibt Rilke ausführlich über die Symbolik der Zitrone. Allerdings: *diese Verbindung von letzter Bitterkeit und Reife, die sie zum Zeichen des Verstorbenseins machen konnte –, das käme mir schon fast zu abgeleitet und ausgeklügelt vor.* Vor dem bloßen Theoretisieren bewahrt den Dichter sein Instinkt. Die Frucht trägt in sich *zugleich* das Leben und den Tod. Erst in dieser anschaubaren Einheit überwindet der Tod seine Trostlosigkeit. Der Trost der Frucht ist ihre Reife über allen Einzel-Tod hinaus. Die Gattung erhält sich allein über den Tod; er ist fruchtbar in all seiner Furchtbarkeit. In der ersten Duineser Elegie werden wir lesen: *Es erhält sich der Held, selbst der Untergang war ihm / nur ein Vorwand, zu sein: seine letzte Geburt.* Es ist jenes Heideggersche Dem-eigenen-Tod-Voransein, was sich hier ausspricht: die Metamorphose zu sich selbst im Wissen um die eigene Vergänglichkeit.

Und so wendet sich Rilke denn auch dem besonderen Lebens-Moment zu, jener intensiven Sinnlichkeit, die die Zitrone verströmt: *Ihr Duft übrigens, der Duft dieser Frucht, hat für mich eine unbeschreibliche Eindringlichkeit; ich habe immer, den Winter über, wo den Sinnen so viel Einflüsse von außen her abgehen, eine Glasschale mit Citronen im Arbeitszimmer. Ihre Bitterkeit, so zusammenziehend sie im Geschmack sich geltend macht, als Duft eingeatmet, gibt mir eine Sensation von reiner Weite und Offenheit –; wie oft hab ichs bedauert, daß wir allen derartigen Erfahrungen gegenüber so endgültig verstummt, so sprachlos bleiben. Wie e r le b ich ihn, diesen Citronengeruch,*

weiß Gott, was ich ihm zu Zeiten verdanke ..., und wenn ich
wirklich, wörtlich wiederholen soll, was er mir in die Sinne dik-
tiert: Fiasko!

Lous »Letzter Zuruf«

Im Laufe des Jahres 1900 überkommt Lou Andreas-Salomé
das Gefühl, einen großen Fehler gemacht zu haben, als sie sich
mit dem so viel jüngeren und unreifen Rainer Maria Rilke ein-
ließ. Dieser stellt immer mehr Forderungen an sie, wird immer
anstrengender in seinen unkontrollierten Affekten. In ihrem
Tagebuch lesen wir, was sie sich für das kommende Jahr 1901
erwartet: »Was ich will vom kommenden Jahr, was ich brauche, ist fast nur Stille, – mehr Alleinsein, so wie es bis vor vier
Jahren war. Das wird, muß wiederkommen.« Eine Einsicht aus
ihrer zweiten Rußland-Reise mit Rilke. Sie will wieder frei sein
und den anstrengenden Sohn-Ersatz, den sie nie gesucht hat,
loswerden. In ihr Tagebuch notiert sie: »Ich bin ein Scheusal.
(Schlecht war ich auch gegen Rainer, aber dies tut mir nie
weh.)« Sie ist nun fest entschlossen, die Verbindung zu beenden. Am 20. Januar 1901 heißt es: »Damit R. fortginge, *ganz*
fort, wär ich einer Brutalität fähig. *(Er muß fort!)*« Sie beginnt
sich verleugnen zu lassen, wenn Rainer kommt. Und schließlich schickt sie ihm am 26. Februar 1901 ihren mit »Letzter Zuruf« überschriebenen Abschiedsbrief. Es ist ein Rilke zutiefst
verstörender Brief. Äußerer Anlaß ist seine Ehe mit Clara Westhoff, die Lou gern verhindert hätte. Aber vor allem hat sie von
der Rolle der Ersatz-Mutter genug. Sie warnt ihn davor, sich
überhaupt jemals zu binden. Wie sie das macht, besitzt allerdings perfide Züge.
Wie die Fee tritt sie auf, die einen Fluch ausspricht, von dem
sie weiß: er wird weiter arbeiten in dem, der damit beladen ist.

Mit dem Arzt Pineles (Zemek), schreibt sie, habe sie über seine Verhaltensauffälligkeiten gesprochen. Nietzsches Schicksal steht drohend im Raume. »Das was Du und ich den ›Anderen‹ in Dir nannten, – diesen bald deprimierten, bald excitirten, einst Allzufurchtsamen, dann Allzuhingerissenen, – das war ein ihm wohlbekannter und unheimlicher Gesell, der das seelisch Krankhafte fortführen kann zu Rückenmarkserkrankung oder in's Geisteskranke.« Kaum ist diese dunkle Drohung ausgesprochen, fügt sie hinzu: *»Dies braucht jedoch nicht zu sein!«* Sie weiß ganz gewiß, daß sie Rilke damit in Angst und Schrecken versetzt. Allerdings verweisen die beschriebenen abrupten Stimmungswechsel, das Zugleich von »lahme[m] Willen neben jähen, nervösen Willenseruptionen«, die den »organischen Zusammenhang durchrissen«, tatsächlich auf eine manisch-depressive Grundierung in Rilkes Wesen. Nach dem Keulenschlag einer angedrohten Geisteserkrankung und dem Hinweis darauf, daß dies über ihre eigene Nervenkraft gehe, fügt sie etwas hinzu, was diesen Brief über einen bloßen Racheakt hinaushebt: »Du würdest genesen, wenn Du nur standhieltest!« Also ein: Sei hart gegen dich selbst, werde endlich erwachsen und fang an, dein Leben in die eigenen Hände zu nehmen! Für Rilke muß dieser Brief ein Schock gewesen sein. Doch wie das so ist, bei emotionaler Abhängigkeit: nach dem Rausschmiß vergöttert er seine in die Ferne entrückte Mutter-Geliebte nur um so rückhaltloser. Seinen Alltag muß er nun allein regeln. Das vor allem ist heilsam. Lous »Letzter Zuruf« wird zum Omen für Rilkes weiteres Werk. Es ist ein Appell, wesentlich zu werden: »… gehe denselben Weg Deinem dunklen Gott entgegen! Er kann, was ich nicht mehr tun kann an Dir, – und schon lange nicht mehr mit voller Drangabe thun konnte: er kann Dich zur Sonne und Reife segnen. Über weite, weite Fernen schicke ich diesen Zuruf zu Dir, nichts vermag ich mehr als das, um Dich zu behüten vor der ›schlechtesten Stunde‹, von der Zemek sprach.«

Das Pathos, in dem Rainer und Lou sich gemeinsam feierten, es stürzt ins Bodenlose. Ein Glück für Rilke. Er kann und muß nun allein seine dunklen Seiten als Dichter erforschen – ohne Lou als Zuflucht. Allerdings muß Lou doch eine Schwäche befallen haben, nachdem sie das geschrieben hat. Auf die Rückseite einer Milchrechnung fügt sie mit eiligen Worten jenen Nachsatz an, der Rilkes Gefühlskonfusion vollkommen macht: »Wenn einmal viel später Dir schlecht zu Muthe ist, dann ist bei uns ein Heim für die schlechteste Stunde«.

Rilke hat sich dann oft gefragt, wann für ihn diese Stunde gekommen sei. Schlecht hat er sich häufig gefühlt und regelmäßig angefragt, ob er sie nicht wieder einmal sehen dürfe. Aber jahrelang beharrt Lou auf Distanz und verweigert jedes Treffen.

Einer hüte des anderen Einsamkeit

Über seine Heirat mit Clara Westhoff macht Rilke nicht viele Worte. Daß der schmächtige hypersensible Dichter und die großgewachsene, etwas derb wirkende Clara Westhoff zusammenpassen, kann man beim besten Willen nicht behaupten. Warum heiraten sie überhaupt? Prosaische Gemüter verweisen darauf, daß ihre gemeinsame Tochter Ruth schon sieben Monate nach der Hochzeit geboren wurde. Wenn sie nicht gerade eine Siebenmonatskind war, dann könnte hierin eine Ursache der überstürzten Eheschließung liegen.

Alle in Rilkes Bekanntenkreis zeigen sich sehr erstaunt, daß er so plötzlich Clara Westhoff zur Frau nimmt, mit der den gemeinsamen Familienalltag schon von Anfang an gefährlich romantisierenden Ankündigung, in dieser Ehe sei einer dem anderen zum Wächter seiner Einsamkeit bestellt.

Rilke also hat vor, endlich ein Mann zu werden. Am Hochzeitstag, dem 28. April 1901, ist er erst einmal Rekonvaleszent.

Gerade erst vom Scharlach genesen, fährt er unmittelbar nach der Eheschließung mit seiner Frau in das Sanatorium »Weißer Hirsch« nach Dresden.

Rilkes Ansehen bei den Worpswedern ist ohnehin nicht gerade übermäßig groß. Wie Otto Modersohn über den schmächtigen Dichter denkt, verrät eine Briefnotiz an Paula über einen Besuch des ungleichen Paares: »Wer kam da? Du ahnst es schon: Clara W. mit ihrem Rilkchen unterm Arm.«

Die Hochzeit kommt sehr überstürzt. Rilke kennt Clara ja erst ein halbes Jahr. Und war ihm Paula nicht ebenso nah? Aber die heiratet plötzlich Otto Modersohn. Hat Rilke die Chance an sich vorbeigehen lassen, zögerte er zu lange, sich ihr zu erklären? Paula eignet sich nicht zum Adepten, zum Geschöpf, das sich formen läßt. Otto Modersohn ist für sie nicht so wichtig. Sie bleibt in ihren Zielen und Maßstäben ganz unabhängig. Wie auch Rilke. Das macht sie einander ähnlich – aber nicht gerade zum Paar. Bei Clara ist das anders. Sie paßt sich an, ja, sie imitiert in Briefen sogar Rilkes Ton, was diesem erst schmeichelt, ihn dann langweilt, und schließlich verstimmt.

Kurz vor der Hochzeit gibt ihm Lou mit ihrem süffisant-gemeinen »Letzten Zuruf« endgültig den Laufpaß. Lou ist fast vierzig, Clara zweiundzwanzig – und Rilke selber fünfundzwanzig. Ein Kind im Verhältnis zu Lou, aber Clara überlegen. Nun ist er nicht mehr der Jüngere, der Nachsicht für die eigene jugendliche Unerfahrenheit wie selbstverständlich einfordern darf. Er ist der Ältere, aber ohne die Reife, damit umzugehen. Auch später wird er sich seinen »Wahltöchtern« gegenüber mitunter zu einem lehrhaft-dominanten Auftreten verführen lassen.

Paula zeigt sich vor allem von Clara enttäuscht. Sie kennen sich beide schließlich schon lange und begegneten Rilke gemeinsam. Als sie Clara im Dezember 1898 das erste Mal sah, hatte sie sofort begeistert – mit aller Direktheit, zu der sie fähig ist – ausgerufen: »Die möchte ich zur Freundin haben. Groß und prachtvoll anzuschauen ist sie und so ist sie als Mensch und so ist sie als Künstler.«

Und wie Clara sich in dieser Ehe nun selbst verleugnet! Rudolf Kassner wird Rilkes Verhältnis zu seiner Ehefrau Clara einmal mit dem eines Frettchens vergleichen, das das Kaninchen bis in seinen letzten Schlupfwinkel verfolgt.

Paula Modersohn-Becker wie auch Heinrich Vogeler (zu dem Rilke zunehmend Abstand hält) bemerken nach der Heirat mit Rilke eine dauerhafte Schwermut und Dunkelheit in Claras Wesen. Sie geben Rilkes instinktlosem Bestreben die Schuld, aus ihrem Leben – gegen all ihre Natur – eine »ewige Weihestunde« machen zu wollen. Viel später dann, nach der dauerhaften Trennung von Clara, wird Rilke an seine junge Freundin Sidonie Nádherný über Claras Untugend der Nachahmung (die er selbst forciert hatte!) schreiben, wo sie sich unterwerfe, sei sie *sofort mehr Jünger als Frau, mehr Schüler und Anhänger und das nicht im stärksten Sinn, sondern eher in dem des Aufgebens und der Nachahmung.* Und noch deutlicher wird er in seiner verächtlichen Kritik, die an eine Diffamierung grenzt, wenn er schreibt, Clara werde in *Hingabe an ein anderes Leben nicht stark, sondern nachgiebig, spiegelt, anstatt ein Gegenspiel zu bilden.* Am Ende gipfelt diese unschöne Briefbeschreibung in der Wertung, daß er *weder der Künstlerin in ihr noch dem, was sich nach einem Frauendasein drängt, recht günstig zu sein vermochte.* Mit anderen Worten, weder mit der Frau noch mit der Künstlerin kann er etwas anfangen. Dabei ist es Clara, die in ihm ein Verständnis für das Plastische weckt. Sie führt ihn Rodin quasi zu, um dann zu sehen, daß er ihr auch in seiner Rodin-Bewunderung den Rang abläuft.

Ende der Idylle

Nicht viel länger als ein Jahr dauert Rilkes und Claras Versuch, die Ehe gleichsam als höheren Junggesellenverbund zu leben. Einer sei dem anderen zum Hüter der Einsamkeit bestellt, hatte Rilke als Motto ausgegeben – und Clara hatte es lerneifrig kopiert. Rilke bemüht sich in dieser Zeit intensiv, seine Existenz (und damit die seiner Familie) bürgerlich zu befestigen. Ausgerechnet jetzt erlebt er sein Fiasko als Bühnenautor. Ende 1901 kommt in Berlin sein Drama »Das tägliche Leben« zur Uraufführung. Der Kritiker Heinrich Hart wird darüber in den »Kritischen Waffengängen«, dem Kampfblatt des Naturalismus, schreiben: »Die Menschen reden wie lilientragende präraffaelitische Engel reden würden ... Das Publikum wand sich denn auch beinahe vor Lachen.«

Er schreibt Rezensionen für eine Bremer Zeitung, erhält den Auftrag für ein Worpswede-Buch, das 1902 erscheint und bei den Worpswedern keine Begeisterung auslöst. Vor allem erhält er den Auftrag für eine Rodin-Monographie – der Wendepunkt seines Dichter-Lebens. Aber es fehlt überall an Geld. Rilke bietet sich sogar als Vorleser und Gesellschafter des Landgrafen von Hessen an und plant eine »Geschichte der russischen Malerei des 19. Jahrhunderts«. Clara arbeitet bis zur Geburt von Tochter Ruth in ihrem Atelier. Ihre Arbeiten zu verkaufen, gelingt ihr selten. Eine Plastik von Rilke entsteht zu dieser Zeit: eine ihrer wichtigsten Arbeiten.

Bereits im Herbst 1902 ist das Projekt Ehe und Leben in ländlicher Abgeschiedenheit beendet. Clara und Rainer beschließen beide – aber nicht zusammen – nach Paris zu ziehen. Unausgesprochen ist damit auch ihre Lebensgemeinschaft aufgekündigt. Rilke vollzieht mit kurzer Verspätung das nach, was Lou gerade an ihm durchexerziert hat: die energische Rückgewinnung der eigenen Unabhängigkeit. Und Ruth? Sie wird zum Spielball der Egoismen von Mutter und Vater. Rilke, der jedem gern von seiner unglücklichen Kindheit erzählt, legt den Grund für ein neues kindliches Unglück. Ruth wächst bei den Eltern Claras auf, zeitweise auch bei Clara selber, später dann auf Internatsschulen. Ihren Vater sieht sie nur selten und dann kurz. Sein Interesse an der leiblichen Tochter nimmt kontinuierlich ab. Rilke versteht es meisterhaft, aus der Rolle des Verantwortlichen in die Rolle des bloßen Beobachters hinüberzuwechseln. Ein Virtuosentum der Verantwortungsflucht. Ähnlich muß es Lou Andreas-Salomé gesehen haben, die mit der Exzentrik Rilkes ihre Erfahrungen gemacht hat. Als sie 1906 bei einer Vortragsreise in Berlin Clara kennenlernt, ermahnt sie diese, Rilke seine sich mit Dichtereinsamkeit maskierenden Egoismen nicht durchgehen zu lassen. Er habe kein Recht, »unter Pflichten zu wählen und sich den nächstliegenden und natürlichen«, der Verantwortung für Frau und Kind, zu entziehen. Aber Clara ist ganz auf der Seite ihres Mannes – der sie längst unter den Dingen seines Lebens abgelegt hat, die für ihn keine Dringlichkeit haben.

Clara bekommt die Ehe noch weniger als Rainer. Denn sie ist hier die immer nur bereits Fertiges Empfangende; letztlich diejenige, die sich unterordnet und anpaßt. Die Freunde sehen es mit Erschrecken. Clara als Miniatur-Rilke? Dabei hatte die junge Bildhauerin so selbstbewußt begonnen, als sie Max Klinger von ihrem Talent und Eigensinn überzeugte. Der riet ihr 1899 davon ab, zurück nach Worpswede zu gehen, und vermittelte ihr statt dessen den Aufenthalt in Paris am Institut Julian. Mit einundzwanzig Jahren hat sie ihre erste eigene Ausstellung in der Bremer Kunsthalle. Was ihr vom meinungsbildenden Kunstkritiker der Provinzstadt eine von bigottem Kaufmannsdünkel nur so triefende Kritik einbringt: »Die Künstlerin ist, wie wir hören, eine noch sehr junge Dame; dafür scheint uns ihre Kunst schon ein bischen (sic!) reichlich dreist. Dreistigkeit steht nur ganz kleinen Kindern wohl, hernach und namentlich junge Mädchen, kleidet zarte Schüchternheit viel anmuthiger, bis dann bei reiferen Jahren die kindliche Dreistigkeit als jugendliche Kühnheit wieder hervortreten und alle Herzen bezaubern mag.« Ein hoffnungsvoller Beginn für eine junge Künstlerin: sie eckt an!

Ein unparteiischer Zeuge für den Energieverlust, den Clara unter dem Einfluß Rilkes erfährt, ist Heinrich Vogeler, der Rilke vorwirft, seiner Frau das Leben »zur ewigen Weihestunde« gemacht zu haben, ihren »lebensfrohen, freien offenen Charakter« zu verbiegen und die »natürlichen, einfachen Gefühle dieser stark veranlagten Frau« zu verschütten: »Dem frohen und freien Grundsatz ihres Charakters hatten sich nun, als Frau des Dichters Rilke, der ihre Freiheit einmauerte, wesensfremde Formen aufgeprägt.«

Auch Carl Hauptmann, der Clara Westhoff noch vor ihrer Ehe mit Rilke kennengelernt hatte, zeigt sich verwundert. Die wundervolle, hohe, fliegende Clara Westhoff sei still geworden und sause nicht mehr einher wie ein Sturmwind. »Nein, das kann ja nicht sein. Oder wenigstens nicht so bleiben.« Dabei hatte Rilke selbst schon im Sommer 1901 an Emanuel Bodman über die Ehe geschrieben: *Ein Miteinander zweier Menschen ist eine Unmöglichkeit und, wo es doch vorhanden scheint, eine Beschränkung, eine gegenseitige Übereinkunft, welche einen Teil oder beide Teile ihrer vollsten Freiheit und Entwicklung beraubt.* Aber nicht die Ehe als Institution, sondern Rilkes Egozentrik scheint das Problem zu sein. Der Verdacht ist nicht aus der Welt zu schaffen, daß Rilke Clara Westhoff überhaupt nur aus verletztem Stolz heiratete. Paula Becker ist längst – aber ohne Rilkes Wissen – mit Otto Modersohn verlobt, während er ihr noch innige Briefe schreibt, die alles und nichts versprechen. Clara, der Lückenbüßer für verletzte Eitelkeit?

Rilke hat in seinen »Briefen an einen jungen Dichter« (an Franz Xaver Kappus) 1904 den Gedanken variiert, daß Liebe schwer sei. Denn kein Gebiet menschlichen Erlebens sei so mit Konventionen versehen wie dieses. Man ist irritiert. Spricht er jetzt über den freien Akt der Liebe oder die Institution der Ehe? Paula ist da in einem Brief an Clara und Rainer sehr viel klarcr: »Fordert das denn die Liebe, daß man werde wie der andere? Nein und tausendfach nein«.

Die beiden Ehen zwischen Paula und Otto Modersohn und Rainer und Clara erweisen sich schnell als Irrtum. Nun ist es Paula, die von ihrem Mann die Unabhängigkeit zurückverlangt, nach Paris geht – vorerst noch auf Zeit. Auch Rilke wohnt in Paris. Er hat seine Wohnung in Westerwede aufgelöst (von Clara auflösen lassen). Nie wieder wird er mit Clara, die nun auch nach Paris kommt, trotz aller Freundlichkeit im Umgang und einigen gemeinsamen Reisen, in einem Haushalt leben.

Eine Gelegenheit für einen neuen Anfang zwischen Paula Modersohn-Becker und Rainer Maria Rilke? Paula, allein in Paris lebend, hofft vergeblich auf ihre alten Freunde Clara und Rainer. Besonders von Clara, mit der sie drei Jahre zuvor gemeinsam ihre ersten künstlerischen Erfahrungen in der französischen Metropole gesammelt hatte, ist sie enttäuscht. Die klammert sich noch immer – natürlich vergeblich – an Rainer, der bereits beschlossen hat, wie ihr beider zukünftiges Leben aussehen solle – *ein jeder als eingeschränkter Junggeselle, wie vorher.*

Paula ist sehr verärgert über Rainer. Zwar überreicht er ihr sein »Worpswede«-Buch, mit der Widmung: *Paula Modersohn als Heimats-Nähe in gemeinsamer Fremde. In treuer Ergebenheit Rainer Maria Rilke. Paris, im Februar 1903.* Nur kommen weder sie noch Clara darin vor. Paula nimmt es als das, was es ist: eine Frechheit. Und noch eine Demütigung durch Rilke trifft Paula. Als sie ihn um eine Begegnung mit Rodin bittet, wird er sie präsentieren *als Madame Modersohn, femme d´un peintre allemand trés distingué – Frau Modersohn, Ehefrau eines vortrefflichen deutschen Malers.*

Rilke ist Paula gegenüber mit Blindheit geschlagen – der Frau und der Künstlerin gegenüber. Paula schmerzt es zu erfahren, daß Rilke doch nur ein falscher Freund ist. An Otto Modersohn schreibt sie erbittert über Clara und Rainer, die hörten nur halb zu, die seien zu sehr mit sich selbst beschäftigt. Und noch deutlicher: »In meiner Wertschätzung sinkt Rilke doch allmählich zu einem ziemlich kleinen Lichtlein herab.«

Die verratene Paula

Paulas Ehe mit Otto Modersohn ist natürlich ein Fehler. Denn den Mann liebt sie nicht, das steht fest. Aber Paula ist fünfundzwanzig und will ein Kind. Ein unerwartetes Problem tut sich auf: Otto Modersohn kann ihr diesen Wunsch nicht erfüllen, er hat Potenzprobleme.

Nach ihren jeweiligen Hochzeiten, die sie nicht glücklich machen, beginnen sich auch Paula und Clara voneinander zu entfremden. Daran gibt Paula Rilke (zu Recht) eine Mitschuld. Paula war von ihrem allgegenwärtigen Vater mit den Worten auf die Ehe vorbereitet worden, ihre Pflicht sei es, in ihrem zukünftigen Manne aufzugehen und »ganz nach seiner Eigenart und seinen Wünschen Dich ihm zu widmen, sein Wohl immer vor Augen zu haben und Dich durch selbstsüchtige Gedanken nicht leiten zu lassen.« Welch Verkennung der Künstlerin und Frau durch den eigenen Vater! Welch Martyrium der Verkennung überhaupt – lebenslang – von allen Seiten. Selbst für Rilke, der jedem gern artige Komplimente macht, ist sie im Zweifelsfalle nur die Frau von Otto Modersohn. Und das, obwohl Rilke das Bild »Reigen tanzender Mädchen« von 1900 sah und später, nach ihrem Tod, davon schwärmt. Traurig schreibt Paula – die Braut! – Weihnachten 1900 an Rilke: »Die Häuser weinen heute, glaube ich, nicht und das Wasser auch nicht, nur ist es still und alt und traurig und gut und lächelt nur selten und wie mit Schmerzen, denn das Leben hat es gelb und müde gemacht. Wie mein lieber Vater, ist es. Dem war sein Leben auch zu schwer und der Tage zuviel, die die Lichtlein und Kerzen und Feuerbrände in ihm auslöschten. Ich muß Ihnen einmal von ihm erzählen. Er ist einer, der mir den Gedanken gab, daß Altwerden schrecklich wäre.«

Zum Eklat kommt es im Februar 1902, als Clara verspätet (einen Tag!) Paula einen Geburtstagsbrief von Westerwede ins benachbarte Worpswede schickt, der die Sätze enthält: »Ich bin – (in diesem Falle leider) – so sehr ans Haus gebunden, daß ich nicht, wie früher, mich einfach aufsetzen kann und fortradeln.« Sie habe jetzt ein Haus, an dem sie bauen müsse: »Alle Bausteine müssen im Haus bleiben, wenn es fest werden soll, und dürfen nicht fortgetragen werden da und dorthin.« Das klingt wie ein schlechtes Rilke-Plagiat. Paula ist empört. Sie muß sich jetzt also ganz auf ihren Mann konzentrieren, hat gar keine Zeit mehr für die Freundin, mit der sie so viel teilte? Ihr Antwortbrief auf Claras Brief vom 9. Februar 1902 aus Westerwede datiert auf den 10. Februar. Er gleicht jenem »Letzten Zuruf«, wie ihn Rilke von Lou empfangen hatte. Eine Generalabrechnung mit einer ungünstigen Zukunfts-Prognose für Rilke und die sich zu seinem Faktotum machende Clara. Ein Sturmbrausen, dem sogar die Fragezeichen abhanden kommen: »Muß Liebe knausern. Muß sie *Einem alles* geben und andern nehmen.«

Sie spürt die fremde Sprache, die sich Claras bemächtigt hat. Ihr scheint es, Clara habe viel von ihrem Selbst abgelegt und als Mantel ausgebreitet, auf dem ihr König darüberschreite. »Lieber Reiner (!) Maria Rilke, ich hetze gegen Sie. Und ich glaube, es ist nötig, daß ich gegen Sie hetze. Und ich möchte mit tausend Zungen der Liebe gegen sie hetzen, gegen Sie und gegen Ihre schönen bunten Siegel, die Sie nicht *nur* auf Ihre feingeschriebenen Briefe drücken.« Ein Schmerzensschrei, der in dem Satz gipfelt: »Und ich glaub auch, daß keine Macht der Welt ihnen die Erlaubnis giebt, dies Herz zu treten.« Rilke beantwortet diesen Hilferuf einer sich von ihren Freunden verlassen und gedemütigt Fühlenden mit einem kühl-rationalen Brief. Wenn ihm jemand mit Liebe und Gefühl kommt, dann erwacht der Rationalist in ihm, der alles vernünftig erklären kann – und seine Distanz behauptet. Hintergrund des seltsamen Gebarens des jungen Ehepaares war wohl vor allem schlichte Überforderung – auch Claras Wissen um das erotische Moment, das in der Beziehung von Rainer und Paula immer eine Rolle gespielt hatte. Das trennt nun Paula von Clara, Ehefrau in einem bereits laufenden Abschiebeverfahren.

Aber die Häuslichkeit – sowohl die von Clara und Rainer als auch die von Paula und Otto Modersohn – findet ja ohnehin ein schnelles Ende. Bald treffen sie sich alle (außer Otto Modersohn) in Paris und versuchen, jeder für sich, einen neuen künstlerischen Anfang zu finden. Viel Gemeinsamkeit gibt es erst einmal nicht. Rilke ist auf Tauchstation gegangen. Das Thema Paula ist ihm mindestens ebenso unangenehm wie das Thema Clara oder das Thema Ruth, seine bei den Großeltern abgelegte Tochter.

Ein Jahr vor Paulas Tod aber verbessert sich ihr Verhältnis. Rilke dämmert nun langsam, wie blind er gegenüber Paula gewesen war. Paula trägt sich mit dem Gedanken, Otto Modersohn endgültig zu verlassen. Modersohn ist zwar immer guten Willens, aber als Maler von einer konventionellen Art, die Paula den Atem nimmt. Die künstlerische Abneigung ist gegenseitig. Über Paulas Art zu malen schreibt Otto Modersohn: *Paula haßt das Konventionelle und fällt nun in den Fehler, alles lieber eckig, häßlich, bizarr, hölzern zu machen. Die Farbe ist famos – aber die Form? Der Ausdruck! Hände wie Löffel, Nasen wie Kolben, Münder wie Wunden. Ausdruck wie Cretins.* Aber Paula hat sich längst vom Kunstideal Otto Modersohn gelöst, sie findet in Paris Cézanne, dessen analytische Farbtektonik ihr den Mut gibt, den Naturalismus der Worpsweder hinter sich zu lassen. Und sie trifft, von Rilke als Frau Otto Modersohns vorgestellt, Rodin. Euphorisch schreibt sie dann an Otto Modersohn nach Worpswede – und diesem muß es sich wie eine Ohrfeige angefühlt haben: »In diesen Blättern herrscht eine Leidenschaft und ein Genie und ein sich-nicht-Kümmern um die Konvention.«

Aber auch in Paris fühlt Paula sich fremd. Und Rilke hält immer noch auf Distanz. Obwohl sie vieles gemeinsam haben. Ihren Pantheismus vor allem, die Vergöttlichung der Natur. Das bedeutet für Rilke: Gott ist ein Artist, *das älteste Kunstwerk. Es sei sehr schlecht erhalten, und viele Teile seien später ergänzt worden. Aber es gehört natürlich zur Bildung, über ihn reden zu können und die Reste gesehen zu haben.* Dieser Gottesbegriff trägt einen mystischen Glutkern in seiner Mitte. Gott ist das Schicksal, das wir in uns tragen – ein innerweltliches Jenseits und jenseitiges Diesseits: eine ständige Grenzverschiebung der Wahrnehmung. Nichts ist mehr selbstverständlich, alles trägt sein anderes schon in sich. In jedem Licht sieht der Mystiker schon das Dunkel aufsteigen – und umgekehrt.

Man ist leicht versucht, diesen Typus des modernen Mönches, der Rilke sein will, entweder dem Katholizismus oder einer neuen esoterischen Frömmigkeit zuzuschlagen. Beides ist falsch. Mit Paula kann sich Rilke sehr gut über dieses Gottesbild verständigen. Paula sagt, sie könne als Gott nur die Natur verehren, »die Bringende, die das Leben hat und schenkt«. Rilkes Abwehr der Christus-Gestalt ist entschieden: *Für junge Menschen (sagte ich in anderem Zusammenhange) ist Christus eine große Gefahr, der Allzunahe, der Verdecker Gottes. Sie gewöhnen sich daran, mit den Maßen des Menschlichen Göttliches zu suchen. Sie verwöhnen sich am Menschlichen und erfrieren später in der herben Hochluft der Ewigkeit. Sie irren zwischen Christus, den Marien und den Heiligen umher: sie verlieren sich unter Gestalten und Stimmen ... Sie bescheiden sich und müßten unbescheiden sein, um Gott zu haben.*

Erlösung gibt es keine, sagt Rilke, und da ist er dann ganz bei Kafka und seinem Sinnbild unserer Existenz als Strafkolonie. Nur Menschenmasse und Massenmensch. Maschinen beherrschen alles. Das sieht Rilke als Realität des 20. Jahrhunderts dunkel am Horizont aufsteigen. Die Zeit der Könige, weiß auch er, ist vorbei. Was folgt? Die Angst des einzelnen in den großen Städten, sich selber verlorenzugehen. Paris wird ihm (wie auch Paula) zum Ort, sich dieser Angst auszusetzen. Rilke trägt die erste Zeit schwer an Paris. Er isoliert sich, nicht nur von Paula, auch von Clara. Paula schreibt an Otto Modersohn über Rainer und Clara: »Paris plagt sie beide mit viel unheimlichen Ängsten.«

Noch eine Wiederbegegnung in Paris, noch eine versäumte Chance. Am Tag nach Otto Modersohns Geburtstag am 23. Februar 1906 war Paula heimlich nach Paris gefahren – geflüchtet vor der Worpsweder Enge, die sie nicht länger ertrug. Ihrer Mutter hatte sie es zuvor bereits angedeutet: »Es ist ein Konzentrieren meiner Kräfte auf das Eine. Ich weiß nicht, ob man das noch Egoismus nennen darf. Jedenfalls ist es der adeligste.«
Paula trifft auf einen Rilke, der seine Einsamkeit zelebriert. Was ihn nicht daran hindert, betriebsame Kreise um sich zu bilden. Beide tragen jetzt die alten Wunden gelassener. Noch aus Worpswede schreibt sie ihm: »Mir brennt ein wenig der Boden unter den Füßen«, um ihn dann zu bitten, sich in Paris nach einer Wohnung für sie umzusehen. Sie schließt diesen Brief vom 17. Februar 1906 mit dem Bekunden ihrer völligen Rat- und Orientierungslosigkeit, der sie mit einem energischen Schritt Herr werden will: »Ich weiß nun gar nicht wie ich mich unterschreiben soll. Ich bin nicht Modersohn und ich bin auch nicht mehr Paula Becker. Ich bin ich, und hoffe, es immer mehr zu werden. Das ist wohl das Endziel von allem unsern Ringen.« Rilke antwortet freundlich – und sogar ermutigend. Das ist erstaunlich, denn er vermeidet es sonst strikt, sich in Streitigkeiten anderer einzumischen. Nun aber schreibt er ihr sehr ungeschützt: *Liebe Freundin, das Leben, das wirkliche gute, hat Sie an die Hand genommen; Sie haben alles Recht im Tief-*

sten froh zu sein. Übrigens wissen Sie, daß sich über Sie und mit Ihnen freut Ihr Rainer Maria Rilke.

Doch in Paris entzieht sich Rilke Paula wieder. Ein Porträt Rilkes, das Paula malt (mit jenem Mund, den Kassner einer »Tube« verglich, die Worte ausstößt), bleibt unvollendet als Bände sprechender Gesichts-Torso. Rilke fährt nach Capri, von wo aus er vermeldet, wie traurig er sei, sie nun nicht sehen zu können. Dort hört er auch, daß sie den Versuch, als unabhängige Künstlerin in Paris zu leben, aufgeben und nach Worpswede zu Otto Modersohn zurückkehren werde. Dieser war im Oktober 1906 ebenfalls in Paris eingetroffen, entschlossen, seine Frau zurückzuholen. Er mietet sich ein Atelier direkt neben Paulas und bleibt über den Winter. Paula resigniert und kehrt Ostern 1907 nach Worpswede zurück. Aber wenigstens ist sie schwanger. Verheiratet will sie nicht sein, aber ein Kind zur Welt bringen, Früchte tragen und selbst Frucht sein, das ist ihr größter Wunsch.

Paula weiß ja, auf Rilke ist kein rechter Verlaß, er ist ganz mit sich beschäftigt. Sie wirft ihm das auch immer weniger vor, vielleicht macht es sie traurig. Aber sie sieht auch Rilkes neue sachliche Größe und Klarheit in den Texten, die er jetzt schreibt. Aus Worpswede teilt sie ihm am 17. Oktober 1907 über die Neufassung des Rodin-Aufsatzes mit: »Mir scheint der Jüngling mit seiner zarten Überschwänglichkeit zu verschwinden und es fängt an, sich der Mann zu bilden mit weniger Worten, die mehr sagen. – Ich weiß nicht ob dies auch Ihre Meinung ist, oder ob es meine Meinung bleibt oder ob es überhaupt eine Meinung ist, die Ihnen zusagt. Jedenfalls soll es keine Beleidigung sein, wie manche Dinge, die ich manchmal gesagt habe, die auch keine sein sollten.«

Ein schönes, versöhnliches Ende? Am 6. November 1907 schickt Rilke ein Glückwunschtelegramm an Otto Modersohn. Das Kind, das sich Paula so erhofft hat, ist geboren. Am 20. November stirbt sie, ihr Baby einer Abendgesellschaft präsentierend, an einer Embolie.

Und Rilke wird ein Jahr später sein »Requiem für eine Freundin« schreiben, worin er (postum!) zum ersten mal *Du* sagen wird. Das sind bei Rilke die Wege, die Zuwendung nimmt: lauter dichterische Selbstvergewisserungen.

Aber den letzten Freundschaftdienst, scheinbar profan, hat er ihr versagt. Nein, Rilke selbst hatte – wieder einmal – versagt. Paula bittet ihn in einem Brief vom 5. April 1907, sich um ihre in Paris zurückgelassenen Möbel zu kümmern, sie zu verkaufen. Um so etwas darf man ihn nicht bitten. So etwas vergißt er sofort. Wieder eine Enttäuschung für Paula, in ihrem an Enttäuschungen reichen Leben. Erst in seinem allerletzten an Paula geschriebenen Brief vom 21. Oktober (danach folgt nur noch das Glückwunschtelegramm an Otto Modersohn) berichtet Rilke über seine – verspäteten – Bemühungen um Paulas Möbel: vergeblich. Er schafft nicht, sie zu verkaufen. Also verschenkt er sie, um sie schnell los zu sein. Paula bietet er für seine gesammelten Versäumnisse in dieser Angelegenheit 20 Francs aus eigener Tasche an und schließt mit dem Satz: *Leben Sie wohl und bringen Sie ein wenig Nachsicht für mich auf.*

Dann folgt schon die große Totendichtung, das Requiem – und da ist Rilke dann auch ganz bei der Sache.

Ehe auf Distanz

Mit Clara Westhoff bleibt Rilke lebenslang verheiratet. Eine Scheidung erweist sich als zu kompliziert. Zwar hatte Rilke vor der Hochzeit mit der Protestantin noch schnell seinen Austritt aus der Kirche erklärt (wovon seine streng katholische Mutter nie etwas erfuhr) – aber da er heiratete, bevor der Austritt bestätigt war, galt Rilke als katholisch verheiratet. Energisch betrieben haben sie die Scheidung ohnehin nie – war doch ihre Gemeinschaft nicht mit einem Zerwürfnis geendet. Übereinstimmend hatten sie beide empfunden, daß die

Institution Ehe sie zu sehr beenge – und daß ein Künstler das Recht haben müsse, ganz für sein Werk zu leben. In diesem Punkt gab es zwischen beiden nie Streit. Wahrscheinlich gab es auch in anderen Punkten nie einen offenen Streit zwischen ihnen – nur das schrittweise Eingestehen, nicht füreinander geschaffen zu sein.

Rilke schreibt viele Briefe an Clara, besonders in seiner ersten Pariser Zeit berichtet er ihr detailliert über die »fremde, fremde Stadt« Paris. Vieles davon findet sich im »Malte Laurids Brigge« wieder. Clara bleibt Rilkes Vertraute, die er jedoch immer sehr von oben herab behandelt. Nicht sehr erfolgreich, aber beharrlich wird sie bis zu ihrem Tod 1954 als Bildhauerin arbeiten.

Wie an Clara hätte er der dominanten Lou oder auch der eigensinnigen Paula nie schreiben dürfen. Hier aber nimmt er sich, im Vollgefühl seiner Überlegenheit, diese Freiheit. Das klingt dann wie in einem Brief vom 2. September 1902: *Deine Gewittererzählung war sehr schön, wenn Du solche Dinge erzählst, bringst Du unendlich viel Unsagbares in scheinbar ganz knapper Form – wie ein großer Dichter.* Da spricht der Papa zum Kinde. Es verwundert, daß Clara, sonst eine selbstbewußte Frau, diese Attitüde der Herablassung passieren läßt.

Von Capri schreibt er ihr dann auch einen Brief, in dem er ihr erklärt, er bilde sich, indem er das Mittelmaß meide. Auch Clara muß sich davon angesprochen fühlen: *Du begreifst es, daß ich im Großen meine Kräfte und meinen Maßstab heranbilden möchte; ich hatte als Knabe schon das Gefühl, mich an die großen, reifen Menschen anzuschließen wie an ältere Geschwister, denn ich glaubte nie, daß man ihres Umgangs wert wird, indem man zunächst mit den Mittelmäßigen und Minderguten fertig wird. Es mag deshalb oft den Anschein haben, als lebte ich das Leben in verkehrter Ordnung; die meisten nehmen es ja umgekehrt auf sich, und sie bringen es auch zustande, am Alltäglichen emporzukommen bis an den Anfang des Ungemeinen, ja bis in das Ungemeine hinein. Das mag für sie gelten und gültig bleiben. Für mich war der Aufstieg von dieser Seite ein Ding der Unmöglichkeit. Ich wäre, frühzeitig seelisch überanstrengt und körperlich erschöpft wie ich war, in den Anfängen des Alltäglichen stecken geblieben und so oder so gestorben.* Das ist reichlich dick aufgetragen. Aber es paßt zu Rilkes Selbststilisierung. Für die ist Clara ein geduldiges Publikum.

Im Briefgespräch mit Clara kann sich Rilke ganz den Themen widmen, die ihn ohnehin beschäftigen. Clara ist Stichwortgeberin, aber keine echte Beunruhigung. Darum fühlt sich Rilke Clara gegenüber frei, er muß sich nicht erst in eine Pose begeben. Das läßt ihn leichthin Schweres sagen. Ein Glücksfall für Rilke – und für uns. Der ganze »Malte Laurids Brigge« ist in den Pariser Briefen an Clara schon angelegt. Er kreist um diesen einen Gedanken: *Kunstdinge sind ja immer Ergebnisse des In-Gefahr-gewesen-Seins, des in einer Erfahrung Bis-ans-Ende-gegangen-Seins, bis wo kein Mensch mehr weiter kann. Je weiter man geht, desto eigener, desto persönlicher, desto einziger wird ja ein Erlebnis, und das Kunstding endlich ist die notwendige, ununterdrückbare, möglichst endgültige Aussprache dieser Einzigkeit ... Darin liegt die ungeheure Hilfe des Kunstdings für das Leben dessen, der es machen muß –: daß es seine Zusammenfassung ist ...*

Aber Clara gegenüber vermag er auch ganz auf jede Eitelkeit zu verzichten, sie ist – über die Trennung hinaus – mit ihm im Bunde. Ersichtlich wird dies in einem langen Brief, aus dem Zug von Prag nach Breslau. In Prag hatte er einen von der Mutter arrangierten Vortrag gehalten. Es war eine Wiederbegegnung mit einem Gespenst: *Der Vortrag flau; wieder die abscheulichen alten Damen, über die ich mich als Kind verwunderte, immer noch die gleichen und nicht amüsanter dadurch, daß das Wundern jetzt auf ihrer Seite war. Ein paar Literaten, auch dieselben, staubiger, abgenutzter und schäbiger mit jedem Jahr, zu neugierig und zu gutmütig und zu bequem zum Neid.*

Als Rilke im Dezember 1926 im Sterben liegt, eilt Clara herbei. Rilke, Clara wie immer in allen wichtigen Dingen (und dem wichtigsten erst: dem Tod) geringschätzend, gibt Anweisung, sie nicht zu ihm vorzulassen.

Der Traum vom Norden: Ellen Key

Rilke sucht einen Adressaten für seinen Traum von nordischen Gegenden, wo die Winter noch richtige Winter sind und der Frühling ein einziger Befreiungsschlag des Lichts gegen das Dunkel ist. Er findet Ellen Key, die schwedische Reformpädagogin, deren Buch »Das Jahrhundert des Kindes« (deutsch 1902) viel gelesen wird. Rilke selbst hat unter der Drillschule gelitten und verfaßt eine hymnische Rezension. Was Key über die »Majestät des Kindes« schreibt, das ist ganz in seinem Sinne.

So gut gefällt es ihm, daß er – von Lou Andreas-Salomé verstoßen – nun gleich in seinem ersten Brief bei deren schwedischer Freundin Zuflucht sucht. Auch sie ist viel (26 Jahre!) älter als Rilke, auch sie hat wie Lou eine Neigung zu schwärmerischem Pathos.

Seinen ersten Brief an Ellen Key schreibt Rilke am 6. September 1902 aus Paris. Er besitzt den für Rilkes Bittbriefe typischen Ton einer untertänig-demütigen Anmaßung. Eine seiner vielen unverblümten Kontaktaufnahmen. Er ist in finanzieller Not, er fragt um Rat – aber eigentlich ist er auf der Suche nach einer Mäzenin. Als solche wird sie sich nicht bewähren, aber auch die geistige Harmonie mit der neuen mütterlichen Freundin währt nicht allzu lange.

Rilke geizt wie immer nicht mit Lob, wenn er einen Fisch an der Angel zu haben meint: *Wie haben wir, meine liebe Frau und ich, dieses Buch genossen und wie nahe haben wir uns Ihnen, verehrte Frau, gefühlt.* Dann schreibt Rilke von Clara und seinem beschwerlichen Wohnen im Moor bei Worpswede, von ihrer beider künstlerischen Arbeit und von ihrer Tochter Ruth, die nun eineinhalb Jahre alt ist und die, vorsichtig gesagt, nicht nur ihn selbst (er ist ja in Paris), auch Clara mehr und mehr zu stören beginnt, weil sie ihrer künstlerischen Arbeit im Weg steht. Das ist der Kern der moderat formulierten Darstellung ihrer Situation, die mit der Frage abschließt: *Was thun? Nun will sie unsere Tochter zuerst zu ihrer Mutter geben; aber die Verhältnisse in ihrem Elternhause sind nicht so, daß sie es gerne und ohne Sorgen thut. Sie hofft, sie wird Ruth bald nachkommen lassen können. Sollte man nicht jemanden finden können, der auf eigene Kosten oder für ein Geringes mit nach Paris geht? Irgend einen hülfreichen Menschen, der sich des Kindes (in Ihrem Sinne) liebevoll annehmen würde?*

Paula Modersohn-Becker schreibt – ebenfalls aus Paris – am 3. März an Otto Modersohn, sehr kühl, Rilke wolle seinen Glanz erhellen durch Verbindung mit den großen Geistern Europas. Damit sind Tolstoi und Ellen Key gemeint.

Letztere ist allerdings stark umstritten, denn ihre in »Das Jahrhundert des Kindes« vertretenen Positionen seien reichlich wirr, höhnen ihre Kritiker – wie der Berliner Professor für Philosophie und Pädagogik Friedrich Paulsen – nicht ganz zu Unrecht. Paulsen, kein Konservativer, sondern scharfer Kritiker der Schulpolitik im Kaiserreich, fragt sich, wer dieses Buch wohl lesen werde – »alle Backfische Berlins«: »Wer sollte auch sonst imstande sein, dieses Gemisch von wohlmeinender Trivialität, schwungvoller Beredsamkeit, maßlosen Anklagen, kritikloser Kritik, unverdauten Lesefrüchten aus allen Modernen, dissoluter Dünkelei und Meinerei, mit Zwischenreden des gesunden Menschenverstandes zu lesen, in dem jeder Satz wider den anderen ist ...«

Noch sieht Rilke bei Ellen Key nur das, was den Schwärmer in ihm bestätigt. Erst die kommenden Pariser Jahre geben ihm jene Nüchternheit des Blicks, der ihn unempfindlich für jede Art Ekstase zum intellektuellen Nulltarif macht. Aber von einer seltsamen Taubheit des Gefühls scheint auch Rilke selbst ergriffen zu sein (wie auch Clara Westhoff), wenn er nun an Ellen Key schreibt, sie wüßten nicht wohin mit Ruth.

In Rilkes Rezension zu »Das Jahrhundert des Kindes« heißt es emphatisch: *Die Kinder sind der Fortschritt selbst, und, was sie mit ihrem Buche lehren und sagen und raten will, ist immer wieder dieses: vertraut dem Kinde ... Freie Kinder zu schaffen, wird die vornehmste Aufgabe dieses Jahrhunderts sein. Ihr Sklaventum ist schwer und schrecklich; es beginnt noch eh sie geboren sind, und endet damit, daß sie schließlich Erwachsene und Eltern, das heißt, wieder Unterdrücker von neuen Kindern werden.«*

Die Mutter als »Anwalt und Apostel des Kindes« – was soviel heißt wie: Kinder an die Macht, Mütter an die Kochtöpfe. Denn Ellen Key ist eine erbitterte Gegnerin aller Kindergärten. Mutterschaft ist die Erfüllung der Frau, dasselbe wie das Kunstwerk für den Künstler. Das ist die Achse, über die Rilke von der Feier der Mutterschaft sofort wieder auf seine eigenen Sorgen mit der Kunst zu sprechen kommt. Ellen Key kann – oder will – übrigens nicht helfen; Claras Eltern nehmen Ruth zu sich.

Als Kind auf der Suche nach einer (madonnenhaft verklärten) Mutter sieht Rainer Maria Rilke immer nur sich selbst. An die eigene Tochter denkt er nur ungern, und wenn, dann poetisch verklärt, fernab allen Alltags. Der Brief vom 17. Dezember 1911 an Ellen Key klingt nicht anders als der fortgesetzte Versuch einer Abschiebung, die sich mit höheren Idealen ein gutes Gewissen zu machen versucht. Denn Rilke, der Narziß mit der Seele eines gekränkten Kindes, ist ein lausig schlechter Vater. Ellen Key läßt er (auf Nachfrage) wissen: *Ruth war am 12. Dez. zehn Jahre, ein großes Mädchen, ich habe sie nun schon wieder mehr als ein Jahr nicht gesehn, höre aber Gutes von ihr, nur daß sie immer noch nicht in den rechten Verhältnissen ist. Ich denke immer noch, sie müßte zu Euch guten klaren Menschen nach Schweden ... wenn ich einmal komme, bring ich sie mit und lasse sie Euch oder den Wildgänsen,*

wenn Ihr sie nicht nehmt. Die Wildgänse nehmen sie sicher.
Im nächsten Brief an Ellen Key vom 5. April 1913 aus Paris
unterzeichnet Rilke mit: *Dein von Herzen ungezogenes Kind:
Rainer.* Mit anderen Worten: Kind ist Rainer Maria Rilke sich
selbst genug.

Aus Viareggio von der toscanischen Küste schreibt Rilke am
3. April 1903 einen mehrseitigen Brief an Ellen Key, der eine
biographische Skizze von ungewohnter Offenheit enthält.
Später wird Ellen Key unter Verwendung dieses Briefes in be-
ster Absicht einen Aufsatz über Rilke schreiben, den dieser für
einfältig hält und gegen dessen Übersetzung er sich vehement
wehrt. Dieser Brief aus Viareggio ist einer jener Briefe, deren
Bekenntnis-Charakter darüber hinwegtäuscht, daß hier zukünftige Texte skizziert werden. Der Brief wird zur Arbeits-
kladde, die sich den Vorteil der unmittelbaren Ansprache eines
Gegenüber zu Hilfe nimmt. Aber tatsächlich finden wir hier
einen ungewohnt offenen biographischen Abriß der Kindheit
Rilkes. Unweigerlich kommt er auf die Mutter zu sprechen: *Es
kam eine Zeit, da ich meine Eltern haßte, besonders meine
Mutter ... Ich sehe meine Mutter manchmal und fühle über
alle Fremde, daß sie sehr unglücklich ist und sehr allein.* In der
Charakterisierung seiner Mutter zeigt sich Rilke unerbittlich.
Sie wird zum Fokus für all sein Unglücklichsein, für alle seine
Lebensverfehlungen. Auch für die – nicht ganz unberechtigte
– Furcht, er könnte seiner Mutter ähnlicher sein, als er es aus-
hielte: *Sie war eine nervöse, schwarze Frau, die etwas unbe-
stimmtes vom Leben wollte. Und so ist sie geblieben.* Auch
Rilke spürt dieses Nervosität bereitende Unbestimmte in sich –
und es macht ihm angst.

Lou hat bereits 1901 das Flucht-Muster in Rilkes Charakter in
ihrem »Letzten Zuruf« erkannt und die Rolle der Ersatzmutter
zurückgewiesen; nun trägt Rilke sie Ellen Key an. Aber zu dieser baut sich keine erotische Verbindung auf, und Geld gibt sie
auch nicht, dafür mißversteht sie sein Werk als Gottesdienst-
ersatz, als reines Andachtswerk.

Im Brief aus Viareggio trägt er ihr die Mutter-Rolle geradezu stürmisch-drängend an: *Ihnen aber habe ich geschrieben, wie ich so einer Mutter geschrieben haben würde, oder einer älteren Schwester, die mehr vom Leben weiß und von den Menschen als ich. Nehmen Sie mich in Ihre große, große Güte auf!*

Dann aber verdampft Rilkes Ersatz-Sohnesliebe sehr schnell. So sehr er Ellen Keys Idee einer »Samskola« (einer alternativen Gesamtschule) beipflichtet, beginnt ihn doch mehr und mehr das Verblasene, das Unpräzis-Schwärmerische ihrer Weltsicht zu stören. In Paris nüchtert der Schwärmer Rilke aus, er distanziert sich mit seinen »Neuen Gedichten« von seinem Frühwerk – sehr zum Unwillen von Lou Andreas-Salomé und Ellen Key. Dieses Unverständnis der neuen Qualität seiner Arbeit gegenüber empfindet Rilke mehr und mehr als lästig.

So wird das Jahr 1906 zum Wendepunkt in Rilkes Werk. Das »Stundenbuch« erscheint, aber Rilke ist zu diesem Zeitpunkt innerlich schon darüber hinaus. Er geht durch die neue Sachlichkeit Rodins hindurch – wird selbst zum Wort-Plastiker. Neben den »Neuen Gedichten« (1907) entsteht das »Requiem« (1909), und die Arbeit an den »Aufzeichnungen des Malte Laurids Brigge« nimmt Gestalt an. Jener nordische Stoff, den Rilke so mit Ellen Key verknüpft sehen wollte. Nun beginnt er sich von ihr abzulösen, ja sogar sich gegen sie zu stellen. So schreibt er zwar noch 1911 von Duino an Ellen Key: ... *mich verlangt nach nichts so sehr, als nach starker, eindeutiger Kälte, winterlicher Landschaft, weiten Wegen im Schnee.* Im selben Brief antwortet er nun auch sehr drastisch auf ihre Kritik am »neuen« Rilke: *Du verwechselst mich, hast es immer ein bißchen gethan.*

Was warf Ellen Key ihm vor? Ellen Key hat es in ihrem Aufsatz »Ein Gottsucher (Rainer Maria Rilke)« von 1910 ausgesprochen: »Doch trotz dieser Bildkunst ohne Fehl und Tadel sehnt man sich nach dem früheren Geigenton, in dem seine eigene Seele sang.« Rilkes Entfernung zu Ellen Key ist mit den Jahren beständig gewachsen. Anlaß der Verstimmung ist Ellen Keys

»Essay über Rainer Maria Rilke«, in dem sich Rilke als bloße Projektionsfläche, als Beleg der Weltanschauung Ellen Keys mißbraucht fühlt. Eine Veröffentlichung im Deutschen versucht Rilke – vergeblich – zu verhindern. Der Text ist 1904 im Inselverlag erschienen und eine arge Zumutung, eine für Rilke unerträgliche Vergröberung jener Dinge, um deren Ausdruck er (mittels Verfeinerung!) ringt. Ellen Keys Allgemeinplätze erinnern fatal an die religiösen Sentenzen von Phia Rilke. So lesen wir: »Die neue Frömmigkeit ist einfach, und wenn man nicht wie das Kind – oder wie der Künstler – wird, kann man ihrer nicht teilhaftig werden. Ihr Geheimnis ist groß, größer denn unser Herz, obgleich aus unserem Herzen geboren ...« Hier paart sich ohne jede Skepsis ein simpler Franziskanismus mit einem noch simpleren Rousseauismus. Gott ist in der Natur, in den Anfängen, im Kind, in der Einfalt! »Der Acker ist die Erde. Der Schatz ist der Gott, den wir aus dem Erdenleben heben ... So spricht die neue Frömmigkeit in dem Buch vom lieben Gott.« Sie sieht in den »Gedichten vom lieben Gott« ein »Andachtsbuch« – und diese Einfalt erbost Rilke sehr. An Lou Andreas-Salomé schreibt er über Ellen Keys Manuskript: *... ich hoffe im Stillen, daß die spätere Buch-Ausgabe unterbunden wird. Ist es nicht seltsam, wie wenig Beobachtung in alledem ist, wie viel vorgefaßte Meinung, wie viel Absicht, gewisse Dinge um jeden Preis zu beweisen, wie viel guthmütiges und durch keine Erfahrung eingeschränktes Vor-Urteil.*
Plötzlich ist die Wahl-Mutter Ellen Key seiner leiblichen Mutter Phia und deren Bigotterien auf fatale Weise ähnlich geworden. Und das klagt er seiner anderen Wahl-Mutter, Lou Andreas-Salomé, die ihn verstoßen hat – und deren geistige Übereinstimmung mit Ellen Key wohl größer ist als mit dem sich im Paris Rodins in einen modernen Großstadt-Dichter verwandelnden Rainer Maria Rilke. Kein Pathetiker der Angst mehr, sondern ihr präzis-kühler Analytiker. Den kafkaesken »Malte Laurids Brigge« können die beiden Frauen, die zu Rilkes Anfängen gehören, so nicht mehr verstehen.

Der Künstler will sich nicht zurückziehen lassen auf ein Niveau, das er überwunden hat. Entfremdung zu Ellen Key stellt sich so unvermeidlich ein, dieselbe wie zu Lou, aber da sind die alten Bande noch stärker. Es ist seine Frau Clara, von der er inzwischen getrennt lebt, der er über einen Besuch Ellen Keys in Paris (1906) berichtet. Eine Klage, unter die sich Verachtung und Anflüge von Haß mischen. Aus Paris schreibt er: *Sie ist geizig, die gute Ellen, merk ich. Sie mußte es wohl sein, es war ihr Mimikry, um in den verschiedenen Jahren durchzukommen. Aber es ist nicht schön anzusehen.* Zunehmend stört ihn ihr blinder Idealismus. Sie sei gänzlich unberührt von Erfahrung, schreibt er. Statt dessen *Festtagsideale und lauter Sentiment, das in Wärme sofort in Rührung übergeht.* Diese Art von *Gefühlsphotographie* widerstrebt allem, worauf er jetzt seine Kräfte konzentriert, er fühlt sich *wie der junge Hund mit der Nase in das bißchen Vergangenheit hineingedrückt, das man in die Stube nicht machen soll.*

Ellen Key verkörpert nun nicht länger mehr das Nordisch-Kühle, um das er in seinem »Malte Laurids Brigge« ringt. Er geht mit Ellen Key in Paris auch ins Theater. Sie sehen Ibsens »Wildente«. Rilke ist tief berührt einerseits, vom Stück, andererseits verärgert über die saloppe Aufnahme dieser bürgerlichen Tragödie durch das Pariser Publikum. Sein Fazit hat mit Ellen Key nun aber nichts mehr zu tun: *Und wieder begriff ich Malte Laurids Brigge und sein Nordischsein und sein Zugrundegehen in Paris. Wie sah und erlitt ich es.* Was Rilke dem Typus Ellen Key vorwirft ist, daß sie *zu ideell zum Schauen* sei und die Wirklichkeit nur dazu benutze, ihr vorgeprägtes Bild zu illustrieren. Rilke, dem genauen Beobachter, dessen »metaphysisches Schauen« immer in einem genauen Hinsehen wurzelt, ist das unerträglich. Er beschreibt am Beispiel Ellen Keys den Typus Schwärmer, den Robert Musil der »Schleudermystik« (dem Gegenteil der »taghellen Mystik« also) zuordnet. Der »Schleudermystiker« ist ein Sentimentaler, der nicht zu Kunst, sondern Kitsch gelangt, weil ihm etwas Entscheidendes fehlt: Distanz und Skepsis. Wie Rilke doch diesen Typus Frau bis auf den Grund durchschaut – und es dennoch nicht schafft, mit Ellen Key zu brechen, ja nicht einmal ihr seinen ganzen Vorbehalt ins Gesicht zu sagen. Der Adressat seiner Klagen ist wiederum Clara: ... *Ellen Key, die mir vorkommt, als wäre von ihr kaum etwas übrig, so ist sie benagt und angefressen von allen diesen Rattenseelen, die an ihr hängen. Ach, es ist eigentlich traurig. Wie sie nichts ist als ein Fetzen altmodischen Ideals, eingesetzt in einen sezionistischen Lehnstuhl und ganz entzückt über ihre eigene Verwendung. Wie sie nichts mehr sieht und hört, weder Menschenschicksal, das unaufhörlich auf ihr abgeladen wird, noch Kunstdinge, die sie wie ein Schullehrer konstatiert, ohne irgendwas davon zu nehmen oder nötig zu haben, noch eigene Erinnerungen, die, in ihrer mißfarbenen Tätigkeit aufgelöst, alle Lokaltöne verloren haben. Wie sie, mit einer gewissen Anlage, ihr eigenes Leben ernst zu nehmen (das war vielleicht alles), es doch fast lächerlich machte: zu dem Leben der guten Allerweltstante, die alle Taschen voll hat für die, die an Zukkerstücken und billigen Bonbons Vergnügen finden, die aber keinem einzigen den Hunger zu stillen vermag, mit ihrer armseligen, ein wenig abgelegenen Verköstigung ... Man kann nichts Außergewöhnliches (und was ist ausnahmsvoller und ungewöhnlicher, als jemandem beistehen können –?) zum Täglichen machen wollen und zum Beruf.*

Schließlich trennen sie sich kühl. Auf dem Bahnhof in Paris steigt jeder in seinen Zug.

Paris

Paris! Ein überhitzter Druckkessel. Es verschlägt ihm, dem die Worte bisher nur so heraussprudelten, erst einmal die Sprache. Diese Stadt lastet auf seiner Seele. Alles wird so schwer. *Eine Galeere. Ich kann nicht sagen, wie unsympathisch mir alles hier ist, nicht beschreiben, mit welcher instinktiven Ablehnung ich hier herumgehe!*

Wenn jemand nicht in diese harte Stadt zu passen scheint, dann Rilke. Paris ist 1902 die Weltmetropole schlechthin. Ort der höchsten Himmelsstürme und tiefsten Höllenstürze. Wie soll ausgerechnet der Provinzler Rilke das überstehen? *Ich will vorläufig in Paris bleiben, eben weil es schwer ist.*

Es bleibt schwer und es geht elend, jahrelang. *Paris ist sehr groß und bis an den Rand voll Traurigkeit.* Von der Poesie der Großstadt wissen nur die Starken. Und Rilke ist schwach. Doch er will sich von Paris nicht überwältigen lassen. Im lebenslangen Kampf mit Paris – unterbrochen immer wieder von fluchtartigen Reisen – wird Rilke zum Dichter, dessen hymnischer Gesang in der Großstadt ausnüchtert. Das Schöne ist auch schrecklich, erfährt Rilke an Paris.

Der frischverheiratete Rilke, gerade Vater einer Tochter geworden, hat eine Arbeit in Paris gefunden. Er soll für Richard Muther eine Monographie über den Bildhauer Auguste Rodin schreiben. Am 28. August 1902 trifft Rilke in Paris ein. Was wie eine kurze Arbeitsvisite beginnt, wird zum Wendepunkt seines Lebens.

Ein zentraler Ort der Anziehung und Abstoßung. Rilkes intensives Verhältnis zu Rodin verändert seinen Blick auch auf die eigenen Texte, die nun nicht mehr heraussprudeln, sondern

Ergebnis von zäher, oft langwieriger Arbeit sind. Hier drängt auch das soziale Elend in seinen Blick. Die Angst rückt an ihn heran. Er analysiert sie an sich selbst..

Von September 1905 bis Mai 1906 lebt Rilke wie ein »Sohn« in Rodins Haus in Meudon. Für 200 Franken Gehalt übernimmt er als Privatsekretär Rodins Korrespondenz. Jedoch muß der junge Dichter zu eigenmächtig in der Beantwortung der Geschäftspost gewesen sein, jedenfalls kommt es zum Eklat, und Rilke verlässt empört das Haus, sieht sich *fortgejagt wie ein diebischer Diener.* Mit Rodin versöhnt er sich später. Aber Brotberuf und Dichterberufung zu verbinden gelingt ihm nicht. Er bleibt auf die Zuwendung von Mäzenen (Mäzeninnen!) angewiesen, pendelt zwischen Pariser Hotelzimmern und den Schlössern seiner Förderinnen ruhlos hin und her. Paris, die fremde Stadt, wird dem heimatlosen Dichter ein seelenverwandter Ort. Anti-Idylle zur Schlösser-Idylle.

Paris macht Rilke zum Realisten. Immer wieder kehrt er hierher zurück, 1913 auf Zureden Lou Andreas-Salomés: *Paris war diesmal genau wie ich mirs versprach: schwer. Und ich komme mir vor, wie eine photographische Platte, die zulange belichtet wird, indem ich immer noch dem hier, diesem heftigen Einfluß ausgesetzt bleibe.* Und doch zugleich auch *Jubel: Paris ist mir wiedergeschenkt!* Rilke hat das Schwere so lange benannt und beschworen, daß es nun ein Teil seiner selbst geworden ist, den er liebt.

Ein Medium der Selbstbegegnung. 1920 wohnt er, nach einer Schlösser-Tour, wieder in Paris: ... *das auf-der-Stelle-Anstehen hat aufgehört, ich kreise wieder in meinem Bewußtsein. Eine Stunde hier, die erste, würde dafür genügt haben. Und ich habe dort hunderte gehabt, Tage, Nächte –, und jeder Schritt war ein Ankommen.* Paris wird zum Ort des Triumphs über die eigene Schwäche. Hier hat er ins Bodenlose seiner Existenz geblickt – und es ausgehalten. Mehr noch, er hat eine exemplarische Dichtung des 20. Jahrhunderts daraus gemacht: »Die Aufzeichnungen des Malte Laurids Brigge«. Als Paris-Buch wird es zur ersten radikalen Großstadtdichtung, in der doch immer ein melancholischer Ton mitschwingt. Rilke sucht nach dem Gewachsenen, dem Heilen (Skandinavien!) inmitten der urbanen Brüche und weiß doch, es triumphieren die Ab-Brüche: *Paris ist der Hintergrund und die Atmosphäre dieser in jedem Augenblick vom eigenen Untergang geprüften Existenz.*

Am Ende des »Requiems für eine Freundin«, das Rilke 1908 in Paris schreibt, ist alle Beunruhigung, die tiefe Erschütterung, die ihm Paris bereitet, ausgesprochen. Diese Beunruhigung verbindet sich mit seinem Gefühl, versagt zu haben, wenn er an die so plötzlich gestorbene Freundin Paula Modersohn-Becker denkt. Das »Requiem« wird zum Versuch, als *Dichter* das an Paula wiedergutzumachen, was er als Mensch versäumt hatte. Diese Sätze sprechen das Motiv seiner Pariser Existenz aus: *Denn irgendwo ist eine Feindschaft / zwischen dem Leben und der großen Arbeit.* Die letzten Worte sind ein Hilfeschrei, der einiges sagt über Rilkes mystisches Ideal der Horizontverschmelzung: *Doch hilf mir so, daß es dich nicht zerstreut, wie mir das Fernste manchmal hilft: in mir.*

In Gestalt Rodins entdeckt er den Künstler als Arbeiter. Das hat zur Folge, daß sich Rilkes Verständnis, was ein Kunstwerk überhaupt ist, revolutioniert. Der Moloch Paris wird auch zur Erfahrung der Angst, die er in seinem »Malte Laurids Brigge« und den »Neuen Gedichten« zu analysieren unternimmt. Lou Andreas-Salomé gefällt die neue Sachlichkeit in Rilkes Dichtung nicht so sehr, Ellen Key auch nicht – die einzige, der sie gefallen hätte, war 1907 gestorben: Paula Modersohn-Becker. Ihr Rilke-Porträt von 1906 ist Pendant zu Rilkes »Neuen Gedichten«. Es tut Rilke weh, sich so reduziert zu sehen.

Der Dichter wird zum Plastiker. Auch die Worte müssen aus dem formlosen Stein herausgemeißelt werden. Das ist schwere Arbeit. Da ist kein Raum für Abschweifungen, für Redseligkeit, für Gefühl, Improvisation oder gar Rausch. So wie im »Stundenbuch« hätte er *ohne Anfang und Ende immer weiter dichten können,* konstatiert er voller Scham und setzt in seiner Dichtung die Zäsur: nichts Ungeprüftes, Ungehärtetes wird er mehr aus der Hand geben. Weniger ist mehr – zu vieles von ihm ist schon (erfolgreich) in der Welt, als daß er es noch mit irgendeiner Unbedachtsamkeit vermehren will. Unter dem Eindruck Rodins erwacht in Rilke der bewußte Künstler: *Man wird einmal erkennen, was diesen großen Künstler so groß gemacht hat: daß er ein Arbeiter war, der nichts ersehnte, als ganz, mit allen seinen Kräften, in das niedrige und harte Dasein seines Werkzeuges einzugehen. Darin lag eine Art von Verzicht auf das Leben; aber gerade mit dieser Geduld gewann er es: denn zu seinem Werkzeug kam die Welt.*

Ungetrübt bleibt auch das Verhältnis zu Rodin nicht. Nach dem Rauswurf als Sekretär kam zwar die Versöhnung, aber zunehmend wird Rilke das Prinzip »Immer arbeiten!« wieder fragwürdig. Der alte Rodin, sieht er mit Erschrecken, ist als Mensch seiner Kunst nicht gewachsen – das Prinzip Arbeit hat auch zur Selbstentfremdung des Künstlers, zu seelischem Leerlauf geführt. Rilke steht wieder mit nichts da, das bloße »Immer arbeiten!« Rodins klingt nun wie Hohn.

Aber hier in Paris wächst ihm bis zur Vollendung des »Malte« die neue Dimension von Kunst wie ein großer Kraftstrom zu. *Dinge machen aus Angst* – das ist nun die Überschrift, unter der seine ersten Jahre in Paris stehen. Doch immer wieder versucht er dieser Stadt zu entfliehen. Zwischen 1910 und 1914 wird er der Unruhe kaum mehr Herr. An über 50 verschiedenen Orten wohnt er zu dieser Zeit – und kehrt doch immer wieder nach Paris zurück, das ihm unbehagliche Heimat geworden ist.

Liebe im »Malte«

Mit seinem französischen Übersetzer Maurice Betz, der später
das Buch »Rilke in Paris« (dann erweitert zu: »Rilke in Frankreich«) schrieb, sprach Rilke auch über die Entstehung der
»Aufzeichnungen des Malte Laurids Brigge« von 1904 bis
1910. Sie wurden in Rom begonnen und im Januar 1910 bei
seinem Verleger Kippenberg in Leipzig beendet. Dennoch ist
es ein Paris-Buch, in dem sich der Geist dieser Stadt, aller modernen Großstadt – samt ihren rousseauistischen Träumen
vom einfachen und reinen Leben – spiegelt. Malte ist Däne –
das liegt auf der Provinz-Skala ungefähr auf der Höhe von
Worpswede oder Prag. *Paris war dicht wie ein Gestrüpp*, sagt
Rilke im Gespräch mit Maurice Betz: *Dies wußte Malte natürlich nicht. Wie hätte er es sonst gewagt, sich solchen Erfahrungen auszusetzen, wie wäre er ihnen gegenübergetreten?*
Rilkes »Malte« ist für die Metropole Paris zu Beginn des
20. Jahrhunderts ebenso symptomatisch wie Gustav Meyrinks
»Golem« für das Prag des ausgehenden 19. Jahrhunderts. Das
magische Bild einer Stadt, ihr inneres Porträt. Stakkato der
Zerrissenheit, einander jagender Fragmente. Das produziert
eine Atmosphäre der Atemlosigkeit. Wer den »Malte« parallel
zu Rilkes Briefen aus jener Zeit liest, etwa denen an Lou Andreas-Salomé oder Clara Westhoff, der sieht, warum ihm seine
Briefe so wichtig sind. Er nimmt sie als Arbeitsfolien, in denen
das vorformuliert wird, was dann im »Malte« steht. Mitunter
übernimmt Rilke ganze Brief-Passagen. An die Gräfin Solms-
Laubach schreibt er über den »Malte«: *Was dieser erfundene
junge Mensch innen durchmachte (an Paris und an seinen
über Paris wieder auflebenden Erinnerungen), ging überall so
ins Weite; es hätte immer noch Aufzeichnungen hinzukommen
können; was nun das Buch ausmacht, ist durchaus nichts
Vollzähliges. Es ist nur so, als fände man in einem Schubfach
ungeordnete Papiere und fände eben vorderhand nicht mehr
und müßte sich begnügen. Das ist, künstlerisch betrachtet,*

eine schlechte Einheit, aber menschlich ist es möglich, und
was dahinter aufsteht, ist immerhin ein Daseinsentwurf und
ein Schattenzusammenhang sich rührender Kräfte.

Darum durchzieht den »Malte« auch das Thema Liebe, wie es
sich bei Rilke immer mehr herauskristallisiert. Wir lesen den
Satz: *Damals fiel es ihm auf, daß man von einer Frau nichts*
sagen könne. Die Frau bleibt ein Geheimnis. Mit anderen Worten, sie ist Rilke das, was er nicht versteht. Das steht im Widerspruch zur von ihm immer wieder beschworenen Geschwisterlichkeit zwischen den Geschlechtern. Die ist sicher gewollt
– auf der geistig-seelischen Ebene. Doch die Frau bleibt zugleich auch fremd, das andere Geschlecht, zu dem es – auf der
animalischen Ebene – nur das Verhältnis der absoluten Ent-
gegensetzung gibt.

So formt er die Frau nach seinem eigenen Bilde. Mehr noch, er
macht sie zu einem Bild, das seinem Innern entspringt. Auch
hier ist es bereits die Apologie des großen Liebenden, der von
seiner Liebe so erfüllt ist, daß die Geliebte darüber ganz neben-
sächlich erscheint. An ihr entzündet sich ein Funke, mehr
nicht. Alle daraus resultierenden Brände sind eine Angelegenheit der produktiven Einbildungskraft. Der Liebende ist frei,
weil ganz erfüllt von einem ihn über sich selbst hinaustragen-
den Gefühl. Der (oder die) große Liebende ist wahrhaft auto-
nom. Bewohner seiner eigenen Welt. Keine Außenwelt kann
ihm mehr etwas anhaben – nicht einmal die (oder der) Geliebte selbst.

Die Richtung der Liebe sei entscheidend, nicht ihr Gegenstand,
postuliert Rilke. Sie zeigt ins Offene, ins Transzendente. Dieses
Offene ist bei Rilke Gott – ebenso Einbruch Gottes in die Welt,
wie Einbruch des Liebenden in Gott.

Vor allem soll Liebe sich nicht abhängig machen von einem
bestimmten Gegenüber, darf nicht auf Gegenliebe warten, sondern muß sich in sich selbst erfüllen. Liebe ist ein Medium der
Selbststeigerung, die in Selbstvervollkommnung mündet. Die
starke Liebe allein durchbricht die Grenze zwischen Diesseits

und Jenseits. Das Diesseits öffnet sich in ein Jenseitiges, das Jenseitige wird diesseits erfahrbar. Eine parallele Gegenbewegung, die auf Verschmelzung des einander Fremden hinausläuft. Eine Denkfigur der Mystik. Letztlich steht der Liebende damit als jener Narziß vor uns, der Rilke heißt.

In der Geschichte vom verlorenen Sohn, wie sie im »Malte« erzählt wird, heißt es, dies sei der Weg eines, der nicht geliebt werden wolle. Nicht von Gott, der zu weit weg ist. Nicht von der Geliebten und deren *immer transparenterer Gestalt.* Nicht vom Vater, der ihn mißversteht: *Es muß für ihn unbeschreiblich befreiend gewesen sein, daß ihn alle mißverstanden, trotz der verzweifelten Eindeutigkeit seiner Haltung.*

Salons

Vieles kehrt bei Rilke immer wieder, manches läßt ihn nicht los. Wie das Thema der Puppen. Zu Maurice Betz sagt Rilke eines Tages, dieser solle sich unbedingt das »Theater der kleinen Holzschauspieler« ansehen, das im »Atelier« gastierte. Eine russische Marionettenspielerin war dort mit ihren Puppen zu sehen. *Eine einzigartige, wunderbare Sache!,* hatte er ausgerufen. Natürlich geht Betz hin, schon allein deshalb, weil Rilke hinterher mit ihm darüber reden will. Marionetten, Puppen also interessierten Rilke, weil sie den »Dingen« nahe sind und dabei doch, wie Betz sagt, »durch ihr Einbezogensein in das Leben der Menschen sich eine besondere Schönheit aneignen und mit einer besonderen Beharrlichkeit die Spur menschlicher Gesten und Gefühle aufbewahren.« Somit stehen Puppen und Marionetten über den bloßen Dingen. Sie führen ein Eigenleben und erinnern an die Maske des antiken Theaters. Von der Puppe als Anwendungsfall des Symbolismus bis zum Engel der Elegien ist es nicht weit. Allerdings hat die Puppe immer zwei Gesichter: sie erweitert den naturalistischen Realitätsbegriff um eine neue Dimension (die eine sehr ursprüngliche ist), und sie stellt, so wie sie vor uns hintritt, zumeist eine Instrumentalisierungsform des freien Maskenspiels, eine entfremdete Puppenseele, dar.

Ein Anwendungsfall dieses vorgetäuschten Lebens, der seelenlosen Lebens-Imitate sind die Pariser Salons. Hier fühlt Rilke sich höchst unwohl, aber er kann es sich nicht leisten, das allzu deutlich zu zeigen. Die Comtesse Anna de Noailles ist Inbegriff dieser Salon-Existenz. Ein Nacht-Vogel, den Rilke nur mit stummem Entsetzen anstaunen kann. Vor dessen gefährlichem Wesen ist er auf der Flucht, wie die Begegnung Rilkes mit Marie von Thurn und Taxis in Begleitung der Comtesse zeigt. Der Salon greift nach dem Dichter – bis in sein Hotel. Oft beklagt er sich über das Telefon, das sich schnell in der besseren Gesellschaft als Unterhaltungsmittel verbreitet. Man ruft auch Rilke im Hotel an, aber in diesen alten Hotels sind die Apparate selten, und er muß, herbeigerufen, lange Wege aus seinem Zimmer gehen, um auf einem zugigen Flur zur unpassendsten Tages- oder Nachtzeit mit einer gelangweilten Gräfin oder Baronin, die sich derweilen mit dem Telefon im Bett räkelt, über Belanglosigkeiten zu plaudern. Aber er hält eisern durch. Potentielle Mäzene zu verprellen, das leistet er sich selten. So aber ist Rilke immer wieder, wie es Betz mit einem Ausdruck von Marcel Proust sagt, dem Paris »von Seiten der Prinzessin« ausgeliefert.

Da ist zum Beispiel eine Miss Nathalie Barney, eine Freundin Paul Valérys. Sie versäumt es, das ihr von Rilke mit einer ehrerbietigen Widmung übergebene Exemplar des »Malte« auch zu lesen – und hier ist Rilke empfindlich. So gekränkt, geht er nicht mehr zu ihren mondänen Gesellschaften, er fürchtet *einer nichtssagenden Menge* und ihren Zufälligkeiten ausgeliefert zu werden. Die von ihm gesuchte Möglichkeit eines *ruhigen, nachdenklichen Abends in ganz kleinem Kreise* (natürlich mit ihm selbst als Vorleser aus eigenen Werken im Mittelpunkt) bietet Paris nicht. So bleiben nur die Salons, in denen Rilke sich fehl am Platze weiß. Lauter Puppen, aber keine Menschen! Jacques Benoist-Méchin sieht ihn dort und versichert: »Vom ersten Augenblick an war mir sein Aussehen unendlich schmerzlich. Alles schien ihm weh zu tun: der zu lebhafte Glanz der Lüster, der zu stürmische Lärm der Gespräche. Als ich ihn dem Schweigen entriß, schien es mir förmlich, daß ich ihm Übles zufügte, daß ich eine überflüssige Grausamkeit gegen ihn beging. Ich fühlte, daß er bei jedem meiner Worte litt wie jene Pflanzen, deren wunderbare Feinfühligkeit ihre Blätter sich entfalten oder zusammenziehn läßt, je nach den unmerklichsten Schwankungen von Licht und Schatten.« Ein Salon ist schon darum kein Ort für Rilke, weil er ihn nicht mit der Weihestimmung zu füllen vermag, die er sich wünscht. Raymond Schwab erinnert sich, ihn in einem Salon umringt von Zuhörern gesehen zu haben, die sich einer nach dem anderen gleichgültig abwenden, einer neuen Plänkelei bei Champagner und Zigarre entgegen. Schwab fügt lakonisch hinzu, er zweifle nicht, daß dieselben Leute »jetzt begeisterte Rilke-Schwärmer sind. An jenem Tage aber – man muß es sagen – hielten sie ihn nur für langweilig.«

Mathilde Vollmoeller

Bei all diesen Salon-Sumpfblüten und morbiden Schlingpflanzen, denen er sich in Paris ausgesetzt sieht, ist ihm die Verbindung mit Mathilde Vollmoeller geradezu eine Erholung. Rilke spricht ja gern über Alltägliches. Er kann viel Aufmerksamkeit praktischen Dingen gegenüber entwickeln. Rilke bringt der Malerin eine Achtung entgegen, die seltsam begründet klingt, aber in Rilkes Horizont konsequent erscheint. Er sieht in ihr einen Menschen, *den ich für ruhig und nicht literarisch abgelenkt halte,* wie er Clara Westhoff mitteilt. Mathilde selbst sagt, sie schreibe so ungern, es falle ihr unendlich schwer. Endlich ein Mensch ohne literarische Ambitionen. Da wird Rilke ganz generös.

Kennengelernt haben sich Rilke und Mathilde Vollmoeller unter ungünstigen Voraussetzungen bereits 1897 im Hause von Sabine und Reinhold Lepsius in Berlin, bei jener denkwürdigen Stefan-George-Lesung, nach der sich Rilke als dessen Jünger anbot – und abgewiesen wurde. Ein Trauma, wie jede Ablehnung für Rilke. Mathilde Vollmoeller ist in Rilkes Augen vor allem eines: nützlich. An Karl von der Heydt schreibt er am 6. Juni 1907: *Ich würde Ende April nach Paris gehen (wenn man dort nicht mehr heizen muß.) Mit Hülfe einer Bekannten (Matilde Vollmöller) würde ich ein kleines möbliertes Atelier suchen; diese junge Dame ist sehr praktisch und würde zu verhüten wissen, daß ich in Unvorsichtigkeiten und Übervorteilungen gerathe.*

Aus Capri fragt er bei ihr am 5. März 1908 an, ob sie Reisepläne habe – mit dem Hintergedanken, während ihrer Abwesenheit in ihrem Atelier zu wohnen. Zwar rät er vom Reisen ab, insbesondere von solchen nach Italien, von wo aus er selber gerade schreibt: *Sie wissen, daß ich dann gerne Ihr Atelier Ihnen abnähme –. Nach meinen Erfahrungen freilich müßte ich Ihnen rathen, nicht zu leicht von Paris fortzugehen; überall sonst ist mehr Fremde und weniger Notwendigkeit.* Nachdem Rilke Mathilde dann doch, auf seine indirekt-drängende Art, zu einer längeren Reise animiert hat, sitzt er in ihrer Atelier-Wohnung in der Rue Campagne Première und rühmt diese in Mathilde nachgeschickten Briefen. Wenn er sie betrete, dann sei das *Zusammenhängende und Bestehende Ihrer Wohnung um so wirklicher um die Stille der grünen Lampe herum.* Clara ist auch in Paris, aber sie muß sich ein eigenes Atelier suchen, wobei Rilke ihr behilflich ist. Ansonsten geht er wie gehabt in den Jardin des Plantes *große Tiere sehend und kleine Blumen,* bekundet in der Arbeit festzustecken *wie der Kern in der Frucht* (da fange cr erst an, zu etwas gut zu sein). Er macht auch Pläne, die Mathilde etwas beunruhigt haben dürften. Am

19. August 1908 schreibt er ihr nach München: *Ich habe großes Bedürfnis, diesmal den ganzen Winter in Paris zu bleiben, womöglich ohne Unterbrechung und Reise. Paris tuth noth.* So lange aber kann Mathilde Rilke zuliebe unmöglich auf Reisen bleiben.

Schon am 31. August zieht Rilke ins Hôtel Biron, 77 rue de Varenne um; ein schönes Palais, das heute das Musée Rodin beherbergt, in dem Rilke wechselnde Wohnungen ausprobiert. Auch Jean Cocteau und die ekstatische Tänzerin Isadora Duncan wohnen im Hôtel Biron. Bis 1911 lebt er hier, vom Wunsch erfüllt, *ganz von vorn wieder mit Paris anzufangen.*

Von der Duncan heißt es, sie habe sich in den Kopf gesetzt, sich vom größten lebenden Dichter ein Kind machen zu lassen, damit dieser die »Macht des Geistes« mit körperlicher Schönheit vereine. Zu diesem Zweck beriet sie sich mit ihrem Schneider Paul Poiret, der Rilke zum Glück nicht kannte und Maeterlinck vorschlug.

Wie die Duncan einen anderen großen Dichter, Sergej Jessenin, zu ruinieren verstand – sie war launisch und trank Unmassen –, kann man in Alexander Marienhofs wunderbarer Geschichte der russischen Revolution von 1917, dem »Roman ohne Lüge«, nachlesen. Die groteske Art ihres Todes paßt zu ihrer grotesken Art zu leben. Ihre Autoleidenschaft erweist sich gleich mehrfach als tödlich. 1913 rollt der einen Moment allein gelassene Wagen in die Seine – ihre beiden Kinder und das Kindermädchen ertrinken. 14 Jahre später startet sie ihren offenen Bugatti-Sportwagen rasant – der lange wehende Schal verfängt sich in der Hinterachse und stranguliert sie.

Der Kelch, den diese Frau mit ihrer zerstörerischen Energie bedeutet, geht an Rilke vorüber. Aber sie favorisiert, Rilke nicht unähnlich, ohnehin Russen.

Das Straßenmädchen Marthe Henneberg

Immer nur Nehmender sein, das genügt Rilke auf die Dauer nicht. Ihn fasziniert der Gestus des Gebens, die Erlösergeste. Auch wenn Rilke nicht eigene, sondern fremde Gaben gibt, eine Art Subventionsumverteiler ist – und daraus erotische Funken schlägt.

Und wie bei Goethe in den »Wahlverwandtschaften« gelingt das leichter bei Menschen, die man nach eigenem Geschmack aussucht als bei den Verwandten, die man sich nicht aussuchen kann. Zu seiner eigenen Tochter Ruth hat Rilke kein allzu fürsorgliches Verhältnis. Eine dauerhafte Vaterrolle ist ihm zu profan, damit zeigt er sich überfordert. Seine dichterische Fantasie anregen soll es, wenn er sich fürsorglich erweist. Dabei fühlt er sich vielleicht an »Arme Leute«, sein Lieblingsbuch von Dostojewski, erinnert, in dem Liebe, Armut und Erlösungshoffnung einen Rilke betörenden Dreiklang bilden.

Marthe Henneberg begegnet er im Sommer 1911 in Paris. Ein siebzehnjähriges Fabrik- oder Strichmädchen, das scheint recht unklar. Jedenfalls sehr arm, sehr mitleiderregend, sehr erlösungsbedürftig. Er habe sie aus einem *verrufenen Haus* gerettet, läßt Rilke verlauten. Nun wird sie seine Wahltochter und Geliebte zugleich. Das junge Mädchen aus einfachsten Verhältnissen weiß kaum, was ihm da für ein Glück zustößt. Rilke ist von plötzlicher Erziehungswut befallen. Nach all den Ersatzmüttern, von denen er selbst abhängig ist, nun also endlich eine von ihm abhängige Ersatztochter, die sich dafür noch in höchstem Maße als dankbar und unterwürfig erweist. Da Rilke sich nicht ständig mit dem jungen Mädchen belasten will und schon wieder auf Reisen geht, nach Leipzig zu Kippenbergs, nach Duino zu Marie von Thurn und Taxis, gibt er sie in Pflege. Die deutsche Malerin Hedwig Jaenichen-Woermann nimmt sie in ihrem Haus auf. Aber da fühlt sich das *phantastische, ungehemmte Kind*, wie sie Rilke in einem Brief an Marie von Thurn und Taxis nennt, sehr fremd. Sie erweist sich als schwierig, zumal sie nun erst einen Koch-, dann einen Zeichenkurs zu absolvieren hat. Doch Marthe Henneberg ist – im Unterschied zu Rilke – eine treue Seele, die sich ganz an ihren Erlöser hängt, der aus der Ferne das Projekt Menschenbildung dirigiert. Inzwischen ist Rilke mit Benvenuta, der jungen Pianistin Magda von Hattingberg, in Duino eingetroffen. Marie von Thurn und Taxis, die Hausherrin, sieht mit wachsendem Unwillen, wen sie alles aushalten soll, und beginnt Rilke nun mehr und mehr – halbironisch zwar – auszuschelten: »Dottor Serafico!!! Eigentlich möchte ich Sie furchtbar verschimpfen – ich glaube Sie würden es nothwendig brauchen wirklich ausgezankt zu werden wie ein Baby – der Sie ja auch eines sind, obwohl dabei ein großer Dichter ... Aber Dottor Serafico! Jeder Mensch ist einsam, und muß es aushalten und darf nicht nachgeben und muß die Hilfe nicht in anderen Menschen suchen (...) Und was brauchen sie immerfort dumme Gänse retten zu wollen, die sich selbst retten sollen – oder der Teufel soll die Gänse holen, – er wird sie ja ganz bestimmt wieder zurückbringen (...). Es kommt mir vor daß der selige Don Juan ein Waisenknabe neben Ihnen war – Und Sie thun sich immer solche Trauerweiden aussuchen, die aber gar nicht traurig sind in Wirklichkeit, glauben Sie mir – Sie, Sie selbst spiegeln sich in allen diesen Augen.«

Natürlich ist Rilke kein Don Juan, dazu ist er viel zu schwächlich und unsicher – aber den Anschein eines solchen gibt er sich ab und zu ganz gern. »Kommen Sie bitte bald wieder!« hatte Marthe Henneberg Rilke gebeten, aber der antwortet gar nicht erst. Die erotische Halbwertzeit beträgt für Rilke maximal sechs Wochen, mitunter verkürzt sich diese Spanne auf einige Tage. Wie jeder Süchtige muß Rilke ständig die Dosis erhöhen, um die nachlassende Spannung wieder herzustellen. Immer mehr Frauen versammelt er in immer kürzerer Zeit um sich. Es ist letztlich ein panischer Ausdruck jener Unruhe, die ihn treibt, seiner Angst, er könne als Dichter ganz verstummen. Die Frauen sollen ihm helfen, das öffnende Wort zu finden – sie sollen ihn aus seiner lähmenden Sprachlosigkeit erlösen.

Aber zu Marthe Henneberg hält die Zuneigung länger als zu anderen flüchtigen Liebschaften. Marie von Thurn und Taxis, über Rilkes Lebenswandel wachend, schreibt gerührt: »Dieses sehr junge Mädchen hat ihm nähergestanden als irgendeine andere Frau.« Doch die Doppelrolle von Liebhaber und Ersatzvater macht ihm zu schaffen. Hedwig Jaenichen-Woermann hat bald genug von der ihr aufgezwungenen Rolle als Pflegemutter; Marthe ist ihr zu wild. Rilke – aus der Ferne – gibt sich einerseits entzückt über die starke Natur seines Wahl-Schützlings, der sich nicht bändigen läßt, und ist andererseits in Sorge, was werden soll. Marthe hat immerhin ihre Kochschule abgeschlossen und strebt das Koch-Diplom an.

Mit zwanzig Jahren zieht Marthe bei Hedwig Jaenichen-Woermann aus und bei dem russischen Bildhauer Stepan Erzia ein. Aber das nur für kurze Zeit, dann flüchtet sie aus den chaotischen Verhältnissen (zu denen Rilke beiträgt, der seine Geliebte dort gelegentlich besucht) zu ihrer Schwester. Und immer hofft sie auf Rilke. Aber der Erlöser hat keine Lust mehr, Marthe ist ihm zur *blinden Sorge* geworden, die ihn nur ablenkt von anderen, für ihn wichtigeren Dingen.

Nach dem Ersten Weltkrieg und langer erzwungener Trennung von Paris sieht Rilke dann Marthe wieder, die ihm weiter nur Treue und Dankbarkeit entgegenbringt. Er lobt ihre *unmittelbare Genialität des Herzens und des Geistes*. Vielleicht auch deshalb, weil Marthe ihm nun sehr nützlich ist beim Herstellen neuer Kontakte, so zu dem Komponisten (und einstigen Lehrer Magda von Hattingbergs) Ferruccino Busoni. Denn inzwischen arbeitet Marthe für dessen Frau. Sie ist sehr selbständig geworden, und das kollidiert ein wenig mit Rilkes Blickwinkel auf sie, in dem sie allein als sein Geschöpf vorkommt. Marthe hat sich zu einer gefragten Teppichstickerin entwickelt, die ihre Arbeiten selbstbewußt in Ausstellungen präsentiert. Rilke ist darum ein klein wenig enttäuscht und schreibt Marie von Thurn und Taxis mit der ihm eigenen Kunst, Gehässigkeiten nur anzudeuten: etwas *welk an den Rändern* sei sie geworden, aber ihr Herz habe immer noch die gleiche Genialität. Immer noch liebt Marthe Rilke, und dieser registriert es mit Genugtuung, bevor er wieder einmal weiterreist.

Eros der Nonnen

»Nonnenklage«

In Paris schreibt Rilke 1909 das Gedicht »Nonnenklage«. Die Klage über nicht gelebtes Leben einer Nonne bricht sich hier sehr direkt eine erotische Bahn. Es hebt an mit der Aufforderung: *Herr Jesus – geh, vergleiche / dich irgend einem Mann.* Damit ist die Verjenseitigung des Gottessohnes Jesus auf die Spitze gebracht. Und dann folgt der pubertäre Neidblick auf den Star Jesus, dem die Frauen zu Füßen liegen: *Herr Jesus – du hast alle / Frauen, die du nur willst.* Ein sehr weltlicher Blickwinkel. Seine Mutter hätte es höchst blasphemisch gefunden.

Aber für Rilke ist die Frau eben das Gegenteil einer Nonne: sie soll gebären und damit ihre kreatürliche Schöpferkraft beweisen. In einem merkwürdigen Widerspruch steht dazu Rilkes Stilisierung des mönchischen Lebens, als Bedingung für (männliches) Künstlertum. In einem anderen Gedicht, das er 1907 schreibt, benutzt er wiederum die Schwangerenanalogie. Auch der Künstler geht mit seinem Werk schwanger. Ist also der Künstler der Inbegriff eines schwangeren Mönchs?

Das Liebesideal: Mariana Alcoforado

Rilkes Zuneigung gehört den Ekstatikern, den unbedingt Liebenden, die liebend selbst den Gegenstand der Liebe zur Auflösung bringen, ihn zu einem Teil ihrer selbst machen. Hieraus ergibt sich die – höchst paradoxe – Art, wie Rilke seinen Beruf als Dichter versteht: sehr unbürgerlich, sehr mönchisch.

Er schreibt nicht nur über das »mönchische Leben«, sondern er übersetzt 1913 auch die »Fünf Briefe der Schwester Mariana Alcoforado«, einer portugiesischen Nonne aus dem 17. Jahrhundert. Inzwischen hat spielverderberische Philologie herausbekommen, daß diese Briefe nicht von einer portugiesischen Nonne, sondern von dem Franzosen Guilleragues geschrieben wurden, der sich augenscheinlich ebenso gut (und gern) in die Psyche der Nonnen-Liebe hineinversetzen konnte wie Rilke. Denn für Rilke offenbart sich in diesen Briefen das Wesen der Liebe. Von ihrem untreuen (und wohl auch unwürdigen) Geliebten längst verlassen, steigert sie in ihrer Einsamkeit das Gefühl der Liebe zu etwas, das gar kein Gegenüber mehr benötigt, sich selbst in der eigenen Ekstase erfüllt.

Es ist die Liebe der Nonnen und Schauspieler, die ihre Ekstasen auf die Bühne stellen und diesen künstlichen Abglanz des Lebens für lebendiger nehmen als das Leben selbst. Auch Rilke ist so ein Dichter auf der Bühne, der ein faszinierter Zuschauer seiner selbst ist: ein Narziß.

In diesen Briefen fühlt er sich bestätigt: in der Liebe geht es gar nicht um den anderen, sondern nur um mich. In der Liebe steigert sich der einzelne über seine Einzelheit hinaus, wird Teil der Idee der Liebe, die er in sich selbst zur Wiedergeburt bringt. Das ist sehr neuplatonisch gedacht und ein Lieblingsgedanke aller Mystiker, die immer ihre Liebe als etwas so Ausschließliches ansahen, das nur sie selbst etwas angehe – weil nur sie ihr Opfer brächten, nur sie ihrer würdig seien.

Der Engel der Duineser Elegien ist auch das Ergebnis dieser Selbststilisierung: die Idealisierung des eigenen Ich zum überpersonalen Welt-Ich. Darum auch wirkt der Engel so ikonenhaft. Denn er ist kein rettender oder rächender Engel, er ist nicht mehr als die dünnste Abstraktion der Liebesidee: das bleiche Antlitz einer toten Seele, die um sich selbst trauert. Deren Schönheit erstarrt ist und darum jedes menschliche Maß (das immer ein zwischenmenschliches ist) verloren hat. Dieser Engel, weiß Rilke in der Ersten Elegie, ist schrecklich.

In seiner Hinwendung zu den Briefen der Nonne Mariana Alcoforado offenbart sich auch Rilkes Frauenbild, das unter dem unseligen Stern der ihm innerlich fernen, ungeliebten Mutter steht. Darum wird die Frau für Rilke zu etwas, zu dem man weite Wege, von der Mutter weg, gehen muß – um die wahre Frau, die wahre Geliebte, die wahre Mutter zu finden. Es liegt für Rilke nicht nahe, es ist nicht natürlich, sondern eine Suche, mit der er – in immer panischeren und zugleich melancholischeren Wendungen – sein Leben verbringt. An Mary Gneisenau schreibt er über seine verstorbene Gönnerin Gräfin Schwerin und die Unvergänglichkeit von Frauen-schicksalen, weil sie *schon während sie geschehen, etwas Un-erreichbares, Nicht-mehr-Sichtbares, im tiefsten Elend Seliges an sich haben* – hier sei alles immer schon *so jenseitig weit*.

Nähe, lesen wir da heraus, ist für Rilke kein Wesensmerkmal der Liebe, im Gegenteil, erst in der Ferne erstrahlt sie ihm zu ganzem Glanz. Rilke ist ein Virtuose der Fernstenliebe.

Von der Nonne Mariana Alcoforado zu der Schauspielerin Eleonora Duse ist es für Rilke nicht weit. Liebes-Ekstase geht bei beiden durch das Objekt der Liebe hindurch und langt wie-der bei sich selbst an. Die Liebe befreit sich von der Fessel der Erfüllung durch ihr Gegenüber, wird so sich selbst genug, ganz frei spielend – aber auch etwas leichtgewichtig, am Ende zur bloßen sich selbst imitierenden Geste.

Eleonora Duse als Alter ego

In ihr verbindet sich Rilkes Traum von der Liebe mit dem Traum vom Theater. Das Theater ist Rilkes größte unglück-liche Liebe. Er kommt nie darüber hinweg, daß er nicht, wie er lange glaubt, zum Dramatiker berufen ist. Über sein Stück »Das tägliche Leben« schreibt er mit trotziger Resignation an Ellen Key: ... *voriges Jahr hat man es in Berlin aufgeführt und ein vielleicht zu ungeduldiges und eilfertiges Publikum hat es mit lautem Gelächter erstickt; was mich nicht hindert diese kleine Arbeit immer noch lieb zu halten.*

Die Duse, siebzehn Jahre älter als Rilke, verkörpert für ihn die Theatralik der Liebe – auf großer Bühne. Verständlich, daß Rilke nur einen Wunsch hat: diese Schauspielerin kennenzulernen. Für viele Jahre ein unerfüllter Traum. Erst als die Duse ihre große Zeit hinter sich hat und nach dem jungen Dichter greift wie eine Ertrinkende nach dem Strohhalm, kommt die Begegnung zustande. Rilke erhofft sich für seine Dichtung »Die weiße Fürstin« mit der Duse doch noch den Bühnen-Durchbruch – und die Duse sucht verzweifelt nach einem Stück für ihr Comeback. Die gegenseitige Instrumentalisierungsabsicht zeigt, hier ist von beiden Seiten viel Berechnung im Spiel.

Einen ersten Kontaktversuch unternimmt Rilke 1905, als Sekretär von Rodin. Für diesen schreibt er einen Brief an die Schauspielerin, und Rodin ermuntert ihn, einen eigenen Brief beizulegen – auf den der »Sekretär« aber nie eine Anwort bekommt. Trotzdem bleibt die Duse für Rilke der Inbegriff einer Schauspielerin: Bekennerin, die Seele zeigt. Hier kommt ein religiöser Zug ins Spiel. Die Duse offenbart sich auf der Bühne wie vor einem Altar, auf dem man sich dem Gott Theater opfert. Hier blüht das Pathos aus vorgezeigtem Schmerz. Rilke muß darum bei der Duse an eine Nonne denken, wobei für ihn die Nonne eine Frau ist, die sich aus Liebe selbst zum Opfer bringt. 1909 plant Rilke ein Buch über Frauenschicksale, worin die Duse neben der Nonne Mariana Alocoforado einen zentralen Platz einnehmen soll. Das Projekt zerschlägt sich.

Inzwischen zeigen sich bei der Duse, die schon 1873 in der Arena von Verona begann, sich als Julia in Shakespeares »Romeo und Julia« dem Theatergott zu opfern, erste unübersehbare Verschleißerscheinungen. Sie ist nun fünfzig Jahre alt und hat ihre Jugend unwiderruflich hinter sich. Aber für diesen ekstatischen Schauspielertyp, der immer nur aus dem ge-

steigerten Gefühl heraus agiert, gibt es keine Altersrollen –
weil hierzu eine Selbst-Distanz vonnöten wäre, die der Duse
abgeht. Lion Feuchtwanger schreibt 1908 über ihr Münchener
Gastspiel: »Die Duse altert. Die zarte Beredsamkeit ihrer wun-
dervollen Hände verliert ihre runde Weichheit; der seltsame
Schmelz ihrer herrlichen Stimme bröckelt ab und ihr Antlitz,
dies lebenskündendste Antlitz der Welt, bedarf der Schminke.«
Die Duse ist reif für Rilke. Aber noch dauert es drei Jahre, bis
er sie zum ersten Mal treffen wird – in Venedig. Und jetzt ist
es der Wunsch der Duse, den Dichter zu treffen, von dem sie
sich einen Neuanfang verspricht.
Rilke zeigt sich fasziniert von ihrer Schwermut. Man könne
sich die Duse denken, wie sie in einem Drama d'Annunzios,
schmerzhaft verlassen, ohne Arme zu umarmen versucht, und
zu halten ohne Hände, schreibt Rilke zu August Rodins Plastik
»Die innere Stimme«.

Daß von dem verzichtenden Gesichte
keiner ihrer großen Schmerzen fiele,
trägt sie langsam durch die Trauerspiele
ihrer Züge schönen welken Strauß,
wild gebunden und schon beinah lose:
manchmal fällt, wie eine Tuberose,
ein verlorenes Lächeln müd heraus.

Und sie geht gelassen drüber hin,
müde, mit den schönen blinden Händen,
welche wissen, daß sie es nicht fänden, –
und sie sagt Erdichtetes, darin
Schicksal schwankt, gewolltes, irgendeines,
und sie gibt ihm ihrer Seele Sinn,
daß es ausbricht wie ein Ungemeines:
wie das Schreien eines Steines ...

Die alternde Diva nimmt ihn völlig in Beschlag. Fast täglich erwartet sie ihn nun, und Rilke beginnt sich bei seiner Gönnerin Marie von Thurn und Taxis über die Vereinnahmung zu beklagen. Diven versklaven durch Zuwendung und Freundlichkeit, erfährt Rilke, selbst auf dem Weg, eine Diva zu werden. Rilke offeriert seiner neuen Freundin das dramatische Gedicht »Die weiße Fürstin«. Zuvor hat er es bereits Marie von Thurn und Taxis zur Begutachtung übergeben – und die Antwort ist negativ: »... ich denke wohl, daß die Duse herrlich in der Rolle sein würde, wirklich für sie geschaffen, aber wie wenig Menschen möchten das Stück verstehen, und besonders das Ende, nur angedeutet, verklingend wie ein Traum, möchte der Menge ganz unverständlich bleiben ...« Rilke will der Duse helfen, wieder zur Größe zu finden. Aber auch er sieht, wie es um sie bestellt ist: *Jetzt nutzt sie ab, verwohnt sich im eigenen Körper, ohne andere Stelle, wie sie ist ... Es geht eine Unlust, dazusein, in gewissen Momenten von ihr aus, die so penetrant ist, daß den Dingen um sie herum gleichsam die Zähne ausfallen.*

Die Empfindlichkeit der Duse steigert sich zur Hysterie. Rilke dürfte sich dabei an die eigene Nervenreizung erinnert fühlen, als er auf seiner zweiten Rußlandreise mit Lou Andreas-Salomé es eines Tages nicht mehr vermochte, an einer bestimmten Akazie vorüberzugehen. Bei der Duse, erinnert sich Rilke, war es der Schrei eines Pfaus während eines gemeinsamen Ausflugs zu den Inseln, die Venedig vorgelagert sind. *Der Tee, die Bäckereien, alles wurde im Stich gelassen – nur weg von dieser verhexten Insel – weg von diesem Unglücksvogel.*

Jede Kleinigkeit nimmt die Duse zum Anlaß für einen theatralischen Ausbruch. Die »Weiße Fürstin« ist vom Tisch. Rilke ist diese stilisierte Dichtung inzwischen wohl selbst etwas peinlich. Jedenfalls schreibt er an Marie von Thurn und Taxis: *Von der weißen Fürstin war zum Glück nicht mehr die Rede, für mich ist sie so abgethan und entlegen, es wäre der pure Anachronismus gewesen, sie in irgendeinem Sinne wieder vor sich zu haben.*

Dieser Sommer 1912, den Rilke auf Einladung Maries von Thurn und Taxis in Venedig verbringt, ist angefüllt von Unentschlossenheit, Hitze und Trägheit. Da kommen ihm die Avancen der Duse gerade recht, sich von der eigenen Untätigkeit abzulenken. Marie von Thurn und Taxis, die sich mit weiblichem Instinkt und wohl nicht ohne Eifersucht die Selbstinszenierung der Duse ansieht, notiert ironisch: »Die Frau ist geschaffen um einen Dichter zu begeistern.«

Die Duse hält sich in Venedig in Begleitung des jungen Reinhardt-Schauspielers Alexander Moissi auf, der ebenfalls an einem Comeback der Duse arbeitet. Gesucht wird ein zu ihr passender Bühnentext. Darum begleitet sie ebenfalls die junge Dramatikerin Lina Poletti, die ein Stück für die Duse schreibt. Aber es gelingt nicht, jedenfalls nicht so, wie die Duse es sich vorstellt. Die Stimmung ist gereizt.

Rilke vermag es nicht, durch den Mythos der Duse zu der Frau vorzudringen. Diese Frau ist ihm so ähnlich – sie kreist nur um sich. Aber Rilke ist ein genauer Beobachter. Er sieht hinter der Maskerade die einsame Frau, die sich verzweifelt dagegen wehrt, von der Höhe ihres Ruhms in die Täler der Vergessenheit hinabzusteigen. Nie ist die Duse über die Trennung von Gabriele d'Annunzio hinweggekommen. Sie stellt den Schmerz aus, sie setzt ihm postum immer neue Denkmäler – und zankt mit denen, die sie in die Gegenwart zurückholen wollen, wie Lina Poletti. Hier findet der Kampf zwischen einer jungen und einer alten Frau statt, ein Kampf, den die Duse nicht gewinnen kann. Rilke sieht dem Zweikampf der beiden Fauen, dessen Zeuge er fast täglich wird, zunehmend genervt zu – und ist doch von der Duse unbedingtem Willen zur Tragödie immer noch gefesselt.

Gemeinsam mit der Duse geht Rilke auf Wohnungssuche in einen der herrschaftlichen Paläste von Venedig. Die erste Treppe sei sie wie eine Fürstin hinaufgestiegen, die zweite etwas asthmatisch, die dritte wie eine Bettlerin. Rilke versucht einen Sommer lang, zwischen der Duse und der Poletti zu vermit-

teln. Er scheitert. Am 1. August trennen sich die Frauen, die
Duse reist weiter an den Tegernsee, die Poletti nach Rom. Auch
Rilke stiehlt sich davon. Er ist froh, sich wieder um sich selbst
kümmern zu können. Seit den *Dusetagen* sei er *ziemlich her-
unter,* vermeldet Rilke. Die Duse, der er nie nahekam, bleibt
ihm auch künftig fremd – eine angebetete Ikone, mit einigen
häßlichen Kratzern auf der glänzenden Oberfläche. Im Theater
ein quasi religiöses Ritual zu sehen, darin aber hatten sie sich
getroffen. Für Rilke bleibt die Duse unsterblich in ihrer Rolle
der *schmerzhaften Mutter der Passion.*
Der Duse wird einige Jahre später tatsächlich die gefeierte
Rückkehr auf die Bühne gelingen. Noch einmal wendet sie
sich, sonst Distanz haltend, an Rilke mit der Idee, sein »Ma-
rien-Leben« in Nonnentracht vorzutragen. Rilke ist pikiert und
antwortet ausweichend, die Duse sei zu Höherem berufen. So
wird die Duse auch zum Alptraum für Rilke. Ende 1920 ist
Rilke wieder in Venedig, worüber er Lou Andreas-Salomé berichtet: *Als ich zu allem Überfluß erfuhr, die Duse sei angekommen, krank, um in Venedig Wohnung zu suchen, da schien
mir, daß auch nun dieses sich wiederholen sollte, so fürchter-
lich, daß ich von einem Tag zum anderen davonreiste und zurück in die Schweiz.* Nur aus der Ferne mag er die Duse noch
bewundern, ihre Nähe erträgt er nicht.
1923, auf einer USA-Tournee stirbt eine erschöpfte Eleonora
Duse in Pittsburgh. Rilke schreibt über ihren Tod an Nanny
Wunderly-Volkart: *Der Tod der Duse! und dazu in Amerika, in
Pittsburgh, in einem fremden Land, nein, man müßte sagen in
einer andern Welt, die, die es so liebte, durch ihre Umgebung
getragen zu werden, sie mußte in Amerika sterben, in einem
Hotel … Gott weiß, ob jemand, der ihrem Herzen nahe stand,
bei ihr war.* Dennoch, so Rilke unter Anspielung auf den »Malte
Laurids Brigge« 1925 zu Maurice Betz, habe sie *ihren eigenen
Tod gehabt.* Und Gottfried Benn, der große Zyniker, wird ganz
weich, als er von der Toten spricht: »Aus einer Armut ohne jeden Vergleich stieg sie auf, sah nach nichts aus, nicht hübsch,

keine gute Figur, fast immer tief verschuldet und krank, und als das Schiff, das ihre Leiche im Frühjahr 1924 aus USA zurückbrachte, durch Gibraltar fuhr, flaggten die Schiffe aller Nationen Halbmast und in Genua empfing den Sarg die Königin. Seltsam.«

»Gegenstrophen«

Rilke schreibt sie im Sommer 1912. Ursprünglich sind sie als fünfte der Duineser Elegien vorgesehen, aber dann ersetzt sie Rilke durch die Hertha Koenig zugeeignete Elegie über die Fahrenden, inspiriert von Picassos »Saltimbanques« (»Die Gaukler«). Auch dort kommt eine Nonne vor, und siehe, tatsächlich ist sie eine Gebärende: *Aber der junge, der Mann, als wär er der Sohn eines Nackens / und einer Nonne: prall und strammig erfüllt / mit Muskeln und Einfalt.* So zeigt Rilke sein Vermögen, durch alles syntaktische Regelwerk hindurch zu gänzlich neuen Sprachbildern durchzustoßen: eine neue Dimension von Wirklichkeit.

Die »Gegen-Strophen«, nun als Elegie für sich stehend, umkreisen das Mysterium Frau: *Oh, daß ihr hier, Frauen, einhergeht, / hier unter uns, leidvoll / nicht geschonter als wir und dennoch imstande, / selig zu machen wie Selige.* Es ist eine große Lobpreisung der Frau. Da beginnt man zu ahnen, warum Rilke diese Elegie dann doch nicht mehr im Kontext des Engels wissen wollte. Weil hier die Frau eben jene Züge besitzt, die Rilke in den anderen Elegien dem Engel zuschreibt. Jedoch nicht kalt-artifiziell nach-geschöpft, wie die Engel, sondern in naturhafter Wärme vorgestellt. *Ihr, voll Quellen und Nacht* heißt es, *Ihr Heilen.* Und weiter, den Geschlechtergegensatz pointierend: *Wo wir als Kinder uns schon / häßlich für immer verzerrn, / wart ihr wie Brot vor der Wandlung.*

Während dem Mann der Verlust der Kindheit zum Schaden gereichte, *standet ihr da, wie im Gott / plötzlich zum Wunder ergänzt.* Und dann spricht Rilke aus, was Sehnsucht weckt an der Frau: *Ihr, die ihr beinah Schutz seid, wo niemand / schützt. Wie ein schattiger Schlafbaum ist der Gedanke an euch / für die Schwärme des Einsamen.* Die Frau: ein Refugium des Mannes? Das klingt dann doch altbacken romantisierend.

Die Welt der Mäzene

Erste Anbahnung

In den Monaten März und April 1905 hält sich Rilke zur Kur in Dresden, Weißer Hirsch, auf. Dort lernt er die Gräfin Schwerin kennen, eine Frau Ende Fünfzig. Sie öffnet Rilke viele Türen zu adligen, reichen und kunstinteressierten Häusern. Sie lädt Rilke nach Schloß Friedelhausen ein. Der nimmt sofort an und bleibt von Ende Juli bis Anfang September.

Das Schloß Friedelhausen ist Mitte des 19. Jahrhunderts im Stile der englischen Hochgotik erbaut worden und diente der Familie derer von Nordeck zur Rabenau als einer ihrer Sitze. Bei der Gräfin wohnt ihre verwitwete Schwester, Alice Faehndrich und die Stiefmutter Julie Freifrau von Nordeck zur Rabenau, kurz »Frau Nonna« genannt. Ebenso erwarten ihn Gudrun, die Tochter der Gräfin (sie starb 1969 auf Capri und ließ sich einen Rilke-Vers auf ihren Grabstein meißeln), und ihr Mann, Jacob von Uexküll, der philosophierende Biologe. Bei ihnen lernt er auch den Berliner Privatbankier Karl von der Heydt und seine Frau Elisabeth kennen, die über viele Jahre zu seinen zuverlässigsten Mäzenen gehören. Rilkes Beitrag zur Abendunterhaltung besteht im Vorlesen aus seinen Gedichten. Hier liest er auch aus dem in der Entstehung befindlichen »Malte Laurids Brigge« den Abschnitt über Maltes Kindertage auf Urnekloster und das spukhafte Erscheinen Christine Brahes an der Tafel des Großvaters. Am 24. Januar 1906 stirbt die Gräfin Schwerin. In dem zu ihrem Gedächtnis geschriebenen Gedicht »Sinnend von Legende zu Legende« nennt Rilke sie die »helle Frau«. Sie bleibt in seinem Gedächtnis als etwas Lichtspendendes, Zuflucht-Gebendes. Nach ihrem Tod ist er in tiefer Sorge,

es könnte nun schon wieder vorbei sein mit dem Auf-Schlös-
sern-Wohnen. Aber da ist ja auch noch Alice Faehndrich (sie
stirbt 1908 auf Capri an Typhus), die die Rolle der Gastgeberin
für den Dichter von ihrer verstorbenen Schwester übernimmt.
Aber schon wird er von seinen neuen Freunden, den von der
Heydts, auf ihren Familiensitz, die Wacholderhöhe, eingeladen. In dieser Zeit tritt Rilke meist mit Clara an seiner Seite
auf. Sie modelliert eine Skulptur der kleinen Tochter der von
der Heydts.

Hat man erst einmal *einen* Mäzen, stehen die anderen schon
vor der Tür. Hier zumindest scheint es zu stimmen. Rilke kann
es genießen, nicht immer nur um Hilfe bitten zu müssen, sondern sie einfach nur – in charmanter Zerstreutheit – zuzulassen. Auf der Wacholderhöhe stürzt er sich in die Freundschaft
mit der Gräfin Mary von Gneisenau, der er die von ihm über-
setzten Briefe der Nonne Mariana Alcoforado leiht. Das stiftet
ein nahezu mystisches Band zwischen ihnen. Alle diese kul-
turfördernden Damen und Herren üben sich auch selbst jeder
in irgendeiner Kunst. Karl von der Heydt schriftstellert, und
auch die Gräfin Mary Gneisenau dichtet. Und Rilke lobt. Das
jüngste Buch der Gräfin »Aus dem Tale der Sehnsucht« findet
er *dicht und verwirrend, wie der Duft aus Jasmin bei Nacht.*

Wer so was sagt, ist in Damen-Runden ein immer gern ge-
sehener Gast. Auch Rilke wird wieder eingeladen, Hausgast
bei Alice Faehndrich zu sein. Rilke hat ein Winterquartier: auf
Capri. Allerdings hatte er das gesamte Geld, was ihm Karl von
der Heydt für ein Jahr gezahlt hatte, 2500 Francs, schon ausgegeben. Auf einen neuerlichen Bittbrief, den Rilke ihm vor
seiner Abreise nach Capri schickt, reagiert von der Heydt un-
gehalten: Rilke kann nicht mit Geld umgehen, schon gar nicht
mit größeren Beträgen. Man darf ihm, wie einem Kind, nur das
in die Hand geben, was er auch ausgeben darf. Meist für
irgendeinen überflüssigen Luxus.

Seine Begeisterung über Capri hält sich jedoch in Grenzen: *Ich
bin nicht allzu entzückt von Capri, das aus den Mißverständ-*

nissen deutscher Bewunderung gemacht scheint, augenblick-
lich kalt ist, mitten im Sturm und so ohne etwas Wirkliches,
Nothwendiges, Einfaches …

Empört teilt er Lou mit, daß er hier auch einen Russen getroffen habe, der gar kein richtiger Russe nach ihrer beider Geschmack ist: Maxim Gorki. Der will von Rilkes Rußland-
Schwärmereien nichts wissen und befragt Rilke statt dessen
über moderne westeuropäisch-sozialkritische Literatur. Ein
Thema, bei dem sich Rilke nicht gerade bewandert zeigt. Gorki
verkörpert die Anti-These zu Rilkes *Armut ist ein großer Glanz
aus Innen.* Nein, er hat diesem Gorki wohl so wenig gefallen
wie dieser ihm, teilt er Lou am 13. Dezember 1913 mit: *Gorki
wohnt hier, halb Anarchist, halb Millionär, Geld und Drohun-
gen gegen die Gesellschaft ausstoßend und vom Ruhm verdor-
ben, wie es scheint.*

Noch eine Ersatzmutter: Marie von Thurn und Taxis

Ihr erster Brief vom 10. Dezember 1909 ist an »Herrn Rielke« in
Paris adressiert und enthält die Einladung zu einem Besuch. Ort
und Zeit sind bereits festgelegt: Montag um 5 Uhr im »Hotel
Liverpool«, wo die Fürstin von Thurn und Taxis-Hohenlohe residiert. Eine der reichsten Frauen des alten k. u. k. Imperiums.
Und Rilke beeilt sich. Obwohl es dem bereits berühmten Dichter einen Stich gegeben haben muß, seinen Namen so falsch
geschrieben zu sehen. Aber er ist ja selbst ein Anhänger des un-
korrekten »ie«, mit dem er etwa beharrlich »giebt« schreibt.
Während der junge Rilke den alten Fontane noch pikiert darauf hinwies, daß er nicht das »Fräulein Rilke« sei, das Fontane
wegen des »Maria« in ihm zu sehen glaubte, ist er der Fürstin
gegenüber geradezu devot. Seine Antwort, an die *Durchlauchtigste Fürstin* gerichtet, wirkt in ihrer Untertänigkeit bereits
wieder komisch. Der Wunsch, für Montag nachmittag zuzu-

sagen, steige stark und entschlossen in ihm auf, er bedauere, nicht gleich habe antworten zu können, da er ausgewesen sei. Verwundert blicken wir auf das Datum seines Briefes und sehen, er ist vom gleichen Tage wie der der Fürstin, dem 10. Dezember. Aber Rilke, im Bestreben, sich als mönchischer Kunst-Arbeiter zu präsentieren, trägt dann doch etwas zu dick auf: *Ich habe seit Monaten Menschen nicht gesehen; aber nun verspreche ich mir dieses seltene Aufschaun aus der Arbeit, das Ihre Güte mir bereiten will, – und ich weiß im Voraus, es wird schöner sein als alles, was man sich wirklich verdienen kann.* Er schließt in Ehrerbietung und Ergebenheit – und schreibt dann seinen Namen in korrekter Orthographie darunter. Den Reichen und Berühmten gegenüber zeigt sich Rilke immer sehr nachsichtig – eine Charakterschwäche, über die sich bereits Paula Modersohn-Becker geärgert hatte.

Gewiß schätzt Rilke die Fürstin falsch ein, denn sie ist eine nüchterne, durchaus zu eigenem Urteil fähige Frau, die sich in seinem späteren Leben als zuverlässige Freundin bewährt und dem gelegentlich die Bodenhaftung zu verlieren drohenden Dichter schon mal wie einem kleinen Jungen die Leviten liest, sich über sein Gehabe als »Don Juan«, wie sie ihn – eher scherzhaft – nennt, lustig macht. Die an sich belesene Fürstin kann den Dichter unmöglich zuvor gekannt haben, wie die fehlerhafte Namensschreibung zeigt. Es war ihre Freundin, die Comtesse Anna-Elisabeth de Noailles, die sie auf den Gedanken einer Einladung gebracht haben dürfte. Die hatte zuvor von Rilke einen Brief mit Komplimenten erhalten und will nun wissen, wie dieser Rilke wohl aussieht. Auch sie ist bei der Audienz im Tea-Room des Hotels anwesend, aber Rilke, ganz auf die Fürstin konzentriert, beachtet sie wenig.

Marie von Thurn und Taxis hat sich später an diese Szene erinnert: »Der große dunkle, federnbeladene Hut konnte kaum durch die Tür. Geschnürt von oben bis unten, glich die Comtesse fast einer ägyptischen Statuette. Aber ich glaube, unser Dichter sah nur die großen schwarzen, gebieterischen

Augen. Sie kam einen Schritt näher, blieb von neuem stehen und rief: ›Herr Rilke, was halten Sie von der Liebe, was denken Sie über den Tod?‹« Rilke muß an der Art des theatralischen Auftritts mit Schrecken einen ihm verwandten Typus erkannt haben – er macht zukünftig einen Bogen um Comtesse de Noailles.

In ihren »Erinnerungen« beschreibt Marie von Thurn und Taxis seine erste äußere Wirkung auf sie: »Ich war angenehm überrascht, zugleich aber auch ein wenig enttäuscht, denn ich hatte ihn mir ganz anders vorgestellt – nicht diesen ganz jungen Menschen, der fast wie ein Kind aussah; er schien mir im ersten Augenblick sehr häßlich, zugleich aber sehr sympathisch.« Was sie sympathisch nennt, wird im nächsten Satz deutlich: seine Fähigkeit, sofort eine innig erscheinende Verbindung zu seinem Gegenüber herzustellen. »Äußerst schüchtern, aber von ausgezeichneten Umgangsformen und einer seltenen Vornehmheit. Fast sofort begannen wir wie gute alte Freunde zu plaudern.«

Rilke besitzt ein Talent, Kontakte herzustellen, vorzugsweise zu Frauen. Aber ungewöhnlich erscheint diese ausgeprägte Konversationsfähigkeit doch bei einem Dichter, dessen Texte zumindest die Tendenz besitzen, hermetisch zu sein.

Rilke redet um so mehr, je schweigsamer seine Texte werden.

In seiner Konversation fühlt er sich nicht unter dem Zwang, stehend zu bekennen, wie in seiner Dichtung. Bei Tee und Gebäck nimmt er es mit der schweren Wahrheit leicht. Und die treue Marie von Thurn und Taxis schreibt dies alles ohne Arg auf. Sie ist bald schon damit beschäftigt, sich Rilkes Frauengeschichten mit Ironie und mütterlich erhobenem Zeigefinger vom Leib zu halten. Aber daß Rilke auch mit ihr spielt, darauf kommt sie wohl nicht. Und wie er spielt, schon bei ihrem ersten Treffen!

Dieses nicht Zusammenpassende in Rilkes Erscheinung irritiert, befremdet und zieht zugleich an. Marie von Thurn und Taxis hat das auf ihre wunderbar-naive Weise ausgesprochen:

»Auf den ersten Blick erscheint er häßlich, klein, schmächtig, obwohl von guter Figur. Ein langgezogener Kopf, mit großer Nase und vollen, stark geschwungenen Lippen, die das ein wenig zurückfliehende Kinn mit dem tiefen Grübchen noch betont.« Aber dann bemerkt sie, daß er schöne blaue Augen hat, »die Augen einer Frau«. Zwischen ihnen stellt sich sofort Harmonie her, nichts Fremdes stört, »bis auf das Eine, das Magische«. Die perfekte Aura eines Dichters. Hinzu kommt, daß sie das »Kind« in ihm entdeckt. Damit ist die Fürsorgeabsicht schon ausgesprochen; die Narrenfreiheit des spielenden Dichter-Kindes scheint gesichert.

Die beim ersten Treffen anwesende Comtesse de Noailles nervt Rilke sichtlich. Marie von Thurn und Taxis notiert, sie sei »mit äußerstem Interesse dem Gespräch der beiden Dichter« gefolgt, die sofort »bis zum Innersten der Fragen vordrangen und sich mit bloßen Andeutungen verstanden«. Natürlich, Rilke schmeichelt und sagt zu allem ja. Wie sehr er dabei bloß vortäuscht, verrät eine Stelle in dem von der Fürstin aufgezeichneten Gespräch Rilkes mit der Comtesse de Noailles. Die klagt, wie schwer ihr das Schreiben manchmal falle, welche Anstrengung es für sie bedeute. Rilke macht dazu ein ahnungsloses Gesicht. Erstaunt fragt sie ihn: »Finden Sie nicht, daß es zuweilen schrecklich schwer ist?« Und Rilke antwortet: *Aber nein, durchaus nicht ...* Die Fürstin ist entzückt.

Die Comtesse schweigt mißtrauisch. Will Rilke sie auf den Arm nehmen? Dieser mag Konversation ganz gern, er ist ein begnadeter Plauderer, der immer den Ton zum vorherschenden Interieur findet. Aber um den magischen Kern der Arbeit des Dichters legt er eine Hülle des Schweigens.

Hier beginnt die Zone des Unberührbaren. Marie von Thurn und Taxis übersetzt sich Rilkes Antwort dann so, daß es nicht direkt wie eine Lüge klingt. Irgendwie hat die Fürstin auch wieder recht, wenn sie Rilkes Antwort so interpretiert: Er habe wohl nie »eine Zeile ohne Inspiration und inneren Antrieb geschrieben«. Rilke erkennt in Marie von Thurn und Taxis sofort die ideale Gastgeberin für seinen Traum vom Schloß am Meer. Denn für die Fürstin ist der Dichter der höchste Souverän. Keinen anderen Richter als sich selbst habe Rilke für seine Dichtung anerkannt, schreibt sie ehrfurchtsvoll. Wer hört das nicht gern über sich?

Ein Nebenaspekt dabei ist interessant. Denn eine soll nichts wissen von seinem neuen Mutterersatz – Lou Andreas-Salomé.

Im Sommer 1903 teilt Lou Andreas-Salomé ihm auf seine inständige Bitte, sie besuchen zu dürfen, mit: ... *laß uns in diesem Fall zunächst schriftlich uns wiedersehn. Für zwei alte Schreiberiche wie wir bedeutet das ja nichts Künstliches ...*

So geht das nun jahrelang. Er drängt, sie wehrt ab. Aber Briefe, die schreiben sie ständig – und auch inständige sind darunter. Besonders Rilkes Briefe nehmen den Charakter großer Beichten an, lesen sich wie autobiographische Texte, in einer Offenheit, wie man sie bei dem artifiziellen Maskenspieler kaum erwartet. Da bekommt dieser Briefwechsel einen Zug zur großen Bekenntnisform. In seinen anderen vielen Briefwechseln wird sich Rilke niemals mehr so offen und ungeschützt zeigen. Es rührt an, wenn er Ende Juni 1903 aus Paris an Lou schreibt: *Und doch bin ich nicht älter geworden, nicht geschickter zum Täglichen und nicht tüchtiger. Ich bin immer noch Lebensanfänger und habe es schwer.*

Erst im Juni 1905, fast viereinhalb Jahre nach ihrer Trennung, sehen sich Lou Andreas-Salomé und Rainer Maria Rilke zum ersten Mal wieder. Rainer besucht Lou in Göttingen. Darüber wird er seiner Frau Clara in einem Brief berichten, über den diese nicht unbedingt erfreut gewesen sein dürfte, war doch Lou die schärfste Kritikerin ihrer Verbindung. Aber nun schreibt Rilke mit aller Treuherzigkeit, zu der er fähig ist, an Clara: *Es ist so viel schöner, als ich es ahnen konnte, weil es noch eine größere Notwendigkeit hatte, als ich meinte.*

Rilke, der Taktierer, schweigt sich Lou gegenüber also aus über seine neue Mäzenin.

Rilke und Marie von Thurn und Taxis haben einen gemeinsamen Bekannten, Rudolf Kassner, einen scharfen Geist und pointierten Stilisten. Kassner war einer der wenigen intellektuellen Männer, zu denen Rilke einen länger andauernden Kontakt pflegte. Obwohl auch Kassner immer den kühl beobachtenden Blick auf Rilke behielt. »Was man unsere Freundschaft nennen mag« – umschreibt er später ihre Beziehung nicht ohne ein distanzierendes Moment, das wohl in gleichem Maße Rilke ihm entgegenbrachte.

Kassner erinnert an den ersten Besuch Rilkes bei ihm: »Ein schmächtiger Mann trat da ein, knabenhaft schmal um die Schultern, ein wenig nach vorn gebeugt, entgegenkommend, schnellen leichten Schrittes. Der stille, reine Blick seiner Augen vom blauesten Blau nahm mich gefangen und hielt mich fest, bevor mir noch der große, unförmige, welke, wie gebrauchte Mund mit dem in zwei langen Spitzen von den Mundwinkeln herabreichenden Schnurrbart ins Auge fiel. Ein Arzt mit dem Blick des Physignomikers hätte aus diesen Lippen, deren Färbung, an der Haut, an irgend etwas Unbeschreiblichem daran in der Tönung, die Krankheit ablesen können, scheint mir, an der Rilke sterben sollte.«

So einem kritischen Blick geht Rilke lieber aus dem Weg. Er bedarf, um zu wirken, des auf ihn eingestimmten Raumes, der Dichter-Weihe-Stille, die ihm gilt. Vor skeptischen Blicken, ironischem Lächeln, debattierwütigen Geistern aber flüchtet er. Sein Selbstbewußtsein ist auf einen kultischen Rahmen angewiesen – und den findet er am ehesten in den gediegenen Salons und Schlössern adliger Frauen, die sich abends zu Füßen ihres Ehrengasts versammeln, wenn er aus eigenen Werken liest.

Des Erfolgs der ersten Begegnung mit Marie von Thurn und Taxis im Tea-Salon des Hotels Liverpool scheint sich Rilke nicht so ganz sicher gewesen zu sein. Jedenfalls schickt er tags darauf einen Brief an die *Durchlauchtigste Fürstin*, in dem er sich der Aufnahme seines Besuchs zu vergewissern sucht. Er entschuldigt sich wortreich für seinen wohl etwas zu lang geratenen Antrittsbesuch. Hundert Vorwürfe mache er sich, nicht gefühlt zu haben, daß er sie nicht länger hätte stören dürfen! Allein die lange Einsamkeit, in der er lebe, lasse ihn leicht ungeschickt sein bei solchen Begegnungen.

Höchst routiniert ergreift Rilke so die Gelegenheit zum Fortsetzen und Festklopfen des Kontakts. Die Selbstbezichtigung wegen schlechten Benehmens schreit nach einem Dementi. Und tatsächlich, die Fürstin antwortet noch am selben Tage, er mache sich unnötige Vorwürfe, er hätte gern *noch* länger bleiben dürfen.

Sie dankt ihm für die »wunderbaren Rosen«, die Rilke ihr als »Entschuldigung« geschickt hat, und spricht eine erste – noch unverbindliche – Einladung an ihn aus, in der vagen Aussicht, man könne sich einmal wiedersehen, in Paris, Österreich oder Italien. Damit ist das Stichwort für Rilke gegeben. In seinen nächsten Briefen präsentiert er sich der Fürstin als Dichter, der *diesen Abend allein am Schreibtisch* verbringt, als einsamen, mit seinem Werk kämpfenden Dichter – was er ja auch ist, aber sehr viel weniger prätentiös als in solch Selbstbild für eine Damenrunde, auf deren freigiebiges Mitgefühl er zielt.

Bereits einen Monat nach dem ersten Brief wagt er den ziemlich direkten Versuch, sich bei der Fürstin als Dauergast auf eines ihrer Schlösser einzuladen. Er spricht von unklaren Reiseplänen und einer drängenden Arbeit für den Insel-Verlag: *Nun stell ich mir dann und wann kommende Tage vor, Tage vielleicht in Ihrem ›Schloß am Meer‹ ...* Erst zitiert er die Einsamkeit herbei, an den Schutz, den er gerade in der Fürstin Gegenwart empfunden habe, sich seufzend erinnernd – und dann schon spekuliert er darüber, wie es wohl aussehe auf der Fürstin »Schloß am Meer«: *Ihr ›Schloß am Meer‹, ich denke mirs an einer Küste gleich jener von Viareggio: dorthin hab ich mich in früheren Jahren oft geflüchtet, viel vom ›Stundenbuch‹ ist dort entstanden, und ich weiß, ich dachte oft, es müßte da irgendwo ein Schloß geben –: aber wo es auch ist, es wird sicher dasjenige sein, nach dem ich damals gesucht habe.*

Welch unverschämte Nötigung, bedenkt man, daß er die Fürstin erst vier Wochen zuvor *einmal* zum Tee getroffen hatte! Tatsächlich: Marie von Thurn und Taxis versteht den Wink mit dem Zaunpfahl und lädt Rilke für den April nach Duino ein, wo er auch Rudolf Kassner finden werde. Duino, schreibt sie, sei eine »heroische Landschaft«, die ihm gefallen werde. Ist da ein ironischer Unterton zu hören? Rilke dankt artig für die Einladung, sagt, seine Pläne seien noch recht ungeordnet, aber er unterhalte mit allen freigewordenen Gedanken die Hoffnung, daß er einen Besuch in Duino einrichten könne.

Die Aussicht, auch Kassner dort vorzufinden, mag ihm wenig behagt haben. Er ist es gewohnt, allein den Mittelpunkt einer Damengesellschaft zu bilden – jedenfalls betont er auffällig, wie schön es sei, neben Schloß und Meer auch Kassner dort zu finden.

Rilkes ständiges Hervorheben seines Alleinseins in Paris ist so falsch nicht. Denn in einer für ihn einmaligen Kraftanstrengung hat er soeben den »Malte Laurids Brigge« fertiggestellt. Er hat das Gefühl, nun alles geschrieben zu haben, was er zu schreiben vermag. Er fürchtet, nicht über den Malte hinausgehen zu können. »Malte Laurids Brigge« steht als Schlußpunkt vor ihm. Er zweifelt daran, die Energie für einen Neuanfang zu finden.

Diese Lähmung seines schöpferischen Willens beginnt Ende 1909 und zieht sich bis zum Kriegsausbruch 1914 hin; da wandelt sich die Gestalt der Krise, weil nun noch ganz andere, existentielle Sorgen auf ihn eindringen. Im Grunde aber hält das geheime Wissen von der Unmöglichkeit, nach dem »Malte Laurids Brigge« weiter zu schreiben, ihn bis zu seinem Tod gefangen. Die Flucht nach Duino wird zum Versuch, einen Neuanfang zu finden.

Erster Aufenthalt auf Duino

Marie von Thurn und Taxis hat Rilkes Eintreffen auf Duino im Rückblick »eine große Freude« genannt. Das war es vielleicht auch, aber vor allem war es ein Anstrengung. Denn Rilke ist anspruchsvoll. Als Rilke am 20. April 1910 das erste Mal zu einem einwöchigen Besuch in Duino eintrifft, ist er völlig erschöpft. Er hat seine Wohnung in Paris aufgelöst, seinen Insel-Verlegern Anton und Katharina Kippenberg in Leipzig die Reinschrift des »Malte Laurids Brigge« diktiert, reist danach sofort einen Monat nach Rom und macht nun auf der Durchreise nach Venedig in Duino für eine Woche Station. Bei seiner Ankunft ist niemand da. Die Schloßherrin unternimmt mit Rudolf Kassner und anderen Gästen einen Ausflug. Rilke hat für die ersten Stunden das Schloß für sich. Es gefällt ihm, Schloßherr zu sein. Marie von Thurn und Taxis weiß Rücksicht zu nehmen auf das Einsamkeitsbedürfnis ihres neuen Gastes. Rilkes Zimmer ist selten bewohnt, es liegt zwischen Schloßkapelle und Speisesaal und hat einen langen Balkon, der zum offenen Meer hinaus führt. Die Beschreibung des Zimmers liefert uns Marie von Thurn und Taxis: »Ein Eckzimmer mit Fenstern nach drei Seiten und einer kleinen versteckten Stiege, die zum Oratorium führte. Die Decke war mit sehr feinen venezianischen Stukkaturen geschmückt. Trotz der drei Fenster war der Raum ziemlich düster und immer von einer eher unheimlichen Atmosphäre erfüllt, worüber sich eine meiner Schwestern schon öfters beklagt hatte. Aber Rilke liebte es so und war besonders glücklich über die große Stille, die ihn umgab ...«

Rilke empfindet das Zusammensein mit Rudolf Kassner als eine Prüfung, und an Clara schreibt er: ... *für mich wars nicht die Zeit, zu bestehen; ich bin auf eine sanfte sympathische Art durchgefallen bei diesem Examen.* Intellektuelle Herrenrunden, wo bei Wein und Zigarre endlos debattiert wird, liegen Rilke überhaupt nicht. So einer Runde fiel dann auch kollektiv beinahe die Zigarre aus den Händen, als Rilke ohne Arg bekannte, niemals den »Hamlet« gelesen zu haben (seine Shakespeare-Phase folgt ebenso noch wie die Goethe-Phase).

Rilke ist erschöpft. Der Abschluß des »Malte«, das Auflösen der Pariser Wohnung, die hastige Reise nach Rom – er sucht Schonung. Und Marie von Thurn und Taxis hat im Fach Rilke-Schonen in dieser einen Woche die Prüfung bestanden. Dankbar schreibt Rilke nach seiner Abreise an die Fürstin: Hoffentlich haben Sie gefühlt, wie Sie mich langsam wieder brauchbarer gemacht haben; zuletzt war ich wach und froh und bei der Sache.

Die Bibliothek auf Duino hat es Rilke angetan. Sofort beschließt er, sich ins Studium der Historie zu vertiefen. Er stößt auf die Geschichte Carlo Zenos, eines venezianischen Admirals des 14. Jahrhunderts.

Darüber will er nun schreiben. Aber natürlich ist das nur eine Seifenblase. Mit diesem Admiral hat Rilke nichts zu schaffen. Resigniert unterrichtet er Clara über seine hilflosen Versuche, in einer historischen Bibliothek zu forschen: *Aber in diesen Büchern und Buchkatalogen bin ich genauso aussichtslos unfindig, wie wenn ich ein Kleeblatt oder Erdbeeren suchen soll. Man kommt mir entgegen, als wäre ich ein Gelehrter, legt mir alles hin, aber ich sitze auf den Folianten nicht anders als eine Katze, die mit ihrem Dasein nur verdeckt, was darinnen steht.* Nun weiß er wieder etwas mehr davon, was er alles nicht kann. Regelmäßige Archivarbeit gehört dazu. So reist Rilke, in panischer innerer Unruhe darüber, was als Dichter aus ihm werden soll, weiter nach Venedig, zu seiner heißblütigen Freundin Mimi Romanelli.

Frauen für unterwegs

Mimi Romanelli in Venedig

Man darf wohl sagen, daß sich Rilke vom dunklen südländischen Frauentypus stärker angezogen fühlt als vom hellen nordischen. Er träumt den romantischen Traum vom Süden: die Verbindung von Sinnlichkeit und Tiefsinn. Rilke sucht das Paradox von heiterer Schwermut.

Es ist seine dritte Venedig-Reise, die er 1907 unternimmt. Durch Piero Romanelli, einen in Paris lebenden venezianischen Kunsthändler, bekommt Rilke Quartier im Palazzo von dessen beiden Schwestern Anna und Adelmina Romanelli, die sich Nana und Mimi nennen. Seltsam, sollte man denken, einen unter Anfällen von Liebestollheit leidenden Dichter zu zwei ledigen jungen Frauen in Pension zu geben. Wieder einmal hatte es eine Verwechslung mit Rilkes Namen gegeben: man erwartete eine Frau. Obwohl er keine Frau ist, darf er bleiben: und verliebt sich sofort in Mimi, die jüngere der Schwestern. Er dichtet: *Mein Herz fährt fort, Sie kniend zu betrachten. Ich liebe sie.* Auch d'Annunzio umschwärmt die schöne Mimi, was für ihre außergewöhnliche Anziehungskraft spricht. Sie spielt für Rilke auf dem Klavier und läßt sich die Werbung nicht nur gefallen, sondern – selbst ein stürmisches Temperament – entflammt sofort.

Rilke ist immer aufs neue verschreckt, wenn er auf sein Liebesflehen positive Antworten erhält. Schnell macht er einen Rückzieher. Nach nicht einmal zehn Tagen verläßt er überraschend Venedig und fährt nach Worpswede. Das hat auch mit Paula Modersohn-Beckers plötzlichem Tod zu tun, der ihn schwer trifft. Aber ohnehin ist er mit Mimi schon am Ende. Sie jedoch hofft noch jahrelang darauf, daß es erst richtig mit ihnen anfangen werde. Aber Rilke – nachdem ihn Lou Andreas-Salomé so schmerzhaft entbunden hat – flieht jede Bindung. Plötzlich kehrt er, auch das wohlerprobt, die Ehe mit Clara hervor und spricht von seiner Tochter Ruth, die ihn sonst eher wenig interessiert. Um Mimi vollends abzukühlen, schreibt er ihr den ebenso bösen wie unwahren Satz: *Meine Frau ist eins mit mir im Bewundern, wir verbringen Stunden vor Ihrem schönen Porträt.* Bei den nächsten Reisen nach Italien macht er einen Bogen um Venedig.

Es ist kaum Zufall, daß Rilke ein Jahr später in Paris sein Gedicht »Archaischer Torso Apollos« endet: *Du mußt dein Leben ändern.* Er sagt es sich in diesen Jahren immer wieder. Aber zu ändern vermag er wenig: das Verhaltensmuster von rascher Annäherung und sofort einsetzender Flucht bleibt eine Konstante in Rilkes Verhältnis zu Frauen, das für ihn als Dichter von zentraler Bedeutung ist. Noch einmal kreuzen sich die Wege von Mimi und Rainer, der mit gelegentlichen Briefen aus sicherer Ferne nicht geizt. Mimi liebt Rainer immer noch, leidet schwer und hat sich fast damit abgefunden, daß seine Art zurückzulieben nichts mit ihr zu tun hat.

1912 übernimmt Rilke von der Fürstin Thurn und Taxis den Auftrag, Bilder von Michele Marieschis zu erwerben, einem venezianischen Maler aus dem 18. Jahrhundert. Die befinden sich im Familien-Besitz der Romanellis. Da Rilke nicht anders kann, facht er die Liebe zur unglücklichen Mimi wieder an – und erledigt nebenbei das Geschäftliche. Die Fürstin kauft die Bilder schließlich für 15 000 Francs, was 2000 Francs unter der Forderung der Romanellis liegt. Rilke schreibt der Fürstin, sie solle keinesfalls mehr für die Bilder zahlen – und gleichzeitig ermuntert er die Romanellis, auf ihrem Kaufpreis zu bestehen.

Wieder verspricht Rilke auch Mimi Romanelli vieles, was er nicht halten kann (will). Wieder flüchtet er aus der – eingebildeten – Bedrängnis nach Paris, vor sich die wehende Flagge vom »mönchischen Leben« und einem »strengen Refugium« tragend. In einem Brief an Mimi Romanelli wird Rilke geradezu überdeutlich: *Ich bitte alle diejenigen, die mich liebhaben, doch auch meine Einsamkeit liebzuhaben, weil ich mich anderenfalls selbst vor ihren Augen und Händen verbergen müßte wie ein wildes Tier, vor den Feinden, die ihm nachstellen.*

Femme fatale: Lou Albert-Lasard

Auch Loulou, oder – wie Wedekinds männermordende Megäre – Lulu genannt. Ein extravagantes Geschöpf, leider haben wir von ihr keine allzu detaillierte Beschreibung durch Rilke. Denn der hält sich gern bedeckt, wenn es um das Charakterisieren seiner Freundinnen geht. Von Dritten hören wir, sie sei eine jener Frauen gewesen, die ihm die Dichterrolle wie eine Zwangsjacke verpaßten.

Natürlich ist es Lou, die streng-mütterliche Lou Andreas-Salomé, der Rilke im März 1915 beichtet, daß er wieder eine Frau an seiner Seite weiß, die er da – nach kurzer Zeit schon – lieber nicht wüßte: *Ich habe ihr im Ganzen nichts Gutes gebracht, nach ersten freudigen Wochen Gebens und Hoffens (wie ich so bin) das meiste zurückgenommen, alle die Widerrufe meines im Menschlichen so rasch gehemmten Herzens, und nun ists klar zwischen uns, daß ich ihr nicht helfen kann und daß mir nicht zu helfen ist.*

Vielleicht hat Friedrich Sieburg an sie gedacht, als er schrieb, man solle ihn vor allem mit Rilkes Liebschaften verschonen. Loulou steckt sich den Dichter wie eine Mode-Brosche an und läßt sich von ihren Rivalinnen für dieses von ihr in Besitz gebrachte Schmuckstück bewundern.

Im Haus »Schönblick« in Irschenhausen begegnet Rilke Loulou am 17. September 1914. Sie ist Malerin. Gesehen hatte er sie bereits in Paris, aber sprechen wird er das erste Mal hier mit ihr – über Paris vor allem, die Stadt, in der er seit über zehn Jahren immer wieder wohnt. In seine Pariser Wohnung kann er nun, nach Kriegsausbruch, nicht mehr zurück.

Loulou hat diese Szene der ersten bewußten Begegnung in einer sie bezeichnenden Weise erinnert. Sie hält Rilke inmitten der Tischgesellschaft zuerst für einen Russen (»Was tut der Russe hier, es ist doch Krieg?«). Tatsächlich spricht Rilke gerade über sein Lieblingsthema, Tolstoi und die russische Seele. »Die Mahlzeit ging zu Ende. Ich hebe die Hand nach einer Wasserkaraffe; er ergreift sie und, das Wasser neben das Glas gießend: ›Gnädiges Fräulein, ich habe Sie doch in Paris gesehen‹. – Zögernd antworte ich: ›Das kann sein – dann sind Sie – Rilke?‹ – ›Woher wissen Sie das?‹ – ›Ich weiß es nicht, sind Sie's?‹ – ›Ach, wie konnten Sie es wissen?‹– ›Ich weiß nicht.‹« Vergegenwärtigt man sich diesen Dialog, versteht man, wovor Rilke innerlich immer auf der Flucht ist. Äußerlich heuchelt er höchstes Interesse. Motiviert dabei sein Interesse an der eher konventionell gelagerten Dame anders: erotisch. Rilke ist gerade im Begriff abzureisen, als Loulou ankommt. Rilkes paradox anmutendes Verhalten: er bleibt. Etwas, das ihn an dieser Frau anzieht, ist doch (noch) stärker als das, was ihn vernünftigerweise forttreibt. Daß er wegen ihr bleibt, vermerkt Loulou genüßlich in biedermeierlicher Salon-Diktion: »Alle erheben sich, um von Rilke Abschied zu nehmen, aber er sagt: ›Nein, ich reise nicht. Man soll mein Gepäck wieder heraufbringen‹.« Angesichts des leibhaftigen Dichters ist Loulou – was bestimmt nicht oft passiert – erst einmal sprachlos. Diese Tatsache wird sie bis an ihr Lebensende dann immer wieder repetieren.

Von Heinrich Vogeler, dem Freund aus Worpsweder Zeit, haben wir eine Beschreibung Loulous – und Rilkes Verhaltens an ihrer Seite. Mitten im Ersten Weltkrieg sieht er Rilke und Loulou in Partenkirchen vor einem Hotel in ihren Schlitten steigen. Vogeler ist Soldat auf Urlaub, darum in Uniform, und tritt freudig überrascht auf Rilke und seine Begleitung, eine »in

Pelz gehüllte rothaarige Frau« zu. Rilke aber wendet sich kalt ab, steigt grußlos ein. Vogeler ist bis an sein Lebensende gekränkt. Wahrscheinlich hat Rilke ihn in seiner Uniform nicht sofort erkannt – oder aber das Zerwürfnis zwischen beiden ist so groß, daß Rilke derart mit Flucht reagiert. Denn Rilke und Vogeler hatten lange die gemeinsame Herausgabe des »Marien-Lebens« geplant, seltsam-religiöse Texte, die sich wie ein blinder Rückfall in Rilkes Jugendzeit lesen, will man sich nicht dazu entschließen wie Hans Egon Holthusen, sie vollständig als Parodien zu nehmen. Rilke will die verabredeten Zeichnungen Vogelers nicht mehr in dem Buch haben, sie sind ihm zu sehr Jugendstil, den er in Paris unter Cézannes und Rodins Einfluß gründlich verabschiedet. Er läßt das Buch gegen alle Verabredung ohne Vogelers Illustrationen erscheinen, aber setzt – so opportunistisch ist er nun mal – eine Widmung hinein: *Heinrich Vogeler, dankbar für alten und neuen Anlaß zu diesen Versen.*

Loulou Albert-Lasard ist dreiundzwanzig Jahre alt und mit dem dreißig Jahre älteren Chemiker Eugen Albert verheiratet. Nun zieht Loulou mit Rilke nach München, wo beide in der Pension in der Finkenstraße wohnen und ihre »Flitterwochen« verbringen.

Loulou verkörpert die elegant-exzentrische Salonwelt, die sich in künstlerischen Dingen für kompetent hält. Auch über ihre erste Rilke-Lektüre schreibt sie. Da war sie gerade von ihrer Freundin Edith Bonin zum Tee eingeladen. Angekommen fragt diese sie, was ihr fehle. Ihre Antwort: »Ich kann nicht sprechen. Ich habe gerade Rilke gelesen.«

Vor so etwas hat Rilke Angst. Von so etwas kann er natürlich nie genug bekommen. In diesem Paradox steckt er fest. Er ist wehrlos gegen Schmeichelei, dabei gibt er doch selbst oft den versierten Schmeichler und müßte wissen, daß so etwas ins Reich des Kunstgewerbes gehört. Aber ein Teil von Rilke ist eben auch kunstgewerblich; was auch heißt: verkäuflich.

Andererseits hat auch Loulou versucht, Rilke nicht nur als Berühmtheit anzubeten, sondern sich einen freien Blick auf ihn zu bewahren. Dabei hilft ihr das geschulte Auge der Malerin. Auch ihr erster Eindruck von Rilkes äußerer Erscheinung ist nicht unbedingt ein schmeichelhafter. Seine »unscheinbare Statur« sei auffällig gewesen: »Ein wenig lag es wohl an seinen Proportionen. Kopf und Hals waren verhältnismäßig lang, die Schultern etwas abfallend; vor allem war daran seine leicht vorgeneigte und fast scheue Haltung schuld.«

Nur kurze Zeit hält Rilke diese Inbesitznahme als Loulous Schmuckornament aus, dann sinnt er auf Flucht. Dabei ist Loulou eine begabte Malerin, die von Rilke ein Bild mit leichter Hand malt. Dieses Porträt ist in seiner eleganten Gefälligkeit sehr viel verbreiteter als etwa Paula Modersohn-Beckers spröder Bild-Torso. Aber Rilke war – trotz aller Eitelkeiten – immer zu klug, um dem schmeichelnden Bild Glauben zu schenken. Denn er hat einen genauen Sinn für Bilder entwickelt. Er sieht in Paris Cézanne, er rät Hertha Koenig in München zu Picasso (der ihn tief trifft), hat in Toledo El Greco als Offenbarung erlebt und sich für Oskar Kokoschka und Franz Marc interessiert. Er weiß also, was das ist, was Loulou da malt: hübsch und gefällig, aber nicht eigentlich wahr, nicht notwendig, wie überhaupt sein Verhältnis zu dieser Frau. Nach drei Tagen, die sie miteinander – schweigend, wie Loulou versichert – verbringen, weiß er immer noch nicht ihren Namen. Die Rache des Genies an seinem Fan. Aber sie verzeiht es ihm. Warum? In ihrer mitteilsamen Art verrät es uns Loulou: »Sein Zuhören war so innig, so gespannt, daß man sich dadurch ihm gegenüber ganz frei und aufgetan fühlte.«

Loulou gelingt es, Rilke dazu zu überreden, ihm mehrfach Modell zu sitzen. In einem Pavillon im Garten eines Hauses in Rodaun bei Wien. In der Diktion Loulous heißt das: »Der Wald und die ganze Landschaft luden zu Spaziergängen ein. Aber das Schönste für mich war natürlich die Gelegenheit, die sich mir bot, Rilkes Porträt zu malen.« Hugo von Hofmannsthal

stellt dabei die »herrlichsten Brokate zu meiner Verfügung für den Hintergrund.« Etwas Dekoratives hat das Bild sicherlich. Aber als Malerin verhält sich Loulou sehr viel strenger und konzentrierter als in ihrer Rolle als Gesellschafterin. Rilke ist von ihr genau beobachtet worden. Ihre eigene Bildbeschreibung gibt Aufschluß: »Es lag ein Leuchten auf Rilkes klarer Stirn, eine Welt von Träumen, intensiv, durchdringend und zugleich aufnehmend, bildete einen überraschenden Kontrast zu der unteren Gesichtshälfte, die mit dem üppigen, von einem merkwürdigen grünlich-blonden Chinesenbart umrahmten Munde voll blendender Zähne seinen Lebensdurst ausdrückte und eine gewisse Schwäche in dem leicht fliehenden Kinn.« Ihr Porträt Rilkes habe dem Dichter am meisten von allen Bildern, die es von ihm gab, zugesagt, schreibt Loulou. Rilke hat es mit der ihm eigenen Diplomatie sehr elegant ausgedrückt. Sein Kommentar, angesichts des mit wertvollem Brokat drapierten Hintergrunds: »Schwer, hinter solchem Hintergrund nicht zurückzubleiben.« Und der Hausherr Hugo von Hofmannsthal, vors fertige Rilke-Porträt gestellt, sagt mit kryptischer Ironie: »Es ist besser als der Rilke!«
Obwohl die Malerin ihm einen häßlichen Mund und ein geradezu denunzierend-charakterloses Kinn gemalt hat. Die großen Augen liegen verschattet in tiefen Höhlen. Sie haben einen fremden Glanz, der von Krankheit und Isolation zeugt. So wird hinter der eleganten Pose des Weltmanns mit der fast noch jugendlichen Statur ein schwer beschädigter Mensch sichtbar. Ähnlich wie in Oscar Wildes »Dorian Gray« beginnt das Bild des ewigen Dichterjünglings unter unseren Blicken zu altern. Loulous Bild ist klüger als Loulou – was gewiß für das Bild spricht.

Zum äußeren Anlaß ihrer Trennung wird, daß Loulous Mann sich ihre Liebesaffären nicht länger anschauen will und auf Scheidung drängt. In die möchte Rilke sich nicht hineinziehen lassen, und mit Liebesschwüren auf den Lippen leitet er seine

Absetzbewegung ein – nach Berlin, wo er den sterbenden Heymel besucht und in der Wohnung einer neuen Bekannten absteigt: Marianne Mitford, eine zweiundzwanzigjährige Industriellentochter, die sich gerade von einem englischen Adligen scheiden läßt. Darum steht ihre Wohnung in der Bendlerstraße leer – und Rilke wohnt wieder standesgemäß.

Dort feiern dann Loulou und Rainer Weihnachten 1914 zusammen. Rilke schreibt drei Gedichte »Vor Weihnachten 1914«: *Da kommst du nun, du altes zahmes Fest ...* Die Euphorie des Neuen ist verflogen, Rilke muß seinen jährlichen Weihnachtsbrief an die Mutter schreiben. Alles ist wie immer; nur noch düsterer, jetzt, wo Krieg ist.

Die Klagen heben wieder an. Rilke schaut sich schon wieder voller Unruhe nach einer neuen Muse um, während er die alte noch pflichtgemäß lobt und preist. Denn als untreu möchte er nicht gern dastehen. Darum nimmt er – wie immer – die Last der charmanten (Brief-)Nachsorge des Sündenfalls auf sich. Das bindet weitere Energien. Wichtig ist es längst nicht mehr für ihn.

Loulou ist auch der Anlaß für die Verstimmung von Marie von Thurn und Taxis. Denn gerade war Rilke mit der jungen Pianistin Magda von Hattingberg auf Duino gewesen, und jeder hatte sehen können, wie wenig auch diese beiden zusammenpaßten. Der Fürstin reichen die Amouren ihres Schützlings. Das sagt sie ihm deutlich. Rilke wendet sich darum hilfesuchend wieder an seine – zeitweise unter dem Einfluß Maries von Thurn und Taxis gänzlich abgemeldete – andere Ersatzmutter, an Lou Andreas-Salomé, und bittet sie, sich seiner verfahrenen Beziehung zu Loulou Albert-Lasard anzunehmen.

Loulou hat ein dreijähriges Kind, will mit Rilke – nach der Scheidung von ihrem Mann – zusammenleben; das ist nicht das, was sich Rilke unter einer Muse vorstellt. Verantwortung für andere zu übernehmen, davon spricht er sich als Dichter frei. Lou Andreas Salomé will zu ihm reisen, muß dann aber absagen, weil ihr Bruder plötzlich stirbt. Rilke versichert ihr in seinem Brief vom 9. März, daß er warten kann, *nur meine Freundin Lulu kann es fast nicht mehr, sie hat sich so ungeduldig mit so großem Herzen auf Dich gefreut und es war ihr gestern abend traurig zumuth.*

Rilke widmet Loulou mehrere Gedichte, die er dann nie in Gedichtsammlungen mit aufnimmt – zu genau weiß er: das sind bloße Widmungsgedichte, gereimte Freundlichkeiten. In »Wege mit Rilke« präsentiert Loulou diese Gedichte als Dokumente ihrer großen Nähe zu ihm.

Für Lulu

Sieh, ich bin nicht, aber wenn ich wäre,
wäre ich die Mitte im Gedicht;
das Genaue, dem das Ungefähre,
ungefühlte Leben widerspricht.

Sieh, ich bin nicht. Denn die Anderen sind;
während sie sich zu einander kehren
blind und im vergeßlichsten Begehren –,
tret ich leise in den leeren
Hund und in das volle Kind.

Wenn ich mich in ihnen tief verkläre,
scheint durch sie mein reiner Schein …
Aber plötzlich gehen sie wieder ein:
denn ich bin nicht. (Liebe, daß ich –)

Rainer

Bei der Stelle *tret ich leise in den leeren Hund und in das volle Kind* stutzt der Leser. Was ist ein *leerer Hund* und was ein *volles Kind* – und wieso tritt er in beides leise? Loulou übt sich in glättender Interpretation. Der Hund sei leer, weil er »immerfort mit zum Menschen erhobenen« *Blick* lebt, während das »volle Kind« sich in »seiner erfüllten und abgeschlossenen Welt bewahrt«. Dieser nachträgliche Kommentar rettet die Bilder nicht, aber zeigt Loulous Bemühen, Rilkes Gedichte auch da noch zu loben, wo sie beim besten Willen nicht zu loben sind. Der Kontakt mit Rilke eröffnet Loulou als Malerin neue Kreise. Reihum malt sie nun seine Bekannten. Regina Ullmann und die Verlegerfamilie Kippenberg sind darunter.

»Wege mit Rilke« ist ein Buch, das besonders ernsthafte Rilke-Philologen mit Unwillen sehen. Sicher, mit der Wahrheit im Detail nimmt sie es nicht so genau. Aber eine subversive Qualität muß dieses Buch schon haben, wenn es mehr als Langeweile auslöst, wie die Erinnerungen Magda von Hattingbergs etwa. Loulou geht es darum, sich selbst anekdotenreich ins rechte Licht zu rücken. So hat das ganze Buch etwas Heiter-Plauderndes wie eine Abendgesellschaft zu fortgeschrittener Stunde. Also wird auch über Rilke viel Privatimes ausgeplaudert. Das ist selten geschmackvoll, oft unerträglich prätentiös – aber nicht uninteressant. Wie verhielt Rilke sich, als ihm diese Frau so nahe kam? Inkonsequent, zunehmend hilflos. Warum sucht er immer wieder diese Situationen, für die er nicht gemacht ist und unter denen er schnell zu leiden beginnt? Gar, um sich bei seinen beiden Ersatz-Müttern, Lou Andreas-Salomé und Marie von Thurn und Taxis, beklagen zu können – und bei ihnen um Absolution (also neue Aufmerksamkeit) zu betteln?

Rilke ist das Bild seiner selbst aus der Hand genommen worden. Er wird zur dichterischen Modemarke und hat nicht die Kraft, sich dem rigoros zu verweigern. Er spielt das Gesellschafts-Spiel mit – und bezahlt es mit langem Schweigen als Dichter.

Der Engel wird so auch zum Symbol seiner Isolation, seiner schrecklichen Sprachlosigkeit inmitten der allgegenwärtigen Geschwätzigkeit, der Rilke gegen seine Natur allzu oft das Verfügungsrecht über sich einräumt. Loulou ist der Extremfall dieser Rilke eigentlich so unangenehmen Atmosphäre einer zur Eleganz verdammten Welt der Tagesmode. Hier muß er als

Virtuose des Tiefsinns und der Einsamkeit auftreten. Er haßt sich dafür, aber der Beifall läßt ihn – wie jeden Virtuosen – diesen Seelen-Exhibitionismus ertragen.

Loulou schreibt: »Vielleicht kannst Du nur darum mit keinem Einzelnen bleiben, weil Du immer die Vielen wecken mußt. Manchmal natürlich ergreift dich eine Art von Panik vor dieser übernatürlichen Rolle, die dich irgendwie isoliert ...« Hier spricht Loulou in schönster Naivität das Schreckliche aus: Rilke soll eine »übernatürliche Rolle« spielen. Wer sich angesichts solcher Anmutung nicht einsam und mißverstanden fühlt, der wäre tatsächlich nur ein Scharlatan und billiger Demagoge. Das ist Rilke nicht. Er schaut ohnmächtig, was mit ihm geschieht. Er sinnt auf Flucht – ins nächste Mißverständnis.

Magda von Hattingberg (Benvenuta)

Briefe haben auf Rilke eine Wirkung, die sich kaum überschätzen läßt. Jedenfalls dann, wenn diese Briefe von jungen Frauen (vielleicht sogar mit klangvollen Adelsnamen) kommen und wenn der Inhalt reine Bewunderung ist. So einen Brief erhält Rilke im Januar 1914. Absender ist eine junge Wiener Pianistin, Magda von Hattingberg, die die »Geschichten vom lieben Gott« gelesen hatte. In ihren Erinnerungen »Rilke und Benvenuta« beschreibt sie die Szene, wie sie zu diesem Buch kam. Es wirft ein Licht auf die Harmlosigkeit eines mit Literatur gänzlich unvertrauten Gemüts.

Magda von Hattingberg, so lesen wir, führte ein weihnachtlicher Einkaufsbummel in einen »kleinen, schönen Buchladen«. Sie betritt ihn mit den Worten: »Es soll ein anderes Buch sein, anders als alle anderen Bücher, ein wunderbares Buch.« Der alte Buchhändler scheint derart geäußerte Damenwünsche gewohnt gewesen zu sein, und er greift sofort zu dem Buch, das für diesen Kundenkreis prädestiniert erscheint.

Magda von Hattingberg ist noch nicht fertig mit dem Buchhändler: »Ich schlug die erste Seite auf und las: Rainer Maria Rilke, ›Geschichten vom lieben Gott‹. ›Wer ist das, Rainer Maria Rilke?‹, fragte ich. Mein alter Freund nahm das Buch, schlug es in Papier ein, gab es mir und sagte feierlich: ›Ein Dichter, ein wirklicher, einmaliger Dichter ist das, alles andere steht hier drin.‹« Solche Kundinnen wünscht sich jeder Buchhändler.

Nachdem sie das Buch gelesen hat, offenbart sie dem Dichter in einem Brief ihre Betroffenheit: »Da dachte ich, es wäre doch schön für ein kurze Spanne Ellen Key gewesen zu sein, damit Sie wüßten, daß ich sie so, *so* lieb habe, die Gottesgeschichten wie ›niemand vorher‹«. So viel Liebe kann Rilke unmöglich unerwidert lassen. Zwischen beiden entspinnt sich ein Briefwechsel, der sich über Vertraulichkeiten schnell zu einer innigen Liebesbeziehung auswächst – aber nur in Briefen. Noch sind Rilke und Magda von Hattingberg sich gar nicht begegnet. Rilke probt das, was er in seinem Briefwechsel mit Marina Zwetajewa zur reinsten Form bringen wird: Fernstenliebe. In seinen Briefen wird Rilke zum Bekenner. Hier offenbart er sein Innerstes, wird der Egomane zum zart fühlenden Liebhaber – ohne dabei von sich abgelenkt zu werden. Seine Brieflieben sind Dichtungen, oder zumindest Vorstudien zu solchen Dichtungen. Den Liebesbrief benutzt Rilke als ein Medium der Konzentration, des Wortsuchens. Er nennt Magda von Hattingberg Benvenuta: die Willkommene. Sie soll ihm die Welt der Musik eröffnen und mit der Musik auch eine neue Welt. Aber er erkennt bald: die Musik einer Konzertpianistin und die Musik des Wortes, für die er lebt, sie bleiben einander fremd.

Am 25. Februar 1914 verläßt Rilke Paris, um endlich in Berlin die Geliebte zu sehen, die seine Fantasie so beschäftigt. Aber trotz allen Überschwangs bleibt er um Diskretion bemüht. Er schreibt Anton Kippenberg, er komme *für unbestimmt (vielleicht acht bis zehn Tage) nach Berlin,* und bittet darum, *diesen Aufenthalt nicht sehr unter die Leute zu bringen.*

Als sie sich dann beide zum ersten Mal in Berlin treffen, ist es mit der imaginierten Liebe eigentlich schon vorbei. Außerhalb der Briefe gibt es nichts, was sie verbindet – auch wenn Rilke das zuerst nicht wahrhaben will und sich als großer Liebender an der Seite der jungen Frau in Szene setzt. Im Winter des Jahres 1913/14 hat er bereits etwas von der Vergeblichkeit all seines Werbens um eine Geliebte geahnt, etwas, daß sich nach dem gleichen Muster für ihn immer wiederholen wird:

Du im Voraus
verlorne Geliebte, Nimmergekommene,
nicht weiß ich, welche Töne dir lieb sind.
Nicht versuch ich, dich, wenn das Kommende wogt,
zu erkennen.

Über die unglückliche Beziehung zu Magda von Hattingberg hat Rilke später bekannt: *Was schließlich so völlig zu meinem Elend ausfiel, fing mit vielen, vielen Briefen an, leichten, schö-nen, die mir stürzend von Herzen gingen: ich kann mich kaum erinnern, je solche geschrieben zu haben.*
Doch doch, immer wieder, auch an andere Frauen schreibt Rilke solche Briefe. Er erzählt seine unglückliche Kindheit in Mädchenkleidern, berichtet von seinem Unverhältnis zur Mut-ter, klagt über die Kadettenanstalt, spricht auch etwas über Clara und Ruth. Erst einmal nur wenig – mehr hebt er sich auf für seine Rückzugsrituale, da schreibt er dann oft nur noch über Frau und Tochter.
In »Rilke und Benvenuta« können wir in Magda von Hatting-bergs Berliner Tagebuch nachlesen, was für ein inniges Liebes-paar sie die erste Zeit ihres gemeinsamen Aufenthaltes waren. Rilke nimmt sich ein Zimmer in ihrer Nähe, in der Hubertus-allee im Grunewald. Er lernt ihren Lehrer, den Komponisten Ferrucino Busoni kennen. Das alles findet Rilke wunderbar. Re-det er sich ein. Aber in Wirklichkeit ist der Dichter nur glück-lich bei der Imagination einer Geliebten. Die nahe Geliebte, die

Zeit und Aufmerksamkeit fordert, sie kühlt Rilke sehr schnell ab. Schon nach zwei gemeinsamen Wochen sehnt er sich nach Freiheit und Einsamkeit. Am 10. März 1914 verläßt er Berlin in Richtung Paris. Magda von Hattingberg begleitet ihn. Rilke kann es nicht verhindern. Aber er besteht darauf, daß Magda in eine eigene Wohnung zieht und er ungestört bleibt. Aber so ganz hat er den Gedanken noch nicht aufgegeben, eine feste eheähnliche Liaison mit Magda einzugehen. Heiraten kann Rilke sie ohnehin nicht, denn er bleibt – durch einen Formfehler bei seinem vor der Hochzeit mit Clara erklärten Austritt aus der katholischen Kirche – lebenslang mit Clara verheiratet. Und auch Magda lebt nur zeitweilig von ihrem Mann getrennt. Rilke sucht Rat, wie es mit ihm und Magda weitergehen soll. Lou Andreas-Salomé braucht er mit anderen Frauen nicht zu kommen, das weiß er – aber Marie von Thurn und Taxis, seine zweite Ersatzmutter, ist Rilkes Eskapaden gewohnt und meist nachsichtig. So fährt Rilke mit seiner Freundin nach Duino – ohne zu wissen, daß er das letzte Mal dort sein wird –, um sie der Fürstin vorzustellen. Aber Marie von Thurn und Taxis sieht sofort, daß diese beiden Menschen Welten trennen, sich Rilke alle Gemeinsamkeit nur einredet. Sie bleibt kühl gegen Magda, spricht sogar von einer weiteren seiner »Katastrophen«. Benvenuta, hier nicht so sehr eine Willkommene, spielt währenddessen zur Unterhaltung der Gäste pflichtschuldigst am Abend Klavier. Sie fahren dann weiter nach Venedig – und bald schon läßt Rilke ihre Beziehung auslaufen, schickt Magda noch einige freundschaftliche Briefe, aus sicherer Ferne.
Drei Widmungsgedichte schreibt er Magda von Hattingberg:

Oh wie schälst du mir mein Herz aus den Schalen des Elends.
Was verriet dir im schlechten Gehäus den erhaltenen Kern?
Der süß wie Gestirn, weltsüß, mir im Inneren ansteht.

Sidonie Nádherný (Sidie)

Am 13. Dezember 1913 schreibt Rilke an Sidonie Nádherný, er lege einen Brief von Lou Andreas-Salomé bei: *seien Sie ihr, sooft Sie's brauchen, die siebente Wahl-Tochter.* Dabei ist es nicht Lou (von der muß niemand etwas erwarten), sondern Rilke, der hier Wahltöchter um sich herum sammelt. Selbst die Nummer sieben kann stimmen. Aber anders als all die jungen Mädchen, denen er »Lehrer« sein will, ist Sidie reich und von altem Adel mit Schlösserbesitz. Da muß er das Kunststück fertigbringen, seiner Wahltochter zugleich ein *Sorgensohn* zu sein, der vor allem Geld braucht – sogar Clara wird von Sidonie Nádherný finanziell unterstützt – und ein komfortables Gästezimmer. Zugleich macht er mit zunehmendem Alter jedem sofort klar, daß man ihn mit Fragen nach dem Fortgang seiner dichterischen Arbeit verschonen möge. Dichtung kann dauern. Wer so lebt wie Rilke, viel reist, meist Erster Klasse, immer in den besten Hotels absteigt, der muß ein ganzes Briefnetz zu zahlungswilligen Mäzenen unterhalten und diese ausgiebig pflegen. Da bleibt keine Zeit für anderes. Rilke managt seine Kontakte mit höchster Disziplin, schreibt jeden Tag mehrere Briefe. Es sind Tausende der taubenblauen Briefbögen, die Rilke in diesen Jahren versendet. Und immer sollen sie etwas Individuelles enthalten, müssen dem Adressaten ein Gefühl von Bevorzugung geben. Hierin wird Rilke ein Meister.

Aber kein Meister ist er darin, Erwartungen, die er weckt, auch zu erfüllen. Die große Liebe zwischen ihm und Sidie, mit Fanfaren angekündigt, verläuft sich in einem Gefühl der Mütterlichkeit, das er in der zehn Jahre jüngeren Frau finden möchte. Die wendet sich einer anderen – Rilke nicht gerade wohlgesonnenen – Größe des literarischen Betriebes zu: Karl Kraus in Wien, Herausgeber der »Fackel«. Nicht nur in Zahl und werbendem Eifer der Briefe macht Kraus Rilke erfolgreich Konkurrenz, nein, er richtet sogar mehr als fünfzig (!) Gedichte an sie. Da kann der Langsam-Schreiber Rilke nicht mithalten: *ja, ich bin langsam, lang-sam, l-a-n-g-s-a-m, (so muß ich das Wort schreiben, um mich in ihm ausführlich darzustellen).* Auch für Karl Kraus ist Sidie eine »Zuflucht«. Das verbindet ihn mit Rilke, für den sie die *schöne Baronesse* bleibt, *die wie eine Miniatur aussieht, welche ein Jahr vor der großen Revolution gemacht worden ist, im letzten Augenblick.*

Karl Kraus ist es, der Sidie ihren Namen erklärt: »Weißt Du, was Sidonie heißt? *Fischerin* (Jägerin) (von der Stadt Sidon, hebr. Zidon = Fischfang, von zud = fangen, jagen). Weißt du aber, was Sidi heißt? (arab.) *Herr.* Jetzt weißt du alles.«

Sechs Jahre zuvor, im August 1907 hatte Rilke seine *schöne Baronesse* auf Schloß Janowitz besucht. Nur für zwei Stunden auf der Durchreise nach Prag, zum Tee. Aber die reichen aus, ihn von dem alten Schloß mit dem großen Park schwärmen zu lassen. Sidonie holt ihren Gast von der Schloßbrücke ab. Es dämmert bereits, als sie das verwinkelte Gebäude betreten, in dem *zwei Diener mit schweren Silberarmleuchtern in die tiefen Gemächer wie in Höfe hineinleuchteten*. Mit solch einer Inszenierung kann man Rilke leicht verzaubern.

Im Herbst ist Rilke in Wien. Anders als im *stumpfen Prag* ist das Publikum in der Buchhandlung Hugo Heller bereit, den Dichter zu lieben, der ihnen die Skizze vom Tod des Kammerherrn Christoph Detlev Brigge aus dem gerade mühsam entstehenden »Malte Laurids Brigge« vorliest. Aber Rilke bekommt starkes Nasenbluten und muß unterbrechen. Hugo von Hofmannsthal, im Publikum anwesend, will einspringen und die Lesung fortsetzen: diese Drohung weckt in Rilke neue Lebensgeister. Nachdem viel Blut ins Waschbecken geflossen ist, betritt Rilke *erfrischt* wiederum die Bühne und kann die Lesung ohne erneute Unterbrechungen beenden. Damit hat er die Herzen der Wiener erobert, denen alles Morbide nah ist. Und an Rilkes Morbidität kann nach diesem Auftritt kein Zweifel mehr sein. Rudolf Kassner vermerkt, nie habe ein vorlesender Dichter in Wien so einen Erfolg gehabt. Allerdings war

Kassner an dem Abend gar nicht anwesend, er hatte sich wegen Krankheit entschuldigen lassen. Das Zimmer Rilkes im Matschakerhof jedenfalls gleicht am nächsten Tag dem einer Diva: lauter Blumen. Am prachtvollsten ein Rosenstrauß von Sidonie Nádherný, die extra nach Wien zu Rilkes Lesung angereist war. Rilke kann zufrieden sein mit seinem Erfolg – auch dem bei Sidonie Nádherný, die er nun bald nicht mehr *Hochverehrte Baronesse,* sondern *Meine liebe Sidie* anreden wird.

Die junge Baronesse ist schön und klug. Etwas zu klug, um sich ganz auf Rilke einzulassen. Ebenso wie Rilke geht sie nach stürmischem Beginn schnell wieder einige Schritte zurück. Zwei leidenschaftlich Zögerliche; das gibt eine lange unklar bleibende Beziehung. Sidonie hat keinen Bericht ihrer Liebe zu Rilke hinterlassen, niemals (wie so viele andere) für sich in Anspruch genommen, ihn als einzige aus dem Käfig seines Narzißmus befreit zu haben. Dafür war sie zu geschmackssicher. Auch als sie längst schon wieder recht distanziert miteinander umgehen, schreibt Rilke ihr am 9. September 1919 aus Soglio: *Sie lesen mich gut, seit immer ...*

Vorbei die Zeit, als Rilke ihr seine Tochter Ruth als trojanisches Pferd ins Schloß Janowitz schicken wollte. Ruth ist wirklich mit ihren Eltern gestraft. Weder Clara noch Rainer können sich entschließen, ihre Tochter zu sich zu nehmen. Beide wollen allein leben. Aber wenn die Tochter schon im Schloß wohnt, käme dann der Vater vielleicht leichter nach? Ein perfider Gedanke, aber Rilke zuzutrauen. Er bietet der Baronesse seine achtjährige Tochter wie eine schöne Gabe dar, für die er selber leider keine Verwendung habe. Er wünscht Ruth, schreibt er, daß sie *edel beschäftigte Menschen um sich sieht, gut gehaltene Tiere, Bilder.* So solle sie einmal fähig werden, sein Geisteserbe als Lebenslehre zu erfüllen. Aber Sidonie, gern bereit, Geld zu geben, läßt sich nicht wahlverwandtschaftlich von einem pflichtvergessenen Vater zur Kinderbetreuung einspannen – und Rilke macht schnell einen Rückzieher.

Es kommt der Punkt, da muß Sidonie sich entscheiden, ob sie Rilkes Liebeswerben nachgibt. Sie gibt nicht nach. Vielleicht, weil Rilkes Erwartungen völlig unrealistisch sind. Er ist getrieben von der Suche nach einer Zuflucht. Noch 1919 schildert er Sidonie seinen Traum vom *alten Haus: weil ich durch die Schwingungen des Vergangenen, die in alten Dingen so köstlich sublimiert sind, einen Ersatz bekomme für allen menschlichen Umgang, dem ich mich auch für eine Weile ganz entziehen möchte …*

Hier sollen Mensch und Dichter in eine Balance kommen. Tatsächlich aber schöpft Rilke gerade aus der fehlenden inneren Balance – und so vereitelt sich jede Suche nach Zuflucht selbst. Rilke ist auf der Flucht vor jeder Wirklichkeit, die Möglichkeiten beschneidet. Panik und Depression sitzen in ihm auf dem Sprung. Er greift nach Sidie, aber die spürt, sie soll hier nur rettender Strohhalm sein. Noch einmal flieht Rilke: aus Paris, das sich als Thema für ihn erschöpft hat, zurück in seine Vergangenheit, zu Clara und Ruth nach Oberneuland. Und spürt: auch das ist endgültig Vergangenheit. Im Spätsommer 1910 fährt er für drei Wochen zu Sidonie nach Janowitz. Hier fühlt er sich wohl. Unwohl allerdings wird ihm bei dem Gedanken, daß eine Entscheidung über seine und Sidies Zukunft unumgänglich geworden ist. Er rezitiert seine Gedichte, sie hört geduldig zu. Gemeinsam lesen sie Hölderlin und Kleist. Sidie spielt für ihn auf dem Klavier Bach und Chopin. Und dabei fragt sie sich, ob sie Rilke denn liebe. Und kann darauf nicht mit Ja antworten. Mit Nein aber auch nicht. Vielleicht hat Rilke in diesen Tagen zu heftig um sie geworben, vielleicht hat *sie* die Abweisung ausgesprochen, oder *er* es einfach mit der Angst bekommen, weil sie ihn *nicht* abwies; jedenfalls reist Rilke von einem zum anderen Tag plötzlich ab. Einige Zeit verbringt er bei seiner Mutter in Riva am Gardasee, dann trifft er Jenny Oltersdorf, eine erotisch vernachlässigte Pelzhändlersgattin, bei der er drei Wochen in München wohnt. Sie macht ihm das Angebot, sie auf einer Nordafrika-Reise zu begleiten. Er sagt zu.

Die Afrika-Reise als Beinahe-Gigolo

In Kairouan wird Rilke von einem Hund gebissen. Das erste und einzige Mal in seinem Leben. Er findet, der Hund habe irgendwie recht, denn er drücke *nur auf seine Art aus, daß ich völlig im Unrecht sei, mit Allem.* Das schreibt er rückblickend. Die Reise war ein Fehler. Lou Andreas-Salomé wird er – erst mehr als ein Jahr nach seiner Rückkehr – in einem Brief vom 16. März 1912 gestehen, er könne sich denken, diese Reise habe ihm einen inneren Schaden zugefügt, *nicht weil es überanstrengte, sondern weil es verbog.* Denn mit Jenny Oltersdorf verbindet ihn nichts, außer der Tatsache, daß sie viel Geld hat und zu der Sorte Frau gehört, die man gemeinhin als »vernachlässigt« bezeichnet. Das heißt, sie hat nichts zu tun und langweilt sich. Sie ist gewohnt, darauf zu achten, daß sie auch bekommt, wofür sie zahlt. In den meisten Rilke-Biographien wird Jenny Oltersdorf sorgsam verschwiegen, wie auch Rilke über diese Frau im nachhinein beharrlich schweigt, wenn er über seine Nordafrika-Reise spricht.

In den drei Wochen, als Rilke bei ihr in München wohnt, entwickelt sie erotische Begehrlichkeiten. Keine gute Voraussetzung für eine so lange gemeinsame Reise. Rilke, der die Verwicklungen kommen sieht, sagt trotzdem ja. Es ist ihm etwas peinlich, so direkt-bourgeois ausgehalten zu werden, aber nach Ägypten will er unbedingt. Clara schreibt er, es ergebe sich die Gelegenheit, mit einer *Gruppe von Freunden* (die wahrscheinlich nur aus ihm und der Pelzhändlersgattin besteht) eine große Nordafrikareise zu machen. Clara hatte so eine Reise zum Nil bereits einmal unternommen und davon geschwärmt. Nun will auch Rilke zu den Tempeln nach Karnak.

Jenny Oltersdorf ist vom Typus Frau, den Rilke sonst meidet. Ihr fehlt jegliche Feinheit und Rücksichtnahme, die Rilke in Anspruch zu nehmen gewohnt ist. Von Marseille aus reisen sie am 19. November 1910 ab. Rilke fährt mit Jenny Oltersdorf über Paris, um seiner Reisebegleiterin Rodin zu zeigen. Der

Bildhauer wird immer mehr zur Sehenswürdigkeit und Rilke zum Manager von Kurzbesuchen bei ihm.

Auch eine Reise als Gast kann teuer werden. Rilke bittet seinen Verleger Anton Kippenberg um einen Vorschuß, aber der bewilligt ihm nur 500 Mark. Am Ende fließt dann doch mehr Geld – es wird Rilkes aufwendigste Reise überhaupt werden. Von Marseille setzen sie nach Algier über. Rilke hofft, wie so oft bei seinem hektischen Hin- und Herreisen, eine Inspiration zu finden. Er überlegt sogar ernsthaft, das Schreiben nun ganz sein zu lassen und etwas völlig anderes zu tun – etwa Medizin zu studieren. Da soll die Reise Klarheit schaffen, aber sie wird, wie Wolfgang Leppmann bemerkt, wie so viele seiner Reisen eher zur Flucht, zur »Selbstbetäubung«.

Das Programm, das ihm seine Reisebegleitung abfordert, ist vor allem touristischer Natur. Rilke stöhnt über die anstrengenden Besichtigungstouren. Auch verlangt Jenny Oltersdorf immer offensiver Rilkes erotischen Einsatz – darüber gibt es von Rilke nur Andeutungen. Natürlich ist er verwirrt und überanstrengt von der auf ihn einflutenden orientalischen Bilderwelt. An Schreiben ist nicht zu denken. Von Algier reisen sie weiter nach Tunis und Kairouan. Dort wird Rilke von dem Hund gebissen, dem er zustimmt. Was tut er hier eigentlich? Rilke befindet sich in einer Phase der Orientierungslosigkeit, die Züge von Selbstverachtung trägt. Später wird er seiner Freundin Sidonie von Nádherný mitteilen, diese Reise sei *etwas so Verfehltes, Schweres, nahezu Verhängnisvolles* gewesen, daß *keine eigentlichen Erinnerungen aufziehen wollten.*

Bevor sie nun weiter nach Ägypten fahren, unterbrechen sie in Neapel die Reise, um neues Geld aufzutreiben. Rilke verbraucht für die Weiterfahrt das Honorar der vierten und fünften Auflage des »Stundenbuchs«, immerhin 900 Mark. Die Nilfahrt wird Rilke an die Wolgareise erinnern, die er gemeinsam mit Lou unternahm. Nur, daß seine jetzige Begleiterin ihm immer lästiger wird. Ralph Freedman vermerkt, es sei eine

Sophie Rilke

Sofja N. Schill

Valerie David von Rhonfeld

Lou Andreas-Salomé

Paula Becker und Clara Westhoff

Mathilde Vollmoeller

Marthe Henneberg

Ellen Key

Marie von Thurn und Taxis

Magda von Hattingberg

Anna de Noailles

Lou Albert-Lasard

Eleonora Duse

Adelmina Romanelli

Regina Ullmann

Clara Westhoff-Rilke und Ruth Rilke

Katharina Kippenberg

Sidonie Nádherný

Claire Goll

Inga Junghanns

Sophie Liebknecht

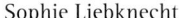

Hertha Koenig

Lisa Heise

Anita Forrer

Angela Guttmann

Wera Ouckama Knoop

Baladine Klossowska

Lally Horstmann

Marina Zwetajewa

»äußerlich faszinierende, innerlich aber unselig-trübe Reise« gewesen. Dennoch macht Ägypten, mit den Tempelanlagen von Karnak und der Sphinx von Gizeh (welche Friedhofskultur!) einen großen Eindruck auf Rilke. Der ägyptische Totenkult kommt seiner eigenen Todesauffassung nah. Das altägyptische »Gespräch eines Lebensmüden mit seiner Seele« geht Rilke lange nach – er plant sogar, ein Buch über ägyptische Plastik zu schreiben. Spuren dieses Ägyptizismus finden sich in seinen Duineser Elegien. Wie die Sphinx von Gizeh ist der Engel der Duineser Elegien ein so übermächtiges Gegenüber, daß man hier nicht auf Antwort hoffen kann: *Engel, dir noch zeig ich es, da! In deinem Anschaun / steht es gerettet zuletzt, nun endlich aufrecht. / Säulen, Pylone, der Sphinx, das strebende Stemmen, grau aus vergehender Stadt oder aus fremder, des Doms. / War es nicht Wunder! O staune, Engel, denn wir sinds, wir, o du Großer, erzähls, daß wir solches vermochten, mein Atem reicht für die Rühmung nicht aus.*

In Kairo trennen sich Rilke und Jenny Oltersdorf. Sie werden ihre Verbindung nicht wieder aufnehmen. Aus Kairo schreibt Rilke an Anton Kippenberg: *Kairo bringt dreifach Welt über einen, man weiß nicht, wie man alles leisten soll: da ist eine weite, rücksichtslos ausgebreitete Großstadt, da ist das ganze, bis zur Trübe dichte arabische Leben, und dahinter stehen immerfort, abhaltend und mahnend wie ein Gewissen, diese unerbittlich großen Dinge Ägyptens, mit denen man sich gar nicht einlassen sollte.* Hier verschmilzt dann wohl das Bild seiner Reisebegleitung mit dem des Tempels: machtvoll, ihn mit zerstörerischer Gewalt überrollend.

Schlagartig hat Rilke begriffen, was Ägyptizismus bedeutet. Zwei Jahre später wird er Magda von Hattingberg über die Nacht schreiben, in der er *unter dem großen Sphinx lag, wie vor ihm ausgeworfen.* Da heißt es dann: *Ich weiß nicht, ob mir jemals mein Dasein so völlig zu Bewußtsein kam, wie in jenen Nachtstunden, in denen es allen Werth verlor; denn was war es gegen dies alles.*

Jede Größe, weiß er, geht zwangsläufig einmal den Weg jenes Ägyptens, das zu solchen Tempeln fähig war: den des Verfalls. Wir bewegen uns auf den Friedhöfen untergegangener Macht und Stärke. Dieses Grundgefühl, daß jedes Rühmen und Triumphieren nur der Vorbote eines kommenden Untergangs ist, nimmt er mit aus Ägypten. Der Ton der Duineser Elegien ist damit vorgegeben.

Und noch etwas ist an dieser Reise bemerkenswert. Wie unwohl sich Rilke in der Rolle eines Touristen, eines bloß zuschauenden Müßiggängers fühlt! Da bekommt das – ohnehin falsche – Bild vom Ästheten im Elfenbeinturm unübersehbare Risse. An Alexander Taxis schreibt er von unterwegs, gerade dem Orientalen gegenüber sei nur der *einzelne, angestrengt Reisende möglich; es ist grotesk, dieser schweren, in sich befangenen und bemühten Welt als unbeschäftigter Zuschauer gegenüberzustehen.*

Rilke, der sich seit längerem schlecht fühlt, erkrankt und reist von Kairo allein weiter zu Freunden von Clara nach Helouan, wo er sechs Wochen bleibt. Von hier schreibt er auch wieder erste klagende Briefe an Marie von Thurn und Taxis über seine *schwere Zeit* und die *Europa-Sehnsucht* in ihm. Erst Ende März 1911 ist er in der Lage, nach Venedig zu Marie von Thurn und Taxis zu reisen.

Mit Helene von Nostitz in Heiligendamm

Anfang 1910 kommt Rilke zu einer Lesung nach Jena. Hier begegnet er Helene von Nostitz, die den Dichter sehr bewundert und seine Nähe sucht. Jedoch, versichert Ralph Freedman, habe seine Beziehung zu der fast gleichaltrigen, verheirateten und sehr eleganten Frau die »Grenzen der Ziemlichkeit« nie überschritten.

Beide verbindet ein enges Verhältnis zu Rodin. Der Bildhauer hatte sie 1907 porträtiert. Helene von Nostitz wohnte während

dieser Zeit sogar mit ihrem Mann in demselben Haus in Meudon, wie Rilke zuvor selbst. Helene von Nostitz kam zur Lesung, weil sie Rilkes Buch über Rodin gelesen hatte. Ihren ersten Eindruck beschreibt sie: »In dem kleinen halbdunklen
Saal auf dem Podium, der zeitlosen, matten Tracht, die er liebt,
mit der fliegenden Krawatte. In diesem Anzug lag etwas von
Paris, seinem geliebten Paris ...« Ungetrübt war Rilkes Liebe
zu Paris ja nun nicht. Aber Helene von Nostitz meint wohl das
Mondäne, das Rilke ausstrahlt, als er sich »langsam dunkel-
graue Handschuhe« auszog und seine Zuschauer mit den »mil-
den tiefblauen Augen« anschaute, die, so registriert sie sofort,
das »übrige Gesicht auslöschten«. Rilke liest den Passus vom
verlorenen Sohn aus dem soeben abgeschlossenen »Malte
Laurids Brigge«.
Über Rodin kommen sie dann auch schnell ins Gespräch. Wie
zu Paris, das aus ihm erst einen modernen Dichter machte, ist
auch sein Verhältnis zu Rodin, der ihn lehrte, daß der Künstler ein strenger Arbeiter sein muß, gespalten. Ausgerechnet
die – wie Rilke findet – Rodins nicht würdigen Affairen mit
Frauen wirft er ihm nun vor. Rodin sei es nicht gelungen,
»schön« zu altern, sagt er Helene von Nostitz. Er sieht zwischen Werk und Leben des großen alten Bildhauers, der spät
zu Reichtum und Anerkennung kam, eine tiefe Kluft. Darin
offenbart sich Rilkes neues Künstlerideal: die geforderte Übereinstimmung von Leben und Werk. Das Leben soll der Beweis
für das Werk sein, wie das Werk der Spiegel des Lebens. Da
Rilke jedoch um seine Schwächen weiß, lähmt ihn dieser
Anspruch mehr und mehr. Niemand kann in jeder seiner Hand-
lungen ein Zeugnis von sich geben, das Bestand hat. Eine
schwere Bürde erlegt Rilke sich da auf. Den Sinnenmenschen
läßt das Thema der mönchischen Askese für den Künstler nicht
mehr los.
In diesen Jahren reist Rilke fast pausenlos. Im Juli 1913 erreicht Rilke in Göttingen ein Brief Helene von Nostitz' aus
dem Ostseebad Heiligendamm. Sie schwärmt und bittet Rilke

auch zu kommen. Und Rilke, ohnehin auf der Flucht vor sich selbst und immer auf der vergeblichen Suche nach Ruhe, fährt hin, von einem *heftigen Bedürfnis nach Seewind* getrieben. Doch es ist gerade Pferderennen in Heiligendamm, und Rilke findet darum kein ruhiges kleines Seebad vor, sondern ein Kurhaus, in dem es so geschäftig zugeht, daß er beschließt, sogleich wieder abzureisen. Helene von Nostitz, durch einen an sie abgegebenen Brief alarmiert, er gedenke in einer halben Stunde wieder zu reisen, eilt herbei und findet Rilke ganz »grau und ausgelöscht« vor. In ihrer Gegenwart und nach einem Spaziergang durch den Buchenwald erholt er sich schnell – und bleibt. Plötzlich aber sagt er der überraschten Helene: *Mich drängts zur Unbekannten.* Rilke will Verbindung zu jener *Unbekannten* aufnehmen, mit der er in den Seancen auf Duino bei Marie von Thurn und Taxis Kontakt hatte. Diese *Unbekannte* hatte Rilke den Auftrag gegeben, nach Toledo zu fahren und dort einen bestimmten Gegenstand (ob Ring oder Schlüssel ist umstritten) von der Brücke in den Fluß zu werfen. Rilke tat wie ihm befohlen. Ob aus artistischer Lust am Spiel ober aber aus echter Geistergläubigkeit, das läßt sich bei jemandem wie Rilke, der seine Fantasien immer als realste Realität nimmt, nicht genau feststellen. Fest steht, daß ihm die Vorstellung einer *Unbekannten,* in deren Auftrag er im Herbst 1912 reist, gefallen hat – und daß es sich zur Finanzierung der Reise als günstig erwies, daß er ausgerechnet im okkultistischen Kreis der Fürstin von einer übersinnlichen Macht dorthin beordert wurde. Denn nach Spanien wollte Rilke ohnehin reisen – El Grecos und auch der arabisch geprägten Städte wegen.

Aber nun rühmt er auch Heiligendamm als *sympathisch durch seinen Wald am Meer.* Es gefällt ihm so gut hier, daß er nach der Abreise von Helene von Nostitz noch zwei Wochen allein in Heiligendamm bleibt.

Jedoch nicht ohne besonderen Grund. In der Nähe, in Arendsee (heute Ortsteil von Kühlungsborn) macht Ellen Delp Ur-

164

laub, eine von Lou Andreas-Salomés Wahltöchtern, die er gern auch für sich »adoptieren« möchte. Ellen Delp (eigentlich Ellen Schachian) ist eine junge Schauspielerin bei Max Reinhardt. Ellen hatte Lou 1912 nach Wien begleitet, als sie bei Freud die Psychoanalyse zu studieren begann. Zwei Jahre dauerte die innige Verbindung zwischen Lou und Ellen Delp. Sofort ist nun Rilke zur Stelle: *Liebe Lou's Tochter,* hebt er an, *ich bin gekommen, Ihnen die Hand zu reichen.* Eine Woche verbringen sie zusammen, die *morgendliche Ellen* und er, wobei er ihr vor allem Gedichte von Franz Werfel vorliest.

Die Langsame: Regina Ullmann

Am 2. Januar 1927 steht auch sie an Rilkes Grab: Regina Ullmann. Als Schriftstellerin fast vergessen, findet sie in den großen Rilke-Biographien kaum Beachtung. Auch nach ihrem Tode 1961 also setzt sich der Fluch ihres Lebens fort: sich beständig selbst zu verhindern. Rilke hat für so etwas große Sympathien. Auch ihm fällt das Schreiben noch schwerer als das Leben. Was sagt uns das über die Güte eines Autors? Zumindest doch wohl, daß er es sich nicht leichtmacht. Auch Rilke trägt die große Weigerung in sich, aus seinem Schreiben einen bürgerlichen Beruf zu machen. Regina Ullmann ist noch umständlicher, noch instabiler als er – aber ebenso ausschließlich im Schreiben. Friedhelm Kemp hat sie die Langsamste, »nie recht Angekommene unter den deutschen Erzählerinnen ihrer Zeit« genannt. Eine, die nur auf Umwegen unterwegs sein konnte zu sich selbst.

Geboren wird sie 1884 in Sankt Gallen als Tochter eines jüdischen Stickereifabrikanten und begeisterten Hochwildjägers. Nach einer solchen Jagd stirbt er an Lungenentzündung. Da ist das Mädchen gerade fünf Jahre alt. Friedhelm Kemp nennt sie ein »schwerfälliges Kind; sie schielte, litt an Sprach- und

Schreibhemmungen, war übersensibel und in hohem Grade vergeßlich.«

Seit 1902 lebt sie mit zwei unehelichen Töchtern allein in München, wo sie zu schreiben beginnt. Kleine Prosastücke, Kindheitserinnerungen, Betrachtungen. Der Dichter Ludwig Derleth drängt Regina Ullmann 1911 zum Übertritt in die katholische Kirche. Kurz darauf lernt Rilke sie kennen. Mit Sorge sieht er, wie ein bigotter Katholizismus sich des »guten Kindes« bemächtigt und dessen schöpferische Wurzeln abgräbt, es zur bedeutungslosen Nachahmerin von Stifter und Gotthelf macht. Rilke, der diesen Katholizismus von der Mutter her zur Genüge kennt und gründlich hinter sich gelassen hat, ermutigt sie immer wieder zur Unabhängigkeit. Er macht sie mit seinen Freunden bekannt, um sie der drückend-frömmelnden Atmosphäre zu entziehen.

Durch Rilke verändert sich ihr Bekanntenkreis. Sie lernt Eva Cassirer, die Schauspielerin Ellen Delp und Nanny Wunderly-Volkart kennen, trifft Hans Carossa und Max Picard. Rilke schreibt ein Geleitwort zu ihrem Erzählband »Von der Erde des Lebens«. Seine wohlhabenden Freundinnen Magda von Hattingberg und Lou Albert-Lasard bringt er dazu, Regina Ullmann finanziell zu unterstützen. Schließlich bricht sie – in einem lapidaren Satz – unter Rilkes Einfluß 1915 mit ihrem »religiösen Erwecker« Ludwig Derleth: »Nun ist es entschieden, wo ich hingehöre: Regina.« Rilke spürt, daß ihre »chaotische Natur« nach einem Halt sucht – aber er weiß auch, daß gerade der Katholizismus für einen schöpferischen Menschen ein sehr trügerischer Halt ist. Als Rilke im Dezember 1920, da ist er längst in der Schweiz, die »Neue Deutsche Rundschau« mit Regina Ullmanns Erzählung »Von einem alten Wirtshausschild« erhält, feiert er das als künstlerischen Durchbruch und schreibt an Eva Cassirer, das Schwere sei hier auf wunderbare Weise über die Strömungen der Zeit hinübergetragen. Er bewundert die *Diktathaftigkeit ihrer Produktion* – die dem eigenen Arbeitsprinzip so verwandt ist. Über ihr *geräumiges Ge-*

müt und die in diesem *groß und massig hingerückten Gegenstände* schreibt er einen euphorischen Brief an seinen Verleger Anton Kippenberg. Es gelingt ihm sogar, diesen zu regelmäßigen monatlichen Zahlungen an Regina Ullmann zu überreden. Über die Erzählung »Der Verkommene« schreibt er an Katharina Kippenberg, niemand außer Regina Ullmann hätte vermocht, das Thema des Dumpfen so anzufassen wie sie: *Die Gewichte ihrer Natur lassen sie gehen und ab und zu anstehen wie eine Uhr.* Wer dürfe sagen, wessen Zeit es ist, die sie anzeige?

Das Merkwürdige liegt tief im Charakter dieser Frau verborgen. Man preist ihre Fähigkeit, frei die wunderbarsten Geschichten zu erzählen, aber wenn sie zu schreiben beginnt, dann ist es, als hätte jemand auf die Bremse getreten: auf jedem Wort eine Tonnenlast. Wie sich davon befreien? Gar nicht, sie schleppt es mit sich, das Schweigen in aller Rede, die Angst, die Verstörtheit. Rilke sieht diese Frau beständig in der falschen – allzu altertümelnd-umständlichen – Form gefangen, von lauter altmodischen Worten umstellt. Dabei ist ihr Lebensthema eines, das nach radikaler Form geradezu schreit: die Angst, sich selbst in der Unübersichtlichkeit der modernen Großstadt verlorenzugehen. Rilke hat immer wieder auf die Abgründe in dem seltsamen Biedermeier ihrer Sprache hingewiesen – bis heute ist sie meist nicht als Schriftstellerin auf der Höhe des 20. Jahrhunderts anerkannt. Dabei braucht man nur den ersten Satz einer so harmlos heißenden Geschichte wie »Die Maus« zu lesen, um zu wissen, um was für einen Geist es sich bei Regina Ullmann handelt. Dieser erste Satz lautet: »Der Tod war hergerichtet in Gestalt einer Falle.« Was sich aus diesem ersten Satz ergibt, ist dann nur folgerichtig.

Die Malerin Lou Albert-Lasard lernt Regina Ullmann durch Rilke kennen. Regina ist der vollständige Gegentypus zur leichtsinnigen Loulou: »Sie war eine noch merkwürdigere Erscheinung, als ich es mir vorgestellt hatte. Sie kam wie aus einer anderen Zeit, einer anderen Welt. Steif saß sie da, mit auf bäuerliche Art gefalteten Händen. Mit ihrem intensiven, visionären Blick der ungleichen Augen erinnerte sie an eine volkstümliche Holzskulptur. Sie schien eher zu prophetisieren, zu verdammen, wenn sie schwerfällig, fast stotternd von Dingen sprach, die weit entfernt waren von denjenigen, welche die gewöhnlichen Sterblichen beschäftigten. Ob sie nun die Geschichte einer Magd vom Lande erzählte oder die eines Blinden, immer war ihr Ton von epischer Breite und erhob sich zuweilen zu beinahe biblischer Größe. Es waren fast Monologe, hier und da unterbrochen von einem heiseren Lachen, das so unbewußt war, daß es überraschte. Sie sprach, sie lachte, wie nach innen.«

Lou Albert-Lasard porträtiert Regina Ullmann drei Mal. Hinterher notiert sie: »Ich malte sie, fasziniert von ihrer eigenartigen Physiognomie. Ich verstehe, daß die orientalischen Völker sich nicht malen lassen wollen. Ihr ausgeprägter Instinkt sagt ihnen, daß man dabei wirklich etwas von der Person nimmt; ich erinnere mich, daß Regina plötzlich aufschrie: ›Du hast mir meine ganze Kontur weggenommen!‹ Ich lachte bei dem Gedanken, daß sie fortan ohne Kontur herumgehen müsse, aber zugleich wußte ich, daß daran etwas Wahres sei: Ein wirkliches Porträt ist eine Art magischer Handlung.«

Rilkes Verhältnis zu Regina Ullmann ist von großer Herzlichkeit. Als sie ihm 1920 in einem Brief klagt, ihre beiden Töchter würden ihr Vorwürfe machen, sie seien von ihr vernachlässigt worden, fühlt sich Rilke an seine eigene unglückliche Vaterrolle erinnert. – Ruth wäre es nicht viel anders gegangen, und *wer weiß, wie oft in ihr ein ähnlicher Vorwurf aufbegehrt hat, ohne, daß ich ihn gehört habe.* Wie sollte er ihn auch gehört haben, hält er die Tochter doch auf Distanz. Ihrer beider »Unrecht«, schreibt Rilke an Regina Ullmann, bestehe darin, *daß wir überhaupt Kinder hatten, während doch unsere Verantwortung schon vorher anders belegt und vergeben war und ihnen also nicht mehr zugewendet werden konnte.* Und dann bekommt die Freundin (bestimmt nicht zum ersten Mal) Rilkes Lieblings-Gedanken über die Mutterschaft zu hören. Erst als Mutter sei die Frau wirklich ein schöpferisches Wesen. Als Frau, schreibt er, *hättest Du vermutlich ohne die Mutterschaft, nie ganz zur Reife kommen können, ich meine zu jener Vollzähligkeit der inneren Natur: auch in deiner Arbeit nicht!* Während seine Arbeit (sprich: Künstlertum) ganz unabhängig von der Vaterrolle Gültigkeit besitze. Rilkes Zuspruch ist zweifellos gut gemeint. Er will nicht, daß sich Regina Ullmann ein schlechtes Gewissen einreden läßt. Und ob es denn Kindern schade, wenn sie nicht viel mehr als das *pure Leben* von der Mutter bekommen hätten, sei doch noch sehr die Frage. *Es ist nicht das Schlimmste, dieses allein zu bekommen und dann unter die Menschen ausgesetzt zu sein: Starkes, Eifriges, ja Großes ist unter solcher Schutzlosigkeit herangediehen, – die, wenn man sich mit einem trösten will, so viel lebens-unmittelbarer ist, als ein rechthaberisches Geschütztsein, in dem die meisten ›behüteten‹ Kinder, arm schließlich und eingeschränkt, aufwachsen!* Das *Anderssein* des Künstlers, postuliert er jetzt für sie beide, sei keine Pflichtlosigkeit, sondern *innerste schwerste Pflicht.* Rilke lobt Regina Ullmann, wo er kann. Die Geschichte vom alten Wirtshausschild nennt er ein *Wunder*, ihr *Meisterstück.* Sie solle ihr Chaos gegen alle falsche Ordnung hüten, es sei ihr künstlerisches Kapital. Nur in denen, welche sie nicht überwachten, dürfe sich die Natur alle Spiele ihrer Grenzenlosigkeit gestatten. Immer deutlicher wird, Rilke sieht in Regina Ullmann eine verwandte Seele, die es sich ähnlich schwer macht wie er selbst, deren Langsamkeit ein subversiver Stachel ist im schwachen Fleisch des Zeitgeistes, gegen die falschen Zeit-Beschleunigungen behauptet. Er wolle sich jetzt *ein »Brief-Fasten« auferlegen*, vertraut er ihr an, sich die Kräfte sparen für die Arbeit, *für die, im Ganzen, die äußeren Umstände günstig wären; die inneren nicht im selben Maße: mir ist eine unbeschreibliche Schwierigkeit der Concentration geblieben aus jenen Jahren des Unterbrochenseins, deren Folgen noch lange nicht überwunden sind.* Rilke verteilt an Regina Ullmann Komplimente (mit denen geizt er nie), aber hier sind sie voll innerer Anteilnahme. Er fühlt sich wirklich davon ermutigt, daß ihr, die so schwer an sich zu tragen hat – nach qualvoll passiven Jahren –, ein Text wie der »Von einem alten Wirtshausschild« doch noch gelingt. Wie sehr Rilke, mitten in seiner Schreibkrise, davon beeindruckt ist, zeigt ein Brief von 1923 an seine Frau Clara, der er diese Erzählung zu lesen empfiehlt. Ihm stelle sich diese kleine *unbeschreiblich in sich gehaltene und ausgeglichene Geschichte als ein Meisterwerk* dar, als ein *Sieg Reginas, in dem ihr auch noch alle großen Gefahren zu dem einen vollkommenen Gelingen* dienstbar geworden seien.

Die Geburt des Engels

Der zweite Duino-Aufenthalt

Er kehrt nach Duino zurück. Dies ist der passende Ort für einen Neuanfang. Für einen großen Wurf. Die Anreise ist bereits die eines Dichterfürsten. Der Wagen der Fürstin steht für ihn bereit. So fährt Rilke in einer Limousine der Fürstin (mit Wappen!) und Chauffeur nach Duino. Des Genusses wegen in ganz kleinen Etappen. Am 12. Oktober 1911 verlassen sie Paris, am 21. Oktober kommen sie in Duino an. So eine Reise damals im Privatwagen zu unternehmen, entspricht etwa dem heutigen Reisen in Privat-Helikoptern. Rilke ist zufrieden. Bis zum 29. Mai des darauffolgenden Jahres wird er auf Duino bleiben. Zu beiden Seiten öffnet sich der Blick aufs Meer. Links bis Triest und Istrien und rechts bis Aquileja und Grado.

Am Fuße des Felsens von Duino, durch das Dröhnen des Meeres hindurch, hört Rilke den Schrei des Engels. Die Erste Duineser Elegie wird hier geboren. Geburtsdatum ist der 21. Januar 1912. Aber zuvor müssen erst noch einige Bedingungen erfüllt werden. Die erste und für sein Wohlbefinden wichtigste ist bereits erfüllt, denn, wie sich die Fürstin erinnert: »Alle Leute im Schloß beteten den Dichter buchstäblich an.« Einigen Hausangestellten ist er allerdings unheimlich. Die Fürstin reist im Dezember weiter auf ihr Gut ins böhmische Lautschin. Rilke bleibt allein mit den Hausangestellten zurück. Die Köchin, Miss Greenham, verzweifelt fast, weil Rilke nur streng vegetarische Kost fordert. Rilke notiert: *Die Köchin war den ersten Tag fassungslos meinen vegetarischen Prätentionen gegenüber, nun kamen wir uns ein wenig entgegen, sie erholt sich schon und kommt wieder zu Künsten.* Auch das Stehpult, das Rilke in Auftrag gegeben hat, ist in Arbeit.

Der alte Hausknecht Carlo allerdings gruselt sich, weil Rilke wild gestikulierend ständig seine eigenen Verse vor sich her spricht. Auch an der Ausstattung von Rilkes Zimmer gibt es immer noch einiges zu verändern. So hat es ihm ein alter Ledersessel angetan, dessen Aura er »mystisch« findet. Der Sessel steht bald in seinem Zimmer. Nun ist alles bereit; die Inspiration kann kommen.

Weihnachten verbringt er allein auf Duino und schreibt der Fürstin: *Dazu brannte ein kleiner Baum, eine Zwergtanne, die man mir aus Berlin geschickt hat, ganz fertig mit fünf Lichtern …* Duino besitzt zu der Zeit noch keinen elektrischen Strom. Weihnachten meldet sich Rilke nach fast zweijähriger Pause auch wieder bei Lou Andreas-Salomé, mit den Worten: *Hier, Lou, ist wieder eine meiner Beichten.* Allein Lou könne ermessen, wie *falsch und kümmerlich* er diese beiden Jahre verbracht habe. Gemeint ist seine Nordafrika-Reise und der hektische Schlössertourismus.

Am 23. Januar bekommt die Fürstin von Rilke einen türkisblauen Band, der sie nicht allein der Farbe wegen entzückt. Er enthält die erste der Elegien, die Rilke der Füstin samt einem Begleitbrief feierlich übersendet. Denn Rilke weiß, was er seiner Gönnerin schuldig ist. Die Fürstin erfährt so als erste die Legende von der Stimme, die ihm die ersten Zeilen der Elegie eingab.

Er weiß, Marie von Thurn und Taxis wird diese Legende vom Engel verbreiten helfen. So haben auch wir es erfahren, daß Rilke, zwei Tage zuvor, auf der Flucht vor einem lästigen Geschäftsbrief, zum Meer hinabgestiegen war. Draußen wehte ein starker Wind, eine Bora, und die Sonne schien über dem Meer. Rilke stieg die Felsen zum Meer hinunter, in Gedanken ganz mit seiner Geschäftspost beschäftigt. Da drang durch das Dröhnen von Wind und Brandung eine Stimme zu ihm: »Wer, wenn ich schriee, hörte mich denn aus der Engel Ordnungen? …«

Der Mythos der Duineser Elegien ist geboren.

In seinen Brief-Klagen an Lou bleibt er, der auf Duino großzügig Beherbergte, jedoch konstant: *Liebe Lou, wenns geht, so*
bleib ich wahrscheinlich bis in den Frühling hinein hier, ob-
wohl mir weder das Haus noch das Klima recht zusagt; dieser
fortwährende Wechsel zwischen Bora und Scirocco thut mei-
nen Nerven nicht gut und ich erschöpfe mich darin, das Eine
und das Andere mitzumachen.

Alles Österreichische, schreibt Rilke, sei ihm zuwider. Des
Dichters Sehnsucht bringt das als fantastische Möglichkeit
zusammen, was in der Wirklichkeit getrennt bleibt. Allein Lou
gegenüber fügt sich dieses Trennende in eins: *Ich sehne mich*
nach Neapel oder ich möchte stundenlang im Schnee durch
den Wald laufen und hernach mit Dir köstlichen Kaffee trin-
ken.

Hier tritt uns etwas in der Gestalt Rilkes entgegen, was wir bei
Robert Musil in »Der Mann ohne Eigenschaften« am eindring-
lichsten geschildert finden. Ulrich, Musils »eigenschaftsloser«
Held, der daran leidet, zu viele Eigenschaften zu haben, aber
immer die falschen, also unpraktikablen, nicht verwertbaren –
er ähnelt sehr Rilke: kein Wirklichkeits-, sondern ein reiner
Möglichkeitsmensch, ganz auf die »noch nicht erwachten Eigenschaften Gottes« lauschend. Musil beschreibt das Ende eines Zeitalters, die 19.-Jahrhundert-Welt der k. u. k. Monarchie.
Rilke lebt in deren Schatten. Das kapitalistische Metropolen-
Zeitalter des 20. Jahrhunderts trifft ihn in Paris – als Schock.
Großstadtwildnis, in der der einzelne verlorengeht, zumal
wenn er so etwas Altertümliches wie eine Seele besitzt.

Die neue Welt ist ein Laboratorium der Angst und ihrer Masken, die sie sich aufsetzt, weil sie sich selbst nicht aushält.
Rilke, der minutiöse Selbstbeobachter, hat das sehr wohl erkannt und es Lou am 13. November 1903 anvertraut: *Mein*
Kampf, Lou, und meine Gefahr liegt darin, daß ich nicht wirk-
lichwerden kann, daß es immer Dinge gibt, die mich verleug-
nen, Ereignisse, die mitten durch mich durchgehen, wirklicher
denn ich und so, als ob ich nicht wäre. Früher glaubte ich, das

würde besser, wenn ich einmal ein Haus hätte, eine Frau und ein Kind, Wirkliches und Unleugbares; glaubte, daß ich sichtbarer würde damit, greifbarer, thatsächlicher. Aber sieh, Westerwede war, war wirklich: denn ich habe selbst das Haus gebaut und alles gemacht was darin war. Aber es war eine Wirklichkeit a u ß e r mir, ich war nicht mehr darin und ging nicht darin auf.

Seine Utopie: Ein Wirklichkeitsgefühl zu erlangen, das ihm erlaube, ein Wirklicher unter Wirklichen zu sein. Dem entgegen aber steht die zunehmende Unwirklichkeit der urbanen Wirklichkeit, wie Rilke sie erfährt. Wo ist der Ausweg?

Tod und Geschlechtlichkeit

Rilke nennt den Tod *einen bläulichen Absud in einer Tasse ohne Untersatz.* Ein hartes Bild, das nichts romantisiert. Lou Andreas-Salomé hat mit der Frage nach dem Tod ihr Rilke-Buch eröffnet. Von vornherein habe eine Bezogenheit zwischen dem Dichter und dem Tod bestanden: »Denn durch den Tod geschieht nicht bloß ein Unsichtbarwerden, sondern auch ein neues Insichtbarkeittreten; nicht nur wird hinweggeraubt, es wird auch auf eine nie erfahrene Weise hinzugetan.« Die Todesnähe der Dinge, die er besinge, ihr Hineinleben ins Zarte, Vergängliche, Hinfällige, scheine sie ihm erst poesiereif zu machen.

Thomas Macho spricht von Rilkes »Mystifizierung des Todes«. Sollte man so den Realismus nennen, das Wissen darum, daß erst der Tod dem Leben seinen Wert gibt? In einem Brief über den »Malte« vom 8. November 1915 an Lotte Heppner erklärt Rilke diese Dialektik, die nichts von Todesverherrlichung besitzt: *... blüht ein Baum, so blüht so gut der Tod in ihm wie das Leben, und der Acker ist voller Tod, der aus seinem liegenden Gesicht einen reichen Ausdruck des Lebens treibt, und die Tiere* *gehen geduldig von einem ins andere – und überall um uns ist der Tod noch zu Haus, und aus den Ritzen der Dinge sieht er uns zu, und ein rostiger Nagel, der irgendwo aus einer Planke steht, tut Tag und Nacht nichts als sich freuen über ihn.* Der Gedankengang mündet in den Satz: *denn sie sind voller Tod, indem sie voller Leben sind.* Das ist das Gegenteil einer Romantisierung. Es spricht vielmehr die moderne Schicksalslosigkeit des Großstadtbewohners aus, das Zerreißen aller tradierten Sinnzusammenhänge, die das Verhältnis von Leben und Tod bisher bestimmten. Im »Malte« wird es so radikal formuliert, wie zu dieser Zeit nur noch bei Kafka. Menschliche Beziehungen verlieren die Kontur, auch die Liebe, die *zwischen den Menschen die Zahlen verwirrt, um ein Spiel von Nähen und Fernen einzuführen.* An Lotte Heppner schreibt er über Tolstois »Der Tod des Iwan Iljitsch«: *... deshalb konnte dieser Mensch so tief, so fassungslos erschrecken, wenn er gewahrte, daß es irgendwo den puren Tod gab, die Flasche voll Tod oder diese häßliche Tasse mit dem abgebrochenen Henkel und der sinnlosen Aufschrift ›Glaube, Liebe, Hoffnung‹, aus der einer Bitternis des unverdünnten Todes zu trinken gezwungen war ...* Wenn man nicht mehr an ein jenseitiges Leben glaubt, bekommt der Tod eine andere Stellung: im Leben. In seinem letzten Prosatext von 1922, dem »Brief eines jungen Arbeiters«, notiert Rilke ganz aus dem Geist der Religionskritik eines Heine, Nietzsche und Feuerbach heraus: *Gebt uns Lehrer, die uns das Hiesige rühmen!* Das Geschlechtliche wird darin befreit und aus seiner entwürdigenden Instrumentalisierung, der christlichen Leibfeindschaft erlöst – gewinnt so erst selbst eine geistige Tiefe, einen Sinn fürs Göttliche: *... mein Geschlecht ist nicht nur den Nachkommen zugekehrt, es ist das Geheimnis meines eigenen Lebens –, und nur weil es dort, wie es scheint, den mittleren Platz nicht einnehmen soll, haben so viele es an ihren Rand verschoben und darüber das Gleichgewicht verloren.* Das läuft auf ein neues Körperbewußtsein heraus, das sich nicht ducken und kleinmachen lassen will: *Ich will mich*

*nicht schlecht machen lassen um Christi willen, sondern gut
sein für Gott. Ich will nicht von vornherein als ein Sündiger an-
geredet sein, vielleicht bin ich es nicht. Ich habe so reine Morgen! Ich könnte mit Gott reden, ich brauche niemanden, der mir
Briefe an ihn aufsetzen hilft.*

Die Frage nach dem *eigenen Tod* aus dem »Malte Laurids
Brigge« ist immer identisch mit der Frage nach dem eigenen
Leben. Und da stoßen wir sofort auf die besondere Leib-Pro-
blematik bei Rilke, die Unsicherheit dem eigenen Körper
gegenüber. Lou bemerkt sie sofort und sieht eine Ursache dafür in Rilkes früher Kindheit in Mädchenkleidern, seinem Verhältnis der Haßliebe zur Mutter überhaupt. Bei Lou Andreas-
Salomé liegt die Bedeutung des Todes für Rilke auch in der
Befreiung vom Körper. Damit hat sie zweifellos recht. Denn
Rilke liebt seinen Körper nicht. Im Gegenteil, das Geistige und
das Körperliche liegen bei ihm lebenslang im Kampf miteinander. Die Versöhnung mit der eigenen Natur mißlingt. Dabei
formuliert er den Anspruch in seinen »Briefen an einen jungen
Dichter« sehr klar: *Und tatsächlich liegt ja künstlerisches Erleben so unglaublich nahe am geschlechtlichen, an seinem
Weh und seiner Lust, daß die beiden Erscheinungen eigentlich
nur verschiedene Formen ein und derselben Sehnsucht und
Seligkeit sind.*
Rilke hat Lou einmal einen Traum erzählt. Er lag darin neben
einer aufgerissenen Gruft, in die ihn ein dicht vor ihm hoch
aufgerichteter Grabstein bei der geringsten Bewegung zu stürzen drohte. Auf dem Stein war bereits sein Name zu lesen. Die
eigentliche Angst empfand er davor, dieser Name könne mit
ihm verwechselt werden, wenn er selbst in der Gruft unter ihm
verschwände. Der Alptraum vom Nachruhm.
Die Diskrepanz zwischen Selbstbild und jenem Fremdbild vom
Dichter, das andere an ihn herantragen. Lou, psychoanalytisch
geschult, kommentiert: »Die Art und Weise, wie er von Kör-
perzuständen sprach, von Befremdungen und Beklemmungen

176

durch sie, mahnte in irgend etwas an diesen Traum; es mahnte an eine gewalttätige Forderung, zwei unvereinbare Lagen in eine zusammenzuziehen, das Aufgerichtete *und* das Versenkte zu sein, unter der gleichen Namensgebung; zur Vernichtung ins erstickend Weiche der Erde gebettet, und sie, steinern überragend, als Wahrzeichen des Unvernichtbaren, des Gedenkmals.« Lou sieht in solchen »Traumängsten« ein Pubertätsphänomen von Knaben, »ehe sie ihr eigenes Geschlecht in ihr eigenes Ich voll einbezogen haben«. Die Fremdheit seinem Geschlecht gegenüber bleibt bei Rilke konstitutiv. Und das, obwohl er mit allen Kräften an einer Feier der Natürlichkeit arbeitet; er selbst ist nun einmal nicht natürlich im Umgang mit sich selbst. Lebenslang hat er die seltsamsten Krankheiten, die seiner Überempfindlichkeit entspringen. Natürlich wäre es gewesen, schreibt Lou, wenn »dieses Gefühl von beirrender Doppelgeschlechtlichkeit« von der Körperreife überwunden worden wäre: »es kommt am Gegengeschlecht meistens zur Korrektur; die erotische Partnerschaft bringt die Wohltat eindeutiger Wesensfestigung.« Aber nicht bei Rilke, der bleibt in dieser Hinsicht labil, zwischen Askese und Erotomanie pendelnd. Und daran hat in gehörigem Maße diejenige einen Anteil, die Rilke so präzise zu analysieren versteht: Lou. Sie war dem ganz jungen Rilke Mutterersatz und Geliebte zugleich. Damit prägte sie ein Muster. Und schlimmer noch, sie stieß Rilke immer dann fort, wenn er sie störte: Sie kränkte ihn gleichzeitig tief und befestigte doch eine Abhängigkeit, über die von ihr selbst unschön dramatisch mit ihrem »Letzten Zuruf« vollzogene Trennung hinaus.

Rilke blieb Frauen gegenüber ein Kind. Lou, fern aller kritischen Sicht auf ihre eigene Rolle bei Rilkes mißglückter Mannwerdung, verallgemeinert statt dessen ihre Diagnose. Der schöpferische Mensch trage immer in sich einen Nebenbuhler, das Werkhafte lenke ihn vom Partnerschaftlichen ab. »Für Rilke wurde seine Körperlichkeit mehr und mehr der Leidträger für alles, der fragwürdige Punkt, obgleich in ihm selbst keine Spur von asketischen Neigungen vorhanden war, sondern jene volle Freude an allem Sinnlichen, Sinnenfälligen, die der Künstler gar nicht entbehren kann.« Die Folge davon, daß das »Leibliche beim Schaffensprozess nicht mittat, verstörte ihn je länger, je mehr, es enthielt ihm die Eindeutigkeit und Einheitlichkeit vor, nach der allein alles in ihm verlangte.« Das Resultat war das Ausbleiben von Erholung und eine chronische Müdigkeit, fast ständige Krankheitszustände. Rilkes Narzißmus ist einer wider Willen – zumindest wider den eigenen Körper.

Eine weitere Facette spielt in Rilkes Auffassung von Geschlechtlichkeit hinein. Bereits im März 1905 hatte er während einer Kur zusammen mit Clara in Dresden, »Weißer Hirsch«, Otto Weiningers »Geschlecht und Charakter« gelesen, ein damals starkes Aufsehen erregendes Buch. Weininger selbst hatte sich, gerade 23jährig, in Beethovens Wohnhaus in Frankfurt a. M. das Leben genommen. Rilke fasziniert Weiningers These von der »Bisexualität allen Lebens«, die große Relativierung des Geschlechtergegensatzes. Männlich und weiblich, das sind hier fließende Bestimmungen. Das hat Rückbezüge bis zu Jakob Böhmes Mythos vom »androgynen Adam«, der die geschlechtliche Getrenntheit in sich selbst wieder vereint und damit latent die Doppelgeschlechtlichkeit zur Utopie erhebt. Wie diese Einheit zu erreichen ist? Für die Mystiker durch Ekstase. Dies ist kulturgeschichtlich der Weg des Schwärmertums. Auch er führt – über Seitenwege – zum modernen Ich-Bewußtsein, wie von Robert Musil im »Mann ohne Eigenschaften« anhand der Geschwisterliebe zwischen Ulrich und Agathe vorgeführt.

Der Mann-Frau-Gegensatz ist relativ, weil er eine höhere Einheit findet, im Gegensatz von Leben und Tod. Aber auch dieser ist relativ, wie Rilke in »Sonette an Orpheus« zeigen wird. An die Gräfin Sizzo schreibt er am Drei-Königs-Tag 1923: *Ich will nicht sagen, daß man den Tod l i e b e n soll; aber man soll das Leben so großmütig, so ohne Rechnen und Auswählen lie-*

ben, daß man unwillkürlich, ihn (des Lebens abgekehrte Seite),
immerfort mit ein-bezieht, ihn mit-liebt, – was ja auch tat-
sächlich in den großen Bewegungen der Liebe, die unaufhalt-
sam sind und unabgrenzbar, jedesmal geschieht! Nur weil wir
den Tod ausschließen in einer plötzlichen Besinnung, ist er
mehr und mehr zum Fremden geworden und, da wir ihn im
Fremden hielten, ein Feindliches ... Das Leben sagt immer zu-
gleich: Ja und Nein. Er, der Tod (ich beschwöre Sie, es zu glau-
ben!), ist der eigentliche Ja-Sager. Er sagt nur: Ja. Vor aller
Ewigkeit.

Engel aus Schmerz: Ilse Erdmann

Für Rilke sind Briefe Selbstverständigungsmedien, mäandrie-
rende Prologe der eigenen noch unausgetragenen Dichtung.
Probe des Selbstzweifels auf die Gewißheit des Werks. Der
Briefwechsel mit Ilse Erdmann ist – ebenso wie der mit Lisa
Heise – frei von aller erotischen Besitzergreifungsattitüde. Die
ans Bett gefesselte Kranke gesteht später, nur durch Rilkes
Ansprache den Mut zum Überstehn gefunden zu haben. Und
Rilke, scheint es, nimmt es nicht als Last, sondern als Medium
des konzentrierten Beisich-Seins. Lou Albert-Lasard über-
mittelt er: *Bestärke nur Ilse Erdmann in dem Gefühl, daß sie*
mir immer schreiben könne, denn sie wirft sich´s immer wie-
der vor, und es ist doch so nah und einfach von ihr zu mir.
Darin möchte sie sich gehen lassen.
Aber hier herrscht nicht das Mitgefühl für eine Behinderte,
sondern die Monomanie des Dichters, der ständig Selbstver-
gewisserungsübungen betreibt und auf der Suche nach einem
Adressaten ist für seine Monologe. Nur so bekommen diese
Briefe eine Substanz, die sie über die bloße Konversation hin-
ausheben. Immer geht es Rilke um sein Werk, um die Schaf-
fung von optimalen Bedingungen (selten genug), es hervorzu-

bringen, denn, so Rilke am 11. September 1925: ... *ich würde mich als der im Grunde Unbeholfenste, ja als nahezu Hülfebegehrender herausstellen, während Sie in mir doch den Helfenden anzureden entschlossen sind.*

Dann spricht er zu Ilse Erdmann auch über Schmerz und Tod. Hier zeigt sich, wie sehr Rilke doch von Alfred Schulers (einem Vertreter des George-Kreises) Todesidealisierung beeinflußt ist – was bis in die Konzeption des Engels der Duineser Elegien hinein wirkt. So heißt es in demselben Brief: *Über Ihre Stellung zum körperlichen Schmerz habe ich viel nachgedacht, und angemerkt, daß ein bloßes Wahrsein in ihm nicht notwendig zur reinen Armut führe, da er ja selbst keine Dürftigkeit, sondern ein Aufwand (im Körper) ist. Und über das gründliche Miterlebnis des Todes: verhält es sich damit nicht, wie mit dem Häßlichen in der Kunst, das eben durch die Bewältigung zur Kunst schuldlos wird? –, so wird es auch i m L e b e n vor allem E r l e b n i s, mit den Toten tot zu sein, und damit unsere Spannung, ein zu Leistendes, Unsriges: ein Reichersein um den Tod.*

Aus dieser Perspektive, die die des Engels der Elegien ist, versteht man Rilkes Ilse Erdmann in einem Brief vom 9. November 1916 mitgeteilte Position, die sich in den folgenden Jahren immer mehr zuspitzen wird: *Die Menschen waren mir immer das Ungewisseste und ich selber eine Stelle, in der Geben und Zurücknehmen oft schon beinah dasselbe war, so rasch schlug ein wahrhaftigster Antrieb in sein Gegenteil um ...* Auf die Menschen zählt Rilke also nicht, wir alle sind, wie es in der ersten der Duineser Elegien heißt, nicht sehr verläßlich in der gedeuteten Welt – aus der Perspektive des Engels (des Reicherseins um den Tod) gesehen. Was ist da für uns Sterbliche möglich? Rilke an Ilse Erdmann: *Die Unsicherheit ganz groß nehmen –: in einer unendlichen wird auch die Sicherheit unendlich ...* So verstrickt er sich in seinen Beziehungen nicht nur immer wieder erotisch, er führt auch geradezu philosophische Debatten mit seinen Briefpartnerinnen. Diese Philosophie zeigt deutlich mystisch-pantheistische Züge, den Zusammenfall der Gegensätze im All-Einen. Die kosmologische Dimension prägt Rilkes gesamtes Spätwerk.

Katharina Kippenberg: Verlegersfrau und Engelsinterpretin

Ihre Kommentare zu Rilkes Spätwerk gehen tief. Ebenso tief ist ihre Verehrung für Rilke, den sie in einem Maße idealisiert (zu einem Schiller und Hölderlin des 20. Jahrhunderts stilisiert), daß man mit etwas bösem Willen sagen könnte, Rilke und Katharina Kippenberg hätten sich in ihrer gemeinsamen Neigung zum Manierismus getroffen. Rilke reagiert mitunter allergisch auf seine deutsch-nationalen Verleger, die es doch so gut mit ihm meinen und zu seinen hilfreichsten Freunden zählen. Er, der oft bei ihnen zu Gast war (in den Leipziger Verlagsräumen hatte er den »Malte Laurids Brigge« vollendet), erschrickt, als sich das Verlegerehepaar Anton und Katharina Kippenberg bei ihm auf Schloß Berg zu Besuch anmeldet. Mehr noch, der Meister des Schmeichelns und charmanten Guten-Eindruck-Machens, läßt sich ein bißchen gehen. Zutage kommt der von seiner Dichterrolle sichtlich genervte Mensch. Nanny Wunderly-Volkart teilt er am 28. Dezember 1920 mit, was ihn erwartet: *Man wird reden und reden, ›er‹ wird rauchen, – ›sie‹, ach was wird sie nicht alles fühlen, vorfühlen, nachfühlen, hastig und krampfhaft in ihrem viel zu großen Körper.* Und als wenn es damit noch nicht genug wäre, fügt er an: *Hamburgerin!* Solche – wohltuend offenen – Verismen finden sich höchst selten bei Rilke, der die Maske aus Höflichkeit fast nie absetzt.

Dabei hat Katharina Kippenberg Wichtiges gerade über das Spätwerk Rilkes zu sagen. Das sieht sie ganz im Geiste Hölderlins stehen, seines: »Was bleibt, aber stiften die Dichter.«

Um das Geistige in der Kunst geht es, wenn sie über Rilke spricht. Diese Verteidigung des Geistes in eher geistlosen Zeiten tut wohl.

Katharina Kippenberg prägt, als Frau des Insel-Verlegers Anton Kippenberg, das Profil der Insel-Bücher entscheidend mit. Jahrelang, als ihr Mann im Ersten Weltkrieg Soldat ist, führt sie den Verlag allein. Um Rilke bemüht sie sich ganz besonders. Anders als für Lou Andreas-Salomé, die Rilkes Spätwerk eher mit Unverständnis sieht und sich vor allem an frühe Rußland-schwärmerei und das »Stundenbuch« klammert, beginnt für Katharina Kippenberg Rilke erst mit den »Aufzeichnungen des Malte Laurids Brigge« bedeutsam zu werden.

Die Kippenbergs gelten gemeinhin eher als deutsch-nationale Intellektuelle. Carl Zuckmayer hat in seinem »Geheimreport« (1940/44) für den amerikanischen Geheimdienst »Office of Strategic Service« über deutsche Intellektuelle, auch über Katharina und Anton Kippenberg berichtet. Er konstatiert »ein wenig deutschtümelnde Tendenzen« und »gleichzeitig die Tradition geistiger Freiheit«, resümiert einen »›vergeistigten‹ schillerisch idealisierten Patriotismus«.

Katharina Kippenberg hat in ihrem Buch »Rainer Maria Rilke – Ein Beitrag« die Dimension deutlich gemacht, deren sich alles Reden über den Dichter bewußt sein muß: »Der Dichter fragt, wie es einem Menschen möglich gewesen sei, im geistigen Sinne zu leben. Darin liegt, daß es etwas Schweres ist, es zu tun. In der Tat, wenn man auf der einen Seite die ungeheure Masse Welt, auf der anderen das Ich betrachtet, das sich in ihm behaupten soll, so wird die ganze Größe und Härte der Aufgabe offenbar.«

Über das Verhältnis Rilkes zu den Frauen heißt es bei ihr schlicht: »Die Frau stand Rilke näher als der Mann«. Rilke sagt es ihr gegenüber sogar noch deutlicher: *Die Männer sind mir fremd, ich sehe sie nur mir unverständliche Aktionen machen. Die Frauen rühren mich.* Diese Selbstaussage führt uns in Zentrum von Rilkes Wesen und damit seines Werks. Es zeigt die

Dialektik, in der Rilkes Entwicklung gesehen werden muß. Das Gefühlshaft-Stilisierte des Frühwerks, das Slawophil-Versonnene nahe am Kunstgewerbe, das unter Lous Einfluß überhaupt erst Werkcharakter erhielt, fiel von Rilke wie eine Larve ab, als er nach Paris kam, diesem Moloch der westlichen Welt. Hier traf er auf die Kälteströme der Moderne und Rodins Auffassung vom Künstler als Arbeiter in Permanenz. Hier gelang Rilke der Durchbruch – die »Neuen Gedichte« als plastische Sprachausformungen des Gesehenen und der »Malte Laurids Brigge«, als Chronik des Individuums in der anonymen Großstadt entstanden. Wie sollte es von hier aus weitergehen?

Der Erste Weltkrieg bringt den Fortschritt der äußeren Naturunterwerfung als bloße Technisierung zur Konsequenz. Die Technik tritt hervor als neuer Mythos, wie ihn Ernst Jünger als »Stahlgewitter« charakterisiert hat. Hier sollte nun Rilkes Neuansatzpunkt liegen: im Mythos des Engels und des Orpheus.

Beide Zyklen spiegeln somit Rilkes Versuch, Analytik und Vision zusammenzubringen, als Revision des Vorfindlichen. Katharina Kippenbergs großer Beitrag besteht nun darin, Wege zum Verständnis dieser hermetische Züge tragenden beiden großen Zyklen des Spätwerks, der »Duineser Elegien« und der »Sonette an Orpheus«, aufgezeigt zu haben.

Ihr Kommentar macht deutlich, wie unauflösbar eng das weibliche Prinzip mit diesen beiden Zyklen verbunden ist. Denn man darf nicht vergessen, wie tief Rilke der Weltkrieg (seine Episode als Soldat darin) und die Räterepublik in München traumatisiert haben. Da wird die Zuflucht Muzot (von 1921 bis 1926) in ihrer ganzen fragilen Künstlichkeit offenbar. Die alte Welt ist untergegangen – Rilke hat es im »Malte Laurids Brigge« vorausgeahnt. Und nun, nach dem Untergang? Nun kommt Rilke uns mit Engeln und dem Sänger der Unterwelt Orpheus. Auch der Elegien-Engel scheint aus Eisen.

Katharina Kippenberg sieht als zentralen Punkt in Rilkes Zeitkritik die »Hypertrophie des Handelns«. »Bequemer als das Sein ist das Tun, das sich der tieferen Leistung wie auf einer

Flucht vor seinem toten Selbst entzieht.« Damit erfolgt der Schritt über Paris und Rodin hinaus. Es ist kein Schritt zurück zu Rußland und den Slawophilen, sondern ein fortschreitendes Aufheben auch »des Anderen«, des Ursprünglichen. Fortschreiten, derart als Verbreitern der geistigen Grundlage verstanden, ist kein bloßes Dementi, kein »Aussteigen« aus der Moderne, sondern will die Synthese von Ratio und Gefühl, von Zeichen (Schrift) und Bild, von Arbeit und Kontemplation, von Sein und Tun. Denn, so Katharina Kippenbergs Einwand gegen das von Rodin verkörperte Prinzip Arbeit: »Arbeit ist oft nur eine Trägheit der Seele.« Aber dies ist ein Einwand, der Rodin nachfolgt und ihn nicht etwa durchstreicht. Er verteidigt dessen geistig-künstlerischen Anspruch gegen die seelische Entleerung im bloß fortlaufenden Prozeß einer auf Tätigkeit um *jeden Preis* (auch den der Aufhebung des Sinns von Tun) fixierten Kultur.

Hier kommt dann das »Bleibende und Ruhende in der Frau« zur Sprache. Das Weibliche als Alternative zum männlichen Tätigkeitsprinzip: »Nur der Mann war getrieben, sich der äußeren Welt so einzulassen, daß er sie sich alsdann mit Technik zu unterwerfen vermochte.«

Katharina Kippenberg berichtet auch über ein bizarres Zusammentreffen Rilkes in Weimar mit Elisabeth Förster-Nietzsche, der Schwester des Philosophen. Wie sie Nietzsches Philosophie mißversteht, so auch Rilkes Dichtung. Katharina Kippenberg beschreibt ihre Erscheinung mit sicherer weiblicher Beobachtungsgabe als wie aus »einem Familienbilde der Biedermeierzeit ausgeschnitten«. Der provinzielle Charakter drängt nach außen: »Hübsche kleine Rüschen, Frillen und Tollen schmückten in schneeiger Weiße ihr Kleid und umrahmten das kindlich-rosige alte Gesicht mit den großen, runden blauen Augen.« Wie ihre Kleidung, so habe sich auch ihr Geplauder gekräuselt in »anmutigen Windungen und Wendungen«. Aber Rilke ist hinterher empört. Ausschließlich unzutreffende Dinge habe sie über seine Arbeiten geäußert. Vor allem ärgert ihn,

daß sie gesagt hat, man merke seinen Gedichten an, daß sie
»spontan und unmittelbar aus der Inspiration« entsprungen
seien. Wie gut könnte der da längst tote und nach Elisabeths
Vorstellung zurechtgemachte Friedrich Nietzsche in diese
Klage Rilkes einstimmen: In Wirklichkeit ist alles ganz anders!
Anton Kippenberg hat sich 1947 an ein Gespräch mit Katharina Kippenberg – wenige Tage vor ihrem Tod – erinnert. Ein
Satz Rilkes ließ die Interpretin der großen Gedichtzyklen nicht
zur Ruhe kommen. Rilke habe ihr gesagt, man müsse auch das
Dunkle in den Gedichten hinnehmen, es fordere Unterwer-
fung, nicht Aufklärung.

Was ist der Engel?

Jedenfalls kein katholisch-ornamentales Flügelwesen. Zuge-
spitzt könnte man sagen, der Engel ist Rilke so fern, wie ihm
lebenslang die Mutter blieb: voll kalter Schönheit. Der Engel
tritt hervor, damit, wie Dieter Bassermann in seinem Buch
»Der späte Rilke« schreibt, »wenigstens irgendwer greifbar und
da ist, dem man *nicht* großtun kann, mit herrlich Erfühltem,
wie es sonst allem gegenüber, ohne Ausnahme, des Menschen
Brauch ist. Einzig der Engel ist in seiner Unerbittlichkeit dieser Möglichkeit entzogen. Dadurch aber wird er für das
menschlich Eigentliche und Wirkliche zum Maß.«
Rilke behandelt die Liebe wie ein Artist. Sie ist ihm der Stoff,
aus dem Form werden soll. Das Engels-Bild hebt den Seelen-
zustand des Dichters in die Wirklichkeit des Wortes. Wenn
man also den Engel der Duineser Elegien verstehen will, dieses Symbol einer an sich selbst verzweifelnden Fernstenliebe,
dann muß man sich noch einmal der narzißtischen Ur-Szene,
der lieblosen Mutter-Kind-Beziehung zuwenden.
Liebe, hat das Kind René erfahren, ist eine Maskerade, die man
äußerlich aufführt für andere. Das kehrt er um: Liebe ist fortan

das für ihn, was er im stillen trägt, dem Zugriff des Außen entzogen.

Der Engel wird so zum Symbol eines zwangsläufig vergeblichen Selbsterlösungsversuchs aus diesem narzißtischen Spiegellabyrinth der hermetischen Selbstbezüglichkeiten, die ihn gefangenhalten. Die Duineser Elegien: ein Versuch, die Spiegel zu zerbrechen und zum Ur-Bild durchzustoßen, das selber keine Spiegelung ist, sondern das, in dem sich alles spiegelt. Es wird Frage nach Gott als schöpferischem Prinzip. Gott, das ist für Rilke der Künstler in Vollendung:

Jeder Engel ist schrecklich. Und dennoch, weh mir,
ansing ich euch, fast tödliche Vögel der Seele,
wissend um euch.

(Zweite Duineser Elegie)

Zugleich Liebes- und Todesengel: Eine Ikone der vollendeten Selbstanschauung des Dichters, der das unsterbliche Wort geboren hat – und über dieser Geburt gestorben ist. Der plötzliche Tod der Malerin Paula Modersohn-Becker verfolgt ihn lange. Sie hatte ihn geliebt, und er ließ sie fallen.

Aus der Ferne, die ihn vor jeder Nähe und Bindung schützt, liebt Rilke innig – jenes Bild, das er selbst sich von der Liebe macht. Er stilisiert die Frau zum Bild des Engels. Dieser ist dann zugleich Sinnbild weiblich-opferfähiger, also gebärfähiger Weisheit – und des Todes.

Schrecklich wird der Engel, weil wir durch ihn keinerlei Erlösung zu erwarten haben. Wie die Sphinx von Gizeh, die Rilke auf seiner Ägyptenreise 1911 sah, antwortet der Engel nicht auf unsere Anrufungen. Er entzieht sich jeder Instrumentalisierungsabsicht. Der Dichter geht den Passions-Weg der Selbsterkenntnis – im Bohèmekostüm.

Es war Edvard Munchs Ur-Schrei der Angst, den Rilke auf Schloß Duino durch das Dröhnen des Meeres hindurch hörte.

186

Rilke am 13. November 1925 an Witold Hulewicz: *Der Engel der Elegien ist dasjenige Wesen, das dafür einsteht, im Unsichtbaren einen höheren Rang der Realität zu erkennen. – Daher ›schrecklich‹ für uns, weil wir, seine Liebenden und Verwandler, doch noch am Sichtbaren hängen.* Der Engel also wird zum Gegenbereich der *gedeuteten Welt,* von der in der Ersten Elegie die Rede ist, wir seien in ihr *nicht sehr verläßlich zu Haus.* Wer merkt das? Die *findigen Tiere.*

Der Engel tritt auf als Wächter an der Pforte zum Transzendenten. Ein Bote auch, zwischen der Tag- und der Nachtseite menschlicher Existenz, zwischen Geist und Trieb, Gestaltung und Zerstörung.

Engel sind Zwischenwesen. Vögel der Seele. Totenvögel. Sie gehören keiner festen Ordnung an, sie pendeln unstet zwischen Himmel und Erde, zwischen Leben und Tod – auch zwischen männlich und weiblich. Dichter ist, wer einbezogen wird in die Transitwege des Engels. Dichter ist, wer mit den Toten spricht. Katharina Kippenberg schreibt: »Der Engel wird schrecklich genannt. Da geht der Dichter auf den ursprünglichen Sprachgebrauch zurück und will sagen, daß der Mensch dem Anblick des Engels nicht gewachsen sei, und er ihn in den höchsten Schrecken versetzen würde, ebenso wie das Schöne, wenn es uns in seiner ganzen Vollkommenheit offenbar würde, über unsere Fassungskraft ginge und auch ein Schreckliches wäre.«

In der griechischen Mythologie gibt es die Figur des Hermes, des Götterboten, der selbst halb Mensch, halb Gott ist. Er symbolisiert unsere unreine Zwitterexistenz, die für alle Arten Vollkommenheit nicht eingerichtet ist. Halb Fleisch, halb Geist. Halb göttlich, halb tierisch. Auf halbem Wege auch zur Unsterblichkeit (und nichts anderes wäre Vollkommenheit!) steckengeblieben. Der Tod, der Vollkommenheit dunkle Seite, hat uns auch schon halb. Hermes wandert zwischen diesen Welten hin und her. Halb entzieht er sich, halb schleicht er sich ein. Überbringt dabei die Götter-Botschaften, aber so, daß es am Ende seine eigenen Botschaften sind. Hermes ist ein Botschaften-Erfinder. Hermeneutik, die Kunst des Verstehens, des Grenzen-Öffnens, sie gründet in Hermes. Verstehen ist hier ein Zur-Sprache-Kommen. Aber auch das Gegenteil davon geht auf Hermes zurück: die Hermetik. Die unübersetzbar-abgeschlossene Erfahrungswelt schweigt beharrlich, weil alle Sprache zu kurz greift. Das Wort klärt sich hier nicht zur Mitteilung, ist nicht aus der Welt, in der es entstand, in eine andere zu übersetzen. Hermes symbolisiert zugleich Offenheit und absolute Fremdheit, die uns Geheimnis bleibt.

Rilkes Hermes hat eine Engelsgestalt. In der Ersten Duineser Elegie lesen wir: *Engel (sagt man) wüßten oft nicht, ob sie unter Lebenden gehen oder Toten.* Engel sollen also die Grenze zwischen Endlichem und Unendlichem überwinden. Aber auf eine Unüberwindlichkeit stoßen sie doch: Der Übertritt in eine neue Welt löscht die alte aus. Der Engel, von uns selbst geschaffen, bleibt ein Teil jener fremden Welt, in die wir nicht eintreten, ohne aus uns herauszutreten.

Der Engel, der Leben hervorbringt, nimmt es auch wieder fort. Seine unsterbliche Schönheit hat den Preis, daß sie für die Sterblichen den Tod bringt. Der Engel ist das, was uns vom Unendlichen her eine Frist setzt.

Bei Rilke wird der Engel zum Bild für das In-Möglichkeit-Seiende. Leben heißt in diesem Bild: Verwandlung des Eigenen in ein Fremdes und des Fremden in ein Eigenes. Und Gott? Er ist nur da, wo man ihm keine Gestalt gibt, die Anbetung erlaubt. Der Engel wird zur Chiffre für diese Leerstelle, die man freihalten muß, für den abwesenden Gott.

Der Engel mehrt die Distanz in jeder Nähe. Er ist das Fremde in uns, feiert die Schönheit und bringt sie ins schockgefrorene Bild. Der individuelle Schmerz, er zählt nicht in dieser Engels-Ordnung.

Niemand hört den Schrei des einzelnen in einem anonym-unüberschaubaren Ganzen, wie es die Großstadt ist. Aber wenn uns die plötzliche Nähe eines anderen zustieße, es wäre ein

Unglück: *gesetzt selbst, es nähme einer mich plötzlich ans Herz: ich verginge von seinem stärkeren Dasein.*

Das Fazit dieser Paradoxie: wir gehen an der kalten Distanz der Fremdheit zugrunde und würden doch auch an der Annäherung, an einem zu starken Gefühl sterben. Weder ein Vorwärts in die Zukunft, noch ein Zurück in die Vergangenheit hilft uns aus der Gegenwart heraus. Die ist ein trostloses Dokument der Bindungslosigkeit: *Ach, wen vermögen wir denn zu brauchen? Engel nicht, Menschen nicht, und die findigen Tiere merken es schon, daß wir nicht sehr verläßlich zu Haus sind in der gedeuteten Welt.*

In den Duineser Elegien wird die Ästhetik des Narziß begründet. Wenn keine Bindung möglich ist zur feindlichen Welt, unter der man leidet, dann bleibt die reine Selbstbezüglichkeit. Liebe ist innen oder nirgends.

Und dann kehrt sich auch die Angst um: Nicht die Bindungslosigkeit des von der Welt Verlassenen wird als Bedrohung empfunden, sondern Bindung an Welt – in Gestalt einer Frau, die liebt. Da wird Nähe plötzlich eine tödliche Gefahr für die ganze Konstruktion der schrecklichen Engelsordnung, in der der Dichter so fruchtbar heimisch-unheimisch geworden ist. Das ist Rilkes Situation, die die Duineser Elegien beschreiben. Sehr klar und kühl hat Rilke das hier allein rettende Prinzip der Fernstenliebe an sich selbst diagnostiziert: *Warst du nicht immer noch von Erwartung zerstreut als kündigte alles eine Geliebte dir an? (Wo willst du sie bergen, da doch die großen fremden Gedanken bei dir ein und aus gehen und öfters bleiben bei Nacht.)* Soll heißen, in Rilkes Regie läßt der *Weltinnenraum* keinen anderen ein als den Dichter selbst.

Rilke sperrt sich ins Gefängnis der Fremdheit – und lebt davon, diese Fremdheit zu beklagen. Aber hatte er denn die Wahl? Ab einem bestimmten Punkt kaum. Nach der Hölle Paris, die er lieben lernte, war sein Zugang zur Welt geregelt. Liebe erfüllt sich nun für ihn, indem er sie ästhetisch ausdeutet – also als Bild auskostet. Aber als Nähebeziehung zwischen

Mann und Frau streicht er sie durch oder sieht in ihr bestenfalls eine Durchgangsstufe auf dem Weg zur vollkommenen Liebe: *Ist es nicht Zeit, daß wir liebend uns vom Geliebten befrein und es bebend bestehn: wie der Pfeil die Sehne besteht, um gesammelt im Absprung m e h r zu sein als er selbst.* Denn darum geht es Rilke bei aller Liebe: um Selbststeigerung. So verstandene Liebe ist Einübung in das Zurücklassen des Lebens, die er zur eigentlichen Lebens-Aufgabe stilisiert: *Freilich ist es seltsam, die Erde nicht mehr zu bewohnen, kaum erlernte Gebräuche nicht mehr zu üben, Rosen und anderen eigens versprechenden Dingen nicht die Bedeutung menschlicher Zukunft zu geben.*

Der Engel wacht eifersüchtig über die Pforten des göttlichen Kunstreiches, das auch ein höchst künstliches Reich ist. Es sind, so heißt es, die Engel *fast tödliche Vögel der Seele.* Auch *für* die Seele? Da klingt es fast wie ein Eingeständnis, ein zögerlicher Moment der Heimholung des Profanen, wenn Rilke in der Zweiten Elegie schreibt: *Fangen die Engel wirklich nur Ihriges auf, ihnen Entströmtes, oder ist manchmal, wie aus Versehen, ein wenig unseres Wesens dabei?*
Das Gefühl so groß und gleichzeitig so fern von sich halten zu wollen – da droht Manierismus. Etwas, das Thomas Mann mit Gustav von Aschenbach in seinen »Tod in Venedig« hineingezeichnet hat. Wenn in so einem Pathetiker der Distanz der Eros erwacht, wird es schnell komisch. Davor hat Rilke (der nur den ersten Teil der Mannschen Novelle gutheißen will und den zweiten Teil ablehnt) eine tief verborgene Angst: sich als abgewiesener Liebhaber lächerlich zu machen. Auch darum vielleicht das stilisierte Pathos des Liebenden, das er wie einen Generalverdacht prophylaktisch gegen jede Frau wendet, die sich ihm nähert.

München

Claire Goll, die erotomane Anarchistin

Am 25. Februar 1924 schreibt Claire Goll an Rilke: »Ich möchte Dein Bild ... Du kannst auch meins haben; aber ich sehe nur aus wie eine kleine Französin, während Du wie Rilke aussiehst.« Nun also ist er auch äußerlich mit dem Dichtermythos verschmolzen. Claire Goll nennt ihn einen »Erfinder bisher unentdeckter Nuancen der Liebe«, einen »Anwalt aller großen Unverstandenen«. Da derer bekanntlich viele sind, muß sich der Dichter um sein Publikum keine Sorgen machen.

Zwar sagt Claire Goll nicht, wie Marie von Thurn und Taxis, Rilke sei ihr auf den ersten Blick häßlich vorgekommen; sie sagt es anders. Er sei »ganz schmal, fast körperlos«. Das hat Folgen für die Leib-Liebe. Claire Goll dachte an einen »Kadetten in Zivil«, bevor sie mit ihm Liebe machte. Der feminine Dichter steht unter Männlichkeitsdauerbeweislast. Er führt den Beweis – phasenweise – mit sportlichem Ehrgeiz. Daraus wachsen wiederum Legenden, die sich um ihn als Sehnsuchts-Ikone ranken.

Rilke hätte zufrieden sein können mit seinem Erfolg bei den Frauen. Er war es nicht. Denn sie waren zwar nützlich, überlebensnotwendig gar als mütterliche Mäzeninnen, und auch ideell assistierten sie ihm bei der Ausforschung seines Ichs als kosmischer Tatsache, der er sein Spätwerk widmete. Jedoch störten sie zugleich auch wieder jene empfindliche seelische Balance, in der er allein produktiv sein konnte: Unabhängigkeit, Alleinsein. Bis zu seinem letzten Atemzug habe Rilke mit den Engeln und den Frauen gekämpft, behauptet Claire Goll – und sie hat recht.

Als Rilke sie im Spätherbst 1918 kennenlernt, heißt sie noch Claire Studer. Erst im Juli 1921 wird sie in Paris den Dichter Iwan Goll heiraten. Hier und jetzt aber herrscht der Ausnahmezustand. Historisch, weil der Weltgeist einen Blick auf die bis eben verschlafene königlich-bayerische Metropole geworfen hat und Revolution ist: Räterepublik. Auch Rilke sucht den Ausnahmestand, den seelischen. Im September 1918 lernt er eine junge Schauspielerin kennen, die nebenbei auch noch dichtet: Elya Maria Nevar. Rilke ist fasziniert, die Eltern des jungen Mädchens jedoch wachen mißtrauisch über das, was der alternde Dichter da mit ihrer Tochter anstellt. Rilke wittert den Konflikt und ist – nach wenigen Wochen – schon wieder auf dem Rückzug. Allerdings auf hitzige Weise unbefriedigt. Da trifft es sich gut, daß sich dem dreiundvierzigjährigen Dichter die achtundzwanzigjährige Claire Studer geradezu anbietet.

Für die Revolution begeistert, war sie aus der Schweiz angereist. Kaum in München, schreibt sie Rilke, daß sie ihn kennenlernen möchte. Es geht schnell mit ihnen. »Auf morgen abend« schließt Rilke am 18. November 1918 seine Antwort. Rilke kommt bei Claire ohne Zeitverlust und unnötige Umwege ans Ziel. Aber er vergißt nie die Form: *Dank! Immerfort kommt Herzliches von Dir zu mir, Liliane.* Schon mit dem nächsten Satz setzt jedoch ein, was immer einsetzt, wenn Rilke Nähe zugelassen hat: der Rückzug. Nun heißt es: »Noch weiß ich nicht, wieviel Zeit ich Dir heute geben kann …« Claire Studer aber hat in Liebesdingen das Temperament einer Französin. Sie läßt sich nicht abspeisen. Sie lebt couragiert ihr eigenes Leben, schreibt für linke Zeitungen, so daß Rilke es bald mit der Angst bekommt, er könnte es mit einer Revolutionärin zu tun haben. Obwohl auch Rilke der Räterepublik freundlich gegenübersteht – was ihn, nach deren Niederschlagung, das Wohnrecht in München kosten wird. Zwei polizeiliche Haussuchungen verschrecken ihn. Claire Studer, die bereits seit 1917 mit dem Avantgarde-Dichter Iwan Goll zusammenlebt, veröffentlicht 1918 ihren ersten Gedichtband »Mitwelt«, den sie Rilke sofort schickt. Der weiß dann auch, mit wem er es zu tun hat, als Claire Studer vor seiner Tür steht. Als Fünfundachtzigjährige schildert Claire Goll in ihrer Autobiographie »Ich verzeihe keinem« ihren ersten Besuch bei Rilke. Wie sie auf der Treppe vor der Tür des als Frauenverführer bekannten Dichters zitternd haltmacht und bei Paul Klee und seiner Frau, die ein Stockwerk tiefer wohnen, eine Pause einlegt, um sich zu sammeln. Dann erfahren wir, daß Rilke im Bett alles andere als zurückhaltend gewesen sei. Egal, wieviel Dichtung sich hier im verklärenden Licht der Erinnerung unter die Wahrheit mischt, vieles in ihrer Autobiographie ist aufreizend ungerecht, indiskret und gegenüber Fakten bis zur Legende großzügig. Aber ihr Urteil ist erfrischend direkt – und es trifft im Falle Rilkes den überspannten Nerv des Dichters. Daß sie Rilke erkannt hat, kann man sehr gut in ihrem unmittelbar nach dessen Tod 1927 verfaßten Aufsatz »Rilke und die Frauen« nachlesen. Darin schreibt sie: »So wird denn Rilke zum ewigen Flüchtling vor der Liebe, die ihn wie kaum einen anderen Unsterblichen verfolgt hat und die er – immer nach ihr rufend – suchen wird, indem er sie gleichzeitig zurückweist. (...) Aber selbst wenn er zurückweist, lockt er. Er, der in jeder Frau das Jenseits sucht, weiß nur zu gut, daß diese, im Jenseits seiner Gedichte, die rührende menschliche Erscheinung lockt.« Am anziehendsten sind für Rilke aber immer noch die Schauspielerinnen. An Claire Studer schreibt er nicht gerade rücksichtsvoll am 29. Dezember 1918: *Und bist Du jetzt bei Deiner unbegreiflich schönen Freundin, schlägst in sie über, voll, wie Du bist, meiner. Mir ist's wie ein heiliger Schrecken, daß ich dabei bin; sag ihr nur, ich mach mich leicht in Dir, um nur mit meinem Göttlichsten an sie zu rühren in Deiner Umarmung.* Mit der Freundin, die Rilke so unbegreiflich schön findet, ist die Schauspielerin Elisabeth Bergner gemeint.

Elya Maria Nevar

Als Claire Studer nach München kommt, mit Rilkes Namen ganz oben auf ihrer Liste angestrebter erotischer Eroberungen, befreit sie ihn aus der zarten erotischen Verbindung mit Else Hotop, jener jungen Schauspielerin, die sich Elya Maria Nevar nennt und unter diesem Namen später auch ihr Erinnerungsbuch »Freundschaft mit Rainer Maria Rilke« veröffentlichen wird. Else Hotop ist nicht so stürmisch wie Claire Goll, ihre Tonlage ist die einer naiv-innigen Bewunderung. Sie war 1916 nach München gekommen, um Kunstgeschichte und Literatur zu studieren. Das erste Mal sieht sie Rilke bei einer Lesung Else Lasker-Schülers. Ein knabenhaft wirkender »äußerst zierlicher« Mann betritt den Raum, und die junge Frau ist sofort fasziniert von seinen großen lichtblauen Augen. Kurz blicken sie sich an, die zukünftige Verbindung scheint da schon vorprogrammiert. Gerade noch kann sich Else Hotop über die seltsame Form des Bartes verwundern, der dem Gesicht eine »fast östliche Prägung« gegeben habe, dann ist er auch schon untergetaucht im Kreis seiner Begleiter. Zufällig wohnen sie beide in derselben Straße, er an einem Ende der Keferstraße, sie am anderen Ende. Dann geht Rilke erst einmal auf eine seiner vielen langen Reisen und Else Hotop wartet jeden Tag darauf, daß er zurückkommt. Und eines Tages steht dann, von der aufmerksamen Else beobachtet, tatsächlich ein Dienstmann da, auf dessen Mütze die Aufschrift »Hotel Continental« zu lesen ist, und trägt Koffer mit den Initialen RMR aus dem Haus Nr. 11 der Keferstraße. Else Hotop ist überrascht. Will Rilke München ganz verlassen? Nein, noch nicht, vorerst zieht er nur um, aber Else weiß nicht, wo seine neue Wohnung liegt. Manchmal begegnet sie ihm, unter den Bäumen des Englischen Gartens spazierengehend. »Es war eine Traurigkeit um ihn, die bis in ein Zusammengesunkensein der Schultern, ein Fahlwerden des Gesichtes, ein Glanzloses der Augen erkennbar ward.«

Else Hotop ist Mitglied in einer Laientheatergruppe, die sich der Aufführung mittelalterlicher Mysterienspiele widmet. Im Frühsommer führt die Gruppe das Augsburger Sankt-Georg-Spiel auf, und Else gibt darin die von Sankt Georg-befreite Königstochter. Darum nennt sie sich auch wie die Königstochter, die sie spielt: Elya. Zu aller Überraschung hört Else von ihrem Bühnen-Partner: »Rilke ist auch da«. Und am nächsten Abend: »Rilke ist wieder da.« Und er sieht nur Elya. Aber dann verschwindet er wieder und läßt eine ihm bereits mit allen Sinnen verfallene junge Frau zurück, mit der er bisher noch kein Wort gewechselt hat. So blühn die Legenden. Else-Elya schreibt, sie habe in der Straßenbahn zufällig einer Frau gegenübergesessen, die gerade dabei war, einen Brief an Rilke zu adressieren. Bei dem Umfang von Rilkes Korrespondenz scheint das nicht unwahrscheinlich. Jedenfalls vermag Else-Elya die neue Adresse mit einem Blick zu erhaschen: Ainmillerstraße 34. Else-Elya bezieht nun vor dem Eingang des Hauses Posten, und tatsächlich ist es so nur eine Frage der Zeit, bis Rilke sie mit gewohnt nachlässigem Charme aufsammeln wird. Nachträglich gefragt, warum er nicht im Theater auf sie zugetreten sei, bekommt sie von ihm zur Antwort: *Ich habe noch nie einen Schritt auf einen Menschen zu gemacht. Ich wußte, sollen wir uns kennenlernen, so wird es zu seiner Zeit dazu kommen.* Man nenne es nicht Lüge, sondern eine Form des Rilke eigenen Maskenspiels.

Natürlich beginnt dann auch diese Romanze mit einem Brief, den Else Hotop schließlich an den bewunderten Rilke schickt. Es ist ein pubertärer Schwarmbrief: »Rainer Maria – einmal liebte ich Deine Seele, fast so wie man Gott liebt.« Dann beklagt sie, daß die Seele immer hinter einer Mauer von Äußerlichkeiten verborgen bleibt. Auf Konversation in diesem Stile läßt Rilke sich immer wieder gern ein. Und so ist auch der ganze Briefwechsel zwischen ihnen: rührselig und pathetisch. Entschlossen duzt Else ihren Schwarm, und Rilke, der sonst selbst seine ältesten Freundinnen gern siezt, entgegnet: *Du gute Elya.* Nach Rilkes Tod wird die Gute auf den Dichter ein (hier absichtlich nicht zitiertes) Requiem schreiben, das Rilkes Ton auf peinliche Weise zu kopieren sucht; ein seltsamer Akt der Fühllosigkeit.

Else Hotop, die sich Elya Nevar nannte, wäre kaum wichtig, spricht man heute über Rilkes Leben, wenn sie nicht in aller Treue an seinem letzten Abend, den Rilke überhaupt in Deutschland verbrachte, dem 10. Juni 1919, bei ihm in seiner Münchener Wohnung gewesen wäre. Er hat München nie geliebt, darum fällt ihm der Abschied nicht schwer von dieser Stadt, in der nun die Rechnungen mit allen Sympathisanten der Räterepublik (zu denen zählte Rilke) beglichen werden. Else-Elya packt seine Sachen und ordnet die Briefe, die sie in Verwahrung nimmt. Beide ahnen nicht, daß der Abschied endgültig sein wird. Denn vorerst hat Rilke für die Schweiz nur eine Aufenthaltserlaubnis von zehn Tagen.

Zu dem Erinnerungsbuch Elya Maria Nevars, das 1946 erscheint, gibt es heftiges publizistisches Nachspiel, das den Verleger Albert Züst nötigt, eine Stellungnahme in Form eines Sonderdrucks abzugeben. Denn das Kritiker-Echo auf das Buch ist verheerend. In der »Neuen Zürcher Zeitung« liest man am 7. Dezember 1946 eine Kritik unter der Überschrift »Entbehrliche Rilkebriefe«. Bei manchem Rezensenten ist mit diesem seichten Briefgeplänkel die Schmerzgrenze erreicht. Albert Züst gesteht den »pathetisch-sentimentalen Ton« der Elya-Briefe zu, aber hält genau diesen für erhellend. Rilke habe solche Beziehungen zu jungen naiven Mädchen eben gebraucht. Das ist sicher so, und dieser Aspekt soll keineswegs ausgespart werden, spricht man über Rilke und die Frauen. Aber wenn Elya Maria Nevar ihr dürftiges Büchlein der »Jugend von heute und morgen« widmet und der Herausgeber Marcel Probé sein Nachwort gar mit den seltsamen Sätzen schließt, dieses Buch möge der Jugend »Mahnung und Vermächtnis« sein, dann darf man schon einmal darüber lächeln. Mahnung? Zum Stichwort älterer Herr trifft junges Mädchen?

Hertha Koenig, Adel mit Picasso

Hertha Koenigs Großvater Leopold wanderte während der napoleonischen Zeit von Thüringen nach Rußland aus. Als Bäcker ging er fort, als »Zuckerrübenkönig der Ukraine« kam er zurück nach Deutschland. Sehr reich war er mit seinen Zuckerfabriken geworden. Er kaufte die Bonner Villa Hammerschmidt, die einmal Sitz des Bundespräsidenten werden sollte. Auf dem der Familie gehörenden Gut Böckel, einem westfälischen Landschloß aus dem 15. Jahrhundert, wuchs Hertha Koenig auf. Mit dem Familienerbe gut versorgt, schrieb sie ein wenig und interessierte sich für Kunst. Hertha Koenigs nüchterner Beobachtungsgabe verdanken wir es, daß das von allen Seiten immer wieder kräftig stilisierte Bild Rilkes die Bodenhaftung nicht verliert.

Rilke lernt Hertha Koenig 1910 bei einer Abendgesellschaft im Hause des Verlegers S. Fischer im Berliner Grunewald kennen, als er gerade den »Malte Laurids Brigge« beendet hat und nun nicht weiß, wie es mit ihm weitergehen soll. Hertha Koenig erinnert sich 1964 an die erste Begegnung. Eine perfekte Inszenierung. Die Frau des Verlegers habe ihr zugeflüstert, sie solle mit ihr kommen, worauf sie durch »mehrere kleine menschenleere Zimmer« geführt wurde. Im letzten stand dann Rilke, »ohne Merkmal dieses glänzenden Festes, stand schmal, still in sich abgeschlossen, bei unserem Kommen den Blick langsam erhebend«. Rilke vermag es perfekt, das Bild eines tragischen Dichters für adlige Damenrunden abzugeben.

Die tatsächliche Tragik Rilkes liegt darin, daß er trotz des Dichter-Klischee-Bildes, das er abgibt, ein wirklicher Dichter ist. Seine Einsamkeit – unter der Maske ihrer Zurschaustellung – bleibt auf furchterregende Weise groß. Hertha Koenig, sehr unabhängig und gar nicht sentimental, ahnt etwas davon, wenn sie, mehr als ein halbes Jahrhundert später, in ihren Erinnerungen notiert: »Was gesprochen wurde, weiß ich nicht mehr. Weiß nur noch, daß es nicht jene gewohnten Sätze waren, die bei einem ersten Kennenlernen unentbehrlich zu sein scheinen. In diesem kleinen Raum war Stille.«

Als Rilke Hertha Koenig drei Jahre später in München wieder trifft, eilt er sogleich auf sie zu. Er ist mit Lou Andreas-Salomé zum Kongreß der Internationalen Psychoanalytischen Gesellschaft gekommen. Zwar bemüht er sich krampfhaft weiter um die einzige große Liebe seines Lebens, wird aber von Lou auf Distanz gehalten. Rilke beschließt, in München zu bleiben.

Im Herbst 1914 entdeckt Rilke in der Münchner Galerie Thannhauser das große Picasso-Gemälde »La famille des saltimbanques« – »Die Gaukler«, ein Bild aus Picassos rosa Periode von 1905 – und ist sofort gefangen von ihm. Picasso hatte das Bild 1908 für 1000 Fancs verkauft, nun, wenige Jahre später, wurde es schon für 12 650 Francs versteigert. Der deutsche Galerist sieht sich – kurz nach Kriegsausbruch – einem Aufschrei der französischen Presse gegenüber, dies sei ein Versuch, »den französischen Kunstmarkt zu desorganisieren«. Rilke schreibt sofort an Hertha Koenig: »Das große Bild bei Thannhauser ›Die Gaukler‹ hat mir diesen Maler mit einem Schlage bedeutend gemacht –, dieses Bild ist gewiß eines der entscheidenden Bilder unserer Malerei: können Sie's nicht retten und erhalten?« Und Hertha Koenig kauft »Die Gaukler«.

Mehr noch, sie mietet für das neue Bild eine extra große Wohnung, eine Gesandtenwohnung mit Saal, läßt die Seidentapeten entfernen und die ganze Wohnung elfenbeinfarben streichen, sie weiß, was sie ihren Picassos (sie besitzt mehrere) schuldig ist.

Rilke entwickelt sofort Begehrlichkeiten angesichts der riesigen Wohnung. Er hält sich oft dort auf und beginnt bald, auch Abendgesellschaften abzuhalten. Hertha Koenig sieht es mit Sorge, aber läßt ihn gewähren. So versammelt er in ihrer Wohnung seine zahlreichen Bekannten. Hertha Koenig gehört nicht zu den Frauen, die dem Rilke-Dichter-Mythos verfallen sind. Sie blickt nüchtern auf ihn, wie auch später, nach seinem Tod, auf seine Mutter Phia, mit der sie sich befreundet. Ihr Urteil ersetzt (ähnlich dem Claire Golls) ganze Bibliotheken reinen Schwärmertums, das Rilke ja jederzeit hoheitsvoll einforderte und von den meisten seiner Bewunderinnen auch eilfertig vorauseilend empfing.

Nach einem halben Jahr, im Frühsommer 1915, kommt Rilke der Gedanke, ob er nicht gleich ganz ins Palais Hertha Koenigs ziehen sollte, wo er doch ohnehin schon alle Bekannten dorthin führt. Er schreibt einen seiner ebenso untertänigen wie anmaßenden Bittbriefe: ... *mir kam der Gedanke, ob Sie mich rasch und still für eine Weile beim großen Picasso in der Widenmayerstraße würden aufnehmen und verbergen wollen? ... Ich bäte um ein Bett im Fremdenzimmer für mich, um ein Bett für meine Haushälterin, um die Küche und die Erlaubnis, an Ihrem herrlichen Schreibtisch zu arbeiten -; alles andere bleibe verschlossen; höchstens würd ich mich mal einen Nachmittag vor den Picasso setzen, der mir Mut gibt zu dieser Anfrage, ebenso wie die Gewißheit, daß ich in Ihren guten Räumen vielleicht im Handumdrehen in die Arbeitsverfassung verfallen würde, die ich seit Monaten nicht kannte. Ich könnte mich auch im Picassozimmer ans Arbeiten setzen, beim Balkon, das wäre unbeschreiblich herrlich – und der Balkon selbst: es wäre die vollkommenste Herrlichkeit ...*

Hertha Koenig ist keineswegs begeistert, den Stille suchenden und große Abendgesellschaften inszenierenden Rilke ins Haus zu bekommen. Aber sie kapituliert, fährt hinaus auf ihr Gut Böckel (dort auch wird sie 1976, mit 92 Jahren, sterben) und überläßt dem Dichter für Monate ihre Wohnung.

Rilke fühlt sich derweilen als »Wächter am Picasso«.

Aber er weiß sich jederzeit für erfahrene Zuwendung zu revanchieren (ein Grundzug seines Charakters ist das erfolgreiche Knüpfen von Verbindlichkeitsnetzen), zumal wenn sich dadurch die Möglichkeit ergibt, einer anderen seiner Gönnerinnen, Katharina Kippenberg, eine Bitte vorzutragen, die ihn als selbstlos ausweist. So fragt er bei seiner Verlegerin im Juni

1915 an, ob sie bereit wäre, die Gedichte von Hertha Koenig in ihrem Verlag zu veröffentlichen. Sie ist es, und Rilke wird schon wieder zum selbstlosen Überbringer guter Nachrichten. Postwendend schreibt er Katharina Kippenberg, wie glücklich sie Hertha Koenig gemacht habe: *Von Hertha Koenig kam heute ein geradezu glücklicher Brief über das Geborgensein der Sonette in der Insel.* Wir bekommen eine Vorstellung von Rilkes Botenmissionen, die jener des Hermes aus der Mythologie ähneln: Der Bote in fremder wird zum Reisenden in eigener Sache.

Was fasziniert Rilke so an Picassos Gauklern? Dieses Bild verbreitet eine romantisch-artifizielle Atmosphäre: *die Welt als Maskerade.* Picasso ist 1915 längst über dieses romantisierende Artistentum hinaus in eine analytisch-geometrische Phase eingetreten, die man dann die kubistische nennen wird. Aber schon hier bei den Gauklern kommt ein Gefühl der Befremdung auf, die Romantik bringt sich kühl auf den Begriff und ist nur noch bloße Maske, kurz vorm Zerspringen.

An diesem Punkt steht Rilke in München während des Ersten Weltkriegs. Er trainiert den kühlen sachlichen Blick auf die androgyne Puppenhaftigkeit der Artisten. Puppen, das ist ein Rilke stark beschäftigendes Thema. Er wird darüber einen Aufsatz schreiben, aus dem man herauslesen kann, daß die Puppe ihm ein Symbol für sein – androgynes – Verhältnis zur Frau ist.

Artisten sind Leute, die sich verkleiden, um andere zu unterhalten, und die dabei selber meist sehr melancholisch, hoffnungslos traurig sind. Rilke sieht lauter Gefangene in ihren bunten Kostümen. Kommt auch Rilke sich so vor, als einer, der eine Harlekins-Rolle spielt und immer kurz davor ist, sie hinzuwerfen und etwas ganz anderes zu tun?

Wenn das so einfach wäre. Aber Picasso, dessen Genie Kraft war, hatte sie vorgemacht, die abrupten Stil-Wechsel, die zu Welten-Wechseln wurden.

Andere Deutungen sind verbreiteter. Aber sie mißverstehen Rilke, der gern ein ganzer Mann (also ein Macho wie Picasso)

gewesen wäre und kein den Frauen als Vertrauter feminin An-
verwandelter. Rosa, das paßt doch zu Frauen, hieß es schnell.
Darum also gefalle Rilke das Bild so.

Das ist etwas sehr simpel gedacht. Zwar hatte er tatsächlich
1900 die pittoresken Verse geschrieben: ... *denn meine Seele
hat ein Mädchenkleid, und auch ihr Haar ist seiden anzufühlen*, aber wenn man ihn etwa, was nicht selten geschah, wegen
seines zweiten, weiblichen Vornamens für eine Frau hielt,
dann war er sehr verärgert.

Gleich am Anfang seiner geschäftigen Briefe-Schreiberei war
es ihm so gegangen. Dabei hatte ihm der berühmte Theodor
Fontane im Januar 1896 sogar geantwortet und für das über-
sandte Buch »Larenopfer« mit freundlichen Worten gedankt.
Leider hatte er Rilke wegen des Maria im Namen als ein »Fräulein« angesprochen. Rilke antwortet zwar wie gewohnt be-
flissen, aber die Kränkung läßt sich nicht überhören: *Nun muß
ich einen Irrtum beseitigen. Sie haben, hochwerter Herr, durch
meinen zweiten Vornamen verleitet, in mir eine Dame gesehen; dies ist nun nicht der Fall – ich bin männlichen Ge-
schlechts und hoffe mich auch im Leben stets männlich im besten Sinne des Wortes, zu betätigen.*

Das dürfen wir ihm glauben. Aber ein neuralgischer Punkt
blieb es und richtig ist, daß Rilke sich unter Männern fremd
und unwohl fühlte. Frauen waren eben immer das dankbarere
Publikum.

In München herrscht Räterepublik. Rilke findet das gut, auf
sehr allgemeine Weise ist Rilke nämlich sehr fortschrittlich,
wie er schon der Verfasserin des »Jahrhunderts des Kindes«,
Ellen Key, immer wieder demonstriert hat. Als Zögling einer
Kadettenanstalt ist es ihm mit der Schulreform, die kindgemä-
ßes Lernen ermöglicht, ernst. Hertha Koenig findet die Räterepublik (Republik ohnehin) nicht so gut. Alles eine Frage des
Besitzstandes. Also mußte Rilke im November 1918 der Spa-
gat gelingen, seine konservative Gönnerin nicht zu verärgern
– und sich dennoch für die Revolution zu begeistern, die er als

eine notwendige Befreiung aus überlebten Zwängen ansah. Er war nie ein politischer Mensch, aber durchaus ein Anhänger des Ministerpräsidenten der Räterepublik Kurt Eisner. Bald nach der Ermordung Eisners und der Niederschlagung der Räterepublik verläßt Rilke Deutschland – für immer, Richtung Schweiz. Was er nicht bedacht hat, ist, daß die Zerstörung der alten monarchistischen Ordnung Europas auch das für seine Existenz notwendige Mäzenatentum trifft. Der Adel verarmt, und selbst Marie von Thurn und Taxis, vormals eine der reichsten Frauen des k. u. k. Imperiums, ist ratlos.

In München wird Rilke wegen seiner Sympathien für die Räterepublik beargwöhnt. Rilke nimmt die tschechische Staatsbürgerschaft an und geht wieder auf die Suche nach einem Ort, der Stille verspricht. Hertha Koenig widmet Rilke 1922 die fünfte der Duineser Elegien.

Es ist die Elegie der »Saltimbanques«: *Wer aber s i n d sie, sag mir, die Fahrenden, diese ein wenig / Flüchtigern noch als wir selbst, die dringend von früh an / wringt ein w e m , w e m zu Liebe / niemals zufriedener Wille?* Das ist die Frage, die Rilke nicht mehr losläßt.

Nach Rainers Tod befreundet sich Hertha Koenig mit Phia Rilke. Diese überlebt ihren Sohn (wie die Großmutter Entz auch, aber die nur kurz) um fast fünf Jahre und spielt mit katholischer Inbrunst die Rolle der trauernden Dichter-Mutter. Hertha Koenig aber blickt genau hin, bemerkt die Details. So wird Phia Rilkes Bild plastisch, das – verräterische – Detail zeigt den Charakter dieser Frau.

Bei ihr lesen wir über Rilkes Mutter, was der Sohn verschweigt, weil es ihn – bis zum Schluß – quält. Das Verhältnis zur Mutter ist darum so wesentlich, weil hier Rilkes Nähe-Unfähigkeit wurzelt, die er dann als Fernsten-Liebe idealisiert, wobei sie die Gestalt eines Engels annimmt. Im Engel bekommt die Ferne menschliche Züge; wird sie ästhetisch erfahrbar. Hier liegt eines der Geheimnisse Rilkes – stockender und höchst störanfälliger – künstlerischer Produktivität verborgen.

Inga Junghanns

Am 22. Oktober 1915 nimmt Rilke die Einladung von Inga Junghanns' an, ihm Lieder des schwedischen Dichters und Komponisten Carl Michael Bellman vorzusingen. Inga Junghanns ist Rilkes dänische Übersetzerin des »Malte Laurids Brigge«. Zwischen beiden ergibt sich ein Briefwechsel, über den sich Rilke gegenüber Katharina Kippenberg äußert: *Ich rechne gewisse ihrige Briefe zu den schönsten, die die letzten Jahre mir zugetragen haben. Schwärmerisch und wahr: diese Verbindung, die den Skandinaven nun einmal gegeben ist.* Allerdings beantwortet Rilke die vielen Briefe seiner ihn tief bewundernden und liebenden Übersetzerin zögerlich und mit großen Pausen. Das liegt aber keineswegs an Rilkes Desinteresse, sondern im Gegenteil: er fühlt sich als Dichter angesprochen. Das macht ihm gerade zu dieser Zeit alles Schreiben schwer. Inga Junghanns ist kein Medium der Ablenkung, sondern der Konzentration. Immer wieder erinnert sie ihn daran, daß er ein Dichter ist, immer kommt sie ihm mit Arbeit, mit Fragekatalogen zum »Malte«, die er beantworten soll, damit sie ihn bestmöglich übersetzen kann. Und Rilke fügt sich, antwortet akribisch, schließlich geht es um eine besondere Transformation seines »Malte«, der einen Bogen zwischen Großstadt und erinnerter nordischer Kindheit spannt: *Was für ein Ereignis für dieses Buch. Denken Sie: es wird damit in eine imaginäre Heimat erhoben und es ist gewissermaßen eine Probe auf seine Echtheit, ob es sich rein und natürlich in die Sprache seiner Namen und Figuren zu fügen weiß.* Der erste Abend mit den Liedern Bellmans wirkt nach. Rilke schreibt die »Ode an Bellman«. Das ist in Wahrheit eine witzig-schwungvolle Parodie auf die Ode. So kann man auch rühmen! Inga Junghanns bekommt die »Ode an Bellman« erst lange nach Rilkes Tod zu Gesicht. Das erstaunt bei diesem Virtuosen des Widmungsgedichts.

Ode an Bellman

[...]

Her mit dem Leben, Bellman, reiß herein,
die uns umhäufen, unsre Zubehöre:
Kürbis, Fasanen und das wilde Schwein,
und mach, du königlichster der Traktöre,
daß ich das Feld, das Laub, die Sterne höre
und dann: mit einem Wink, beschwöre,
daß er sich tiefer uns ergiebt, den Wein!

Ach Bellman, und die Nachbarin:
ich glaube, sie auch kennt, was ich empfinde,
sie schaut so laut und duftet so gelinde;
schon fühlt sie her, schon fühl ich hin –,
und kommt die Nacht, in der ich an ihr schwinde:
Bellman, ich bin!

Da schau, dort hustet einer, doch was tuts,
ist nicht das Husten beinah schön, im Schwunge?
Was kümmert uns die Lunge!
Das Leben ist ein Ding des Übermuts.

[...]

Beide wohnen eine Zeitlang in München. Inga Junghanns lädt
Rilke immer wieder ein zum gemeinsamen Essen. Mal kommt
er, mal sagt er ab. Rilke läßt nicht gern über sich verfügen und
genauso ungern sich in die Probleme anderer verwickeln. Als
ihm Inga Junghanns von ihrer Ehe klagt, antwortet er: *Kein
Mädchen Ihrer Art konnte doch eine Ehe eingehen für immer
und sozusagen als Probe auf den eigenen Werth!* Er wolle ihren Brief nicht genauer beantworten, denn: *er spricht nicht
Ihre Sprache sondern das Geräusch eines stürzenden Moments
war in ihm aufgefangen mit aller Zufälligkeit des seelisch Un-*

gefähren. Ich lese ihn nicht wieder, ich vernichte ihn ... Das
läßt vermuten, daß es auch um ihn in diesem Brief ging.

An sich ist Inga Junghanns sehr kühl und klar in ihren Urtei-
len. So schreibt sie am 11. August 1915 gegen den patrioti-
schen Kriegs-Wahn: »Die Welt will Soldaten, will keine stillen,
blassen Männer, die in ihrer Zurückgezogenheit und Seele
Kämpfe auszustehen haben ... Eben war bei uns einer da, auf
Urlaub vom Felde. Früher nannte er sich Schriftsteller ... mich
erfüllte sein Soldatenwesen mit Angst – Angst vor den Zeiten,
wonach wir uns so bitterlich sehnen, Bange vor dem Frieden.
Dann werden die 10 Millionen zurückkehren und das Lied des
Krieges, des Blutes und des Pulvers singen, und es wird ein
Geschrei entstehen, ein Kriegervereins-Hallo-Geschrei, worin
wir, die wir uns vor dem Kriegstaumel versteckt haben, ent-
setzt und entkräftet über die Wildheit der Welt, an Mangel an
Luft langsam sterben werden können.«

Ihre Liebe zu Rilke projiziert sie in eine romantische Ferne. Sie
vergleicht sich mit Rahel von Varnhagen, die es als »Gnade ihres Seins empfand, Goethes Zeitgenossin zu sein«. Aber sie sei
noch viel glücklicher als die Varnhagen, fügt sie eilig hinzu,
wohl wissend um Rilkes schwieriges Verhältnis zu Goethe:
»Sie sind so ganz und gar kein Geheimer Rat! Und nicht getrennt durch allzu mächtigen Ruhm von denen, die Sie lieben.
Oh, dies soll kein Überschreiten sein der Zäune, die Sie brauchen, wie könnte ich daran denken.« Und Rilke macht, was er
nie lassen kann, er nutzt die bedingungslose Hingabe aus für
alltägliche Besorgungen: ... *haben Sie mal wieder eine Stunde
Zeit, mir ein paar Nüsse zu schälen und zuzubereiten, um sie
mir mit ein paar trockenen Trauben (dieselbe mélange wie
neulich) herzusenden? Das war eine köstliche Nebennahrung. /
Zweitens: könnte ich zwei Kerzen haben, möglichst nicht zu
dicke; die ich auf Ihren schönen Leuchtern verwendet sah,
würden, glaube ich, recht sein. / Drittens ...* Und Inga Junghanns beeilt sich. Schickt, Rilkes Andeutungen verstehend,
nicht nur die Kerzen, auch die Leuchter gleich mit.

Der Briefwechsel dauert bis zu Rilkes Tod. Er beantwortet nicht jeden ihrer Briefe, aber wenn er antwortet, dann herzlich und ausführlich. Seine letzte Nachricht datiert auf den 25. Juni 1926. Kurioserweise erreicht dieser Brief Inga Junghanns erst 1935 (!) mit neunjähriger Verspätung, noch ungeöffnet. Er beginnt mit dem Satz: *Wie schön, liebe Frau Inga, bestätigen Sie mir mein unendliches Paris ... glauben Sie mir, ich bin beweglich genug, im mitwissenden Geiste, manchmal neben Ihnen zu sein: Versäumen Sie mich dann nicht!*

Es ist auch ein Zeugnis seiner Vereinsamung. Einsamkeit, hatte Rilke von sich gesagt, brauche er, um zu arbeiten. Aber ohne arbeiten zu können, sei sie schrecklich. Ein eingeklammerter Nebensatz verrät seine Verzweiflung darüber: *Übrigens, seh ich, haben Sie den französischen Malte: v o r mir; kein Mensch denkt daran, ihn mir zu schicken!*

Sophie Liebknecht und der engere Kreis der Revolutionäre

An sie schrieb Rosa Luxemburg ihre »Briefe aus dem Gefängnis«. Rilke begegnet der Frau von Karl Liebknecht im Juni 1917 auf der Fraueninsel im Chiemsee, wo er für drei Wochen im Schloßhotel auf der Herreninsel wohnt. Sophie (Sonja) wurde 1884 in Rostow am Don geboren und starb 1964 in Moskau.

Von seiner Rußland-Leidenschaft getrieben, geht Rilke geradewegs auf Sophie zu. Die hatte 1906 in Berlin auf einer Silvesterfeier russischer Sozialdemokraten Karl Liebknecht kennengelernt und war seit 1912 mit ihm verheiratet. Karl Liebknecht saß als bekennender Kriegsgegner 1917 im Gefängnis. Sophie ist allein, und Rilke bietet ihr seine Gesellschaft an. Daß daraus zumindest eine kurze Romanze wurde, scheint aus den Briefen, die sie sich hinterher schrieben, klar – wie weit sie ging, liegt unter dem Siegel des diskreten Schweigens beider verborgen. Sicher ist, diese enge Verbindung zu Sophie Liebknecht war einer der Gründe für die faktische Vertreibung Rilkes aus München nach dem Ende der Räterepublik, für die Rilke, das politische Kind, auf naive Weise schwärmte. Am 22. Juni 1917 schreibt Rilke an Sophie, um sich für *Ihr kleines Kuchenpaket* zu bedanken. In gewohnter Manier beschwört er die Innigkeit ihrer Begegnung: *Auch für mich ist die Herren-Insel-Zeit eines mit dem Geschenk dieses gefühltesten gemeinsamen Augenblicks, der so unerwartet aus den vollen Vorräten des Lebens uns zugemutet war. Ich bin dieser Tage ich selbst gewesen und wenn ich auch weiß, daß es I h r e Kraft war, Sophie Borisowna, Ihre reine Lebenskraft und die Kraft Ihrer Freude, mit der ich den Moment Auflebens bestritten habe, so hab ich mich doch eben einmal wieder in Besitz nehmen dürfen ...*

Das scheint mehr als Höflichkeit. Hier wird Rilkes Erwartungsmuster deutlich, mit dem er sich – am Ende immer vergeblich – einer Frau nähert. In ihrer Gegenwart will er ganz er selbst sein, ja, in der Frau ein Medium der Selbststeigerung sehen. Die Frau als Droge? Nein, im Gegenteil, Rilke wünscht sich eine starke Frau, die ihn nicht braucht, um sie selbst zu sein. Denn Verpflichtungen anderen gegenüber erträgt Rilke nicht. Rilke also sucht die emanzipierte Frau, mit der er sich geschwisterlich (was auch immer das im einzelnen bedeuten mag) verbinden kann. Aber gleichzeitig fühlt er sich dem eigenen Anspruch nicht gewachsen, will er – ewiges Kind – von der Frau behütet sein. In diesem Paradox ist Rilke gefangen.

In diesen Jahren wird Rilke die eigene Bindungsunfähigkeit immer klarer. Er will nun gar nicht mehr mit einer Frau zusammenleben. Er bewohnt seine eigene, selbstgeschaffene Welt. Der Künstler soll mit seinem Werk verheiratet sein, Beziehungen zu Frauen sind da nur kurze Seitensprünge, Schwächen, die er sich leistet, auch, um es neuen Frauen wieder klagen zu können. Aber es steckt mehr als eine bloße Schwäche dahinter.

Es ist die Welthaltung des modernen Mystikers, der nur noch fragmentarisch leben kann, der weiß, wie wenig auf Tradition, Konvention, auf die ganze Bedeutsamkeitsfassade von Wirklichkeit zu geben ist. Rilke weiß sich – selbst noch in seiner Rolle des charmant-geschwätzigen Verführers – immer mit der von Hofmannsthal im »Chandos«-Brief markierten Skepsis in alles Verkündbare einig.

Gibt es denn Wirklichkeit, oder ist alles Fiktion? Das ist die Frage, mit der das 20. Jahrhundert anhebt. Mach und Avenarius hatten den Dogmatismus des Wirklichkeitsveränderers Lenin mit dieser Problemlagenverschiebung geweckt. Lenin war die These der Relativität aller Wirklichkeitswahrnehmung über den revolutionären Horizont gegangen, wonach alles Machbare auch Wirklichkeit besitzen muß. Rilke hat – nicht nur durch die Nähe zu Hofmannsthal – ein Gespür für die Auflösung von Wirklichkeit, die mit dem Ersten Weltkrieg augenfällig wird. Es erinnert an Hans Vaihingers »Philosophie des Als-Ob«, diesen neukantianischen Versuch, mit Nietzsche und den modernen Naturwissenschaften Geistesgeschichte neu zu verstehen. Sein Engel der Duineser Elegien wird zur mythischen Gestalt der Frage, wie wirklich das ist, was wir gewohnt sind, Wirklichkeit zu nennen.

An Sophie Liebknecht schreibt Rilke über seine Distanz zu anderen Menschen: *Nach und nach habe ich gelernt, daß das Aeußerste, was ich mit Menschen gemein haben darf, Augenblicke sind: Begegnungen …* Da zeigt sich der neue Standpunkt der Duineser Elegien; es ist ein überpersonal-kosmologischer.

Die Verbindung mit Sophie Liebknecht dauert nur kurz. In seinem Brief vom 3. August 1917 an Sophie bringt Rilke es fertig, charmanteste Annäherung (ein Automatismus!) und resignative Abschiedsgebärde gleichermaßen durchklingen zu lassen. Ein unwiderstehliche Mischung! So lesen wir also über ihre gemeinsame Zeit die melancholische Replik, er träume davon, *einmal acht Tage lang jeden Tag dort zu sein –, freilich müss-*

ten Sie mindestens drei Tage davon mit sein, damit ich nicht ins gleichgültige zurückfalle. Aber dann schließt er seinen Brief mit einer Grundsätzlichkeit: *Die Welt, das Leben ist schön, sagen Sie, liebe S. L., ach in den Menschen nicht, in jedem Grassamen pure Herrlichkeit, aber wir sind mitgefangen im Wahnsinn des Menschlichen und durch die Tatsache des Menschseins aus der ganzen einigen Natur beschämend hinausgestellt.*

Rilke ist es ernst mit seiner Skepsis. Der Weltkrieg hat jedem Optimismus endgültig den Rest gegeben. Was Rilke nun überhaupt noch zu schreiben vermag, daraus klingt fortan mit der Kälte des hohen Tons der Engel hindurch.

Und noch eine Münchener Bekanntschaft am Rande. Das Verhältnis zur Gräfin Caroline Stauffenberg bleibt lose. Jedoch schickt er ihr einige Bücher und sie ihm im Februar 1919 ein Bild ihrer drei Söhne. Rilke dankt: *ich verstehe jetzt die Sorge, die Sie ... ›als Mutter von drei Söhnen‹ aussprachen* – und, so schließt er an: *Wer weiß, ob wir nicht das Schwerste an Wirrnis und Gefahr zu bewältigen haben, und ob nicht die nächste Generation in eine von selbst gleich sehr zukünftige Welt wird hineinwachsen dürfen: denn es muß ja doch die Wasserscheide des Krieges, entsetzlich hoch wie sie war, einen Ablauf ins Weiteste und Neue ermöglichen.*

Wie es um diese Zukunft bestellt ist, zeigt das Schicksal von Berthold und Claus Graf von Stauffenberg. Sie werden nach dem mißglückten Attentat auf Hitler vom 20. Juli 1944 hingerichtet.

Im Mai 1919 wird München von Regierungstruppen und »Freikorps« besetzt, der »weiße Terror« (Prolog zum Naziputsch 1923) beginnt. Und Rilke sieht sich in Gefahr. Denn die roten Garden hatten Rilkes Wohnung unter den Schutz der Räterepublik gestellt. Claire Goll behauptet sogar, Ernst Toller wollte Rilke zum »Volkskommissar für Kultur« machen. Nun, nach der Niederschlagung, beginnt ein Rachefeldzug gegen alle Sympathisanten der Räterepublik. Rilke flüchtet in die Schweiz. Er hat später bestritten, daß er aus München flüchten mußte und daß die Schweiz de facto ein Exil-Land für ihn sei. Gewiß ist, daß die Situation in München für ihn unerträglich geworden war. Eine Haussuchung verschreckt ihn. Im Mai 1919 hatte sich Rilke für den ebenfalls wegen seiner Räterepublik-Sympathien in Bedrängnis geratenen Oskar Maria Graf eingesetzt und an den Münchener Rechtsanwalt Dr. Seidenberger geschrieben, Graf sei als Mensch wie als Schriftsteller *von den reinsten und humansten Absichten erfüllt.* Oskar Maria Graf wiederum schreibt in seinen Erinnerungen über Rilke: »Wegen seiner Bekanntschaft mit Toller und anderen Revolutionsmännern fing die münchner Polizei an, den Dichter zu beschnüffeln. Daß er nebenbei noch ›Landfremder‹, tschechischer Staatsbürger war, schien besonders verdächtig … Das verekelte R. die Stadt völlig, von der er einmal bezeugte, er habe sich noch ›nie gut aufgehoben‹ in ihr gefühlt …«

Am 29. Mai telegrafiert Rilke an Sidonie Nádherný, sein österreichischer Paß sei ungültig und daraus ergäben sich große Schwierigkeiten. Er versucht einen tschechischen Paß zu bekommen, aber noch gibt es gar kein Konsulat der neugegründeten Republik. Am 7. Juni teilt er Marie von Thurn und Taxis mit, er wolle auf unbestimmte Zeit in die Schweiz reisen *mit dem ersten Zug, in dem mein Gepäck mitkommt und in dem meine sich leicht einräumende Gestalt noch einen halben Zwischenraum findet.* Aber Rilke weiß, sein Abschied aus München ist endgültig. Er gibt alle geliehenen Bücher zurück, bündelt Briefe und Papiere in seinem Sekretär, dessen Schlüssel er Elya Maria Nevar übergibt, mit der er den letzten Abend seines Lebens in Deutschland verbringt.

Am 11. Juni 1919 verläßt Rilke München für immer. Dieser Grenzübertritt – ohne gültige Einreisepapiere – hat etwas Abenteuerliches. Er schreibt zwei Jahre später darüber an Grete Lichtenstein: *im Zug traf ich Anne-Marie Seidel, die mir durch ihre Protektion über die Grenze half.* So etwas kann nur

Rilke passieren, der überall auf Frauen trifft, die darauf brennen, ihm zu helfen. Anne-Marie Seidel ist Schauspielerin an den Münchner Kammerspielen und mit dem Bezirkshauptmann in Lindau, Dr. Schneider, bekannt, der – der Schauspielerin zu Gefallen – an der Grenze Rilke das noch nötige Papier ausstellt. Rilke schenkt ihm dafür ein Exemplar des Cornet. Rilke reist von Lindau per Dampfer weiter, über den Bodensee in die Schweiz. Auf der Weiterfahrt nach Zürich teilt er das Zugabteil mit seiner ersten Schweizer Reisebekanntschaft, der Kabarettsängerin Albertina (»Putzi«) Cassani-Böhmer. Aus dieser Bekanntschaft erwachsen sechzehn Briefe Rilkes. Was sonst noch, steht nicht in den Chroniken.

Muzot

Die Schweiz als Neuanfang

Von Elya Maria Nevar in München in den Zug gesetzt, mit Hilfe von Anne-Marie Seidel über die Schweizer Grenze gekommen, von der während der Fahrt kennengelernten Albertina Cassani-Böhmer, genannt »Putzi«, noch schnell in ein neues Hotel gebracht, weil ihm das vom Lesezirkel Hottingen reservierte nicht gefiel – das alles vollbringt Rilke innerhalb eines Tages. (Von den jahrelangen Briefwechseln, die aus den Begegnungen eines einzigen Tages erwachsen, ganz zu schweigen.) Rilke wollte selbstverständlich im elegantesten Hotel Zürichs, dem »Baur du Lac« wohnen. Immerhin kommt er mit Hilfe seiner neuen Freundin wenigstens im »Eden du Lac« unter.

Daß er überhaupt in die Schweiz reisen konnte, verdankt er der Gräfin Mary Dobrčensky, die die Einladung des Lesezirkels Hottingen initiiert hatte. Aber sofort geht der Kampf weiter, denn Rilkes Aufenthaltsgenehmigung ist auf zehn Tage befristet. Aber Rilke will den »goldenen Käfig« Schweiz nicht mehr verlassen. Denn das ist ein Land, wo es, wie Ralph Freedman ironisch bemerkt, immer noch möglich ist, ohne Furcht vor eindringenden Revolutionären auf Schlössern zu wohnen.

Mary Dobrčensky hatte vor dem Weltkrieg in Böhmen gelebt, wo sie eine wichtige Rolle als Kulturmäzenin gespielt hatte. Nun, nach dem Krieg, will sie die Köpfe des geistigen Europas wieder um sich sammeln. Rilke ist das recht, er beherrscht die Rolle des charmanten Gesellschafters. Hier trifft er auch die mit der Gräfin befreundete Sidonie Nádherný von Borutin, seine frühere Geliebte, die sich ebenfalls für Rilkes Aufenthalt in der

Schweiz einsetzt. Er trifft ebenfalls die Malerin Baladine Klossowska, die er aus Paris flüchtig kennt. Emsig baut er so an einem privaten Kontaktnetz, das ihm das Leben in der Schweiz sichern soll. Endlich eine Zuflucht vor der Welt! Ein glücklicher Zufall ist es, daß er dabei auch Yvonne de Wattenwyl kennenlernt, die den Dichter bewundert und es über ihren Einfluß in Regierungskreisen vermag, Rilkes Bleiben in der Schweiz zu sichern. Ohne Unterlaß sammelt Rilke neue Bekanntschaften. Sie alle bemühen sich, Rilkes Ankunft in der Schweiz so komfortabel und bequem wie möglich zu machen. Die wichtigste dieser Bekanntschaften ist zweifellos Nanny Wunderly-Volkart. Sie wird bald zum geduldig-generösen Universaladressaten all der Wünsche, die Rilke in sich trägt, um sein »mönchisches Dichterleben« auch standesgemäß führen zu können.

Nanny Wunderly-Volkart (Nike), der Engel als Samariter

Ende Oktober 1919 begibt sich Rilke auf Vortragsreise für jenen Lesezirkel Hottingen, der ihn in die Schweiz eingeladen hatte. In Zürich trifft er Nanny Wunderly-Volkart, jene treusorgende Freundin, auf die Rilke ohne viel Umschweife (und zunehmend schamlos) seine alltäglichen Wünsche und Besorgungen ablädt. Nanny Wunderly-Volkart ist Anfang Vierzig, blond und zierlich, mit einem Gerbereibesitzer verheiratet und Mutter eines zweiundzwanzigjährigen Sohnes. Sie beschäftigt sich damit, Blumen zu züchten und Bücher zu binden. Sie lädt Rilke in ihr Haus in Meilen am Zürcher See ein. Rilke, eifrig um einen neuen Freundeskreis in der Schweiz bemüht, sagt zu – und läßt nicht mehr los. Mit Nanny hat er jemanden gefunden, der sich für all das in seinem Leben verantwortlich fühlt, wofür jeder selbst sich verantwortlich fühlen sollte. Sie besorgt: Geld, Wohnung, Taschentücher mit und ohne Monogramm, Leuchter,

(vegetarische) Delikatessen – jeden Tag etwas anderes. Rilke
hat ein wilder Eifer ergriffen, jedes Hotelzimmer und jede Gast-
wohnung neu einzurichten, damit die Wahrscheinlichkeit
steigt, daß dem Dichter die richtigen Worte doch öfter einmal
zufliegen. Er nennt sie *Nike*, die Siegesgöttin. Für Rilke aber
geht es längst nicht mehr ums Siegen, so hat Wolfgang Leppmann etwas süffisant ein berühmtes Rilkewort aufgenommen,
sondern nur noch ums Überstehen. Als Gast in Nanny Wun-
derlys »Unterer Mühle« entdeckt Rilke eine ihm bislang fremde
Form von Schweizer Häuslichkeit und Bequemlichkeit: das
Stübli. In seinen Briefen an Nike kommt das Wort nun aufreizend häufig vor – und es ist kaum anzunehmen, daß es dem
Sprachpuritaner leicht aus der Feder kam. Aber nun kann er
sich gar nicht fassen vor lauter Rühmen. Und da Rilke nie ein
rechtes Maß findet, wenn er mit Berechnung rühmt, klingt dieses *Stübli*-Pathos – nicht nur arg nötigend – auch furchtbar
sentimental: *Ach, daß ich einmal ein Jahr lang ein ›Stübli‹ um
mich hätte, in dem ich weinen dürfte. Ich habs nie für un-
rühmlich gehalten oder für schwach, ich hab noch so große
Knabentränen in mir und ein gewaltiges Weinen meiner Männlichkeit, das muß hinaus. Mir fällts ein, daß ich nie geweint
habe in der Erstarrung und Qual dieser fünf Jahre –, ich merke
immer mehr, warum ich so sehr nach einer Zuflucht auf der
Suche bin –: ein Arbeitszimmer, – das heißt für mich ein Raum,
wo ich auf und ablaufen kann, aber auch dies, aber auch
schreien, aber auch weinen. Wo kann man's noch!*
Rilkes Unbeholfenheit: nur eine Maske, die Hilfe anderer zu
provozieren. Als Rilke in die Schweiz übersiedelt, steht der
Wechselkurs des Franken zur Mark eins zu zehn. Er braucht
ein Einkommen in der Schweiz. Und das beginnt er sich reso-
lut zu organisieren. Nicht nur Nanny Wunderly-Volkart und
die Reinhart-Brüder, eine ganze Reihe kunstliebender Schweizer Bürger pumpt Rilke offensiv an. (Angela Guttmann, die
Rilke seinerseits unterstützt, sieht fasziniert sein Talent, das
Geld reicher Leute sinnvoll umzuverteilen zur Lebensrettung

mittelloser Künstler.) Er wird immer direkter in seinen Forderungen. Das entspricht seinem Selbstverständnis: der Künstler ist nicht verpflichtet, mit der Kunst oder einem Nebenverdienst seinen Lebensunterhalt zu verdienen, er hat für das, was er der Gesellschaft schenkt, einen Anspruch darauf, von dieser erhalten zu werden. Angst hat Rilke davor, aus Geldmangel nach Deutschland zurückzumüssen. Er braucht also schnell einflußreiche Freunde in der Schweiz, Geld und eine Wohnung. Das erklärt seine Direktheit. Einmal hört er, daß Elvire Bachrach, Übersetzerin aus dem Flämischen und Frau eines reichen Geschäftsmannes, ein Schloß in Ascona besitzt, zu dem ein altes Gartenhaus gehört. Elvire Bachrach hatte Rilke Jahre zuvor einmal nach Brüssel zu einer Lesung eingeladen, und so fragt er sie nun ohne Umschweife: *Können Sie mir für eine Weile Schutz und Unterkunft gewähren ... Die Schweiz, so gut und gastlich sie sich in manchem Sinne erweist, bleibt doch ohne entscheidende Hilfe für mich, solang ich auf die Zufälle des Pensions- und Hotellebens angewiesen bleibe ...* Schon am nächsten Tag erhält er eine telegraphische Zusage. Von seiner Rücksichtslosigkeit beim Kampf um eine Existenz in der Schweiz berichtet er Fritz Huf, der gerade resigniert nach Deutschland zurückkehrt: *Ich habe mir, nach vielen vergeblichen Versuchen, endlich eine Einladung ins Tessin provoziert, ja geradezu bestellt ...*
Aber er bleibt auch als möglicher Gast wählerisch. Nach einem Treffen mit der Familie Bachrach im »Grand Hotel« in Locarno, wohin er aus dem Zürcher »Hotel Baur du Lac« umgezogen war, hat er ernste Zweifel: zu redselig seien diese Leute. Auch seine Forderung, nur die Abendessen mit der Familie, das Frühstück aber allein auf seinem Zimmer einzunehmen, stößt auf heftigen Protest der Köchin. Ohne die Familie besichtigt er am nächsten Tag das ins Auge gefaßte Winterquartier und ist enttäuscht. Die Wohnung ist sehr primitiv, liegt direkt am Parktor – über einem Hühnerstall. Eines der beiden Zimmer ist ohne Heizung. Die lieblose Einrichtung kränkt den verwöhn-

ten Dichter, die Bachrachs seien sehr *ungenau im Vorbereiten* gewesen. Seine Direktheit im Fordern kommt Rilke dann aber selbst unerhört vor. Er hat das Bedürfnis, sich zu rechtfertigen. So beichtet er Gudi Nölke am 19. November 1919 seine skandalöse Selbsteinladung bei Elvire Bachrach: *... ich habe eine Einladung provociert, einfach provociert, bei Leuten, die mir ganz und gar unbekannt sind ... Tadeln Sie mich? Geben Sie mir recht?*

Rilke bleibt dann doch in Locarno, er zieht allerdings – notgedrungen – in die billigere »Pension Villa Muralto« um. Zwei Räume müssen es auch hier sein, denn Rilke schläft kalt bei offenem Fenster, aber braucht natürlich einen warmen Arbeitsraum. Das hatte Rilke sich eigentlich anders vorgestellt. Über eine Pensionsexistenz ist er längst hinaus. Wieder muß Nike, seine Hausbesorgungsgöttin, eingreifen. Das Pensionszimmer soll wohnlicher werden. Rilke entwickelt einen Hausratsinstinkt, der frappiert. Der *Stübli*-Geist hat von ihm Besitz ergriffen. Noch aus dem Grand Hotel in Locarno schreibt er an Nanny Wunderly-Volkart am 13. Dezember 1919 über seinen bevorstehenden Umzug in die »Pension Villa Muralto«: *Da drängen sich mir auch gleich ein paar Bitten vor, nein, eine zunächst, die anderen folgen so nach und nach. Gibt es in der Unteren Mühle zwei längst überzählige Leuchter? Die dürfen nicht sehr schön sein, um nicht aus dem Rahmen des Pensions-Zimmers zu fallen, nur freundlich müssen sie sein und von Ihnen müssen sie kommen. Denn ich denke (es giebt keine elektrischen Stehlampen und keinen Steck-Kontakt) meinen abendlichen Schreib- und Lesetisch mit zwei Kerzen zu beleuchten, was mir ohnehin das Liebste ist.*

Rilke wird sich in den nächsten Jahren angewöhnen, fast täglich Nanny Wunderly-Volkart seine Bestell-Listen zu übermitteln, praktisch und nüchtern. Aber gerade deswegen ist der Briefwechsel zwischen beiden lesenswert. Bei Nike verzichtet Rilke darauf, seine oft erprobten Rollen zu spielen: den alltagsenthobenen Dichter und den wider alle Vernunft großen

Liebenden. Er breitet hier ohne Maskenspiel seinen sorgenvollen Alltag aus, der auch mit seinen schwierigen Anläufen zu jenen Dichtungen zu tun hat, die sich in ihm vorbereiten.

Bekenntnisse vor Nike wie das vom 9. Januar 1920 bekommt sonst höchstens noch Lou Andreas-Salomé zu hören: *Daß ich barfuß ging zu Zeiten und an meinen empfänglichen Sohlen die Beschaffenheit der Erde empfand, ihre Härte und Dürre, ihre Schooßhaftigkeit und hundert sonst unmerkliche Schauer, die über sie hingehen, – das hat nicht weniger Antheil an mir als die großartigsten Anlässe des Geistes, und ich kann nicht recht zugeben, daß das eine mehr als das Andere sei. Aber zu diesen einfältigen Vergnügungen des Körpers gehören auch sicher einfältige Fehler, und ich vermuthe, daß ich mir reichlich unnütze Übelstände bereite, durch ein dummes Verhängtsein in gewisse Gewohnheiten; oft hab ich da den Arzt gesucht, der mir zu einem neuen Anfang mit meinem Körper verhelfen würde, daß ich sozusagen ein Noviziat lebe in ihm und ihn, solang er einige Biegsamkeit hat, noch wissender in Gebrauch nehme –, aber Ärzte, wo's an die subtileren Unsichtbarkeiten geht, – Ärzte, Malthe hat schon erfahren, daß es keine gibt –.*

Auch Lou gegenüber beichtet er »gewisse Gewohnheiten« (Masturbation) und sucht eine Enthaltsamkeit für seinen Körper, die natürlich mißlingen muß.

Rilke beginnt, sich zum Archivar seiner eigenen Briefwechsel zu entwickeln. Druckreif durchredigiert, ohne Verbesserungen, als handele es sich jeweils um zur Veröffentlichung freigegebene Texte (was sie dann mit Zeitverzögerung auch wurden), bewahrt er sie auf.

Seine Orthographie ist eigenwillig und von einer gewissen Prager Ältlichkeit – das H hinterm T! –, die Rilke gern ausstellt, genauso wie sein Lieblingsbuchstabe das Y mit Umlautzeichen in modernen Textverarbeitungsprogrammen gar nicht vorgesehen ist und darum meist unter den Tisch fällt. Er benutzt graublaues vierseitiges Briefpapier, verschließt die Couverts mit Siegellack, in den er sein Familienwappen drückt.

Claire Goll bemerkt, Rilke blickt in seinen Briefen beständig über die Schulter zur Nachwelt hin, vor der er seine Bedeutsamkeit immer wieder rechtfertigen will. Aber ganz hält er dieses Mitlesen seines offiziösen Alter egos beim Brief-Schreiben nicht durch. Manchmal überkommt ihn der Drang zum Bekennen, die schlichte Verzweiflung, oder ein sehr profaner Wunsch. Das schlüpft so durch in Rilkes Groß-Briefproduktion, vor allem Lou Andreas-Salomé gegenüber, aber auch bei Nanny Wunderly-Volkart, seiner engsten Vertrauten der letzten Lebensjahre. Es sind Momente, wo das Schild sinkt, mit dem der Dichter seinen Nimbus gegen allzumenschlich-profane Anwandlungen abzupanzern versucht. Es wäre ihm peinlich, gerade diese Stellen heute zitiert zu sehen – uns aber verraten sie viel (und das ist gar nicht voyeuristisch oder denunziatorisch gemeint) über den Menschen Rilke in seinem Existenzschmerz, aus dem die Gedichte schließlich alle kommen. Da lesen wir dann: *Liebe, den Brief heute morgen aus dem Kuchen-Paket, den hielt ich lange ans Herz ...* Mit solchen Ausrufen rückt er, der das Pathos der Distanz mindestens ebenso souverän handhabt wie Nietzsche, uns nah. In den Briefen an Nike finden sich viele solche impulsiven Äußerungen, mit denen er zu überraschen vermag. Rilke, zunehmend erschöpft und oft lange – manchmal bis Mittag – schlafend, schreibt gegen alle Nützlichkeitsideologie, die Lebenszeit in Buchhaltermanier abrechnet, den schönen romantischen Satz: *... man muß mit seinem Schlaf tief befreundet bleiben, man muß wissen, wo er wohnt und muß ihn dort aufsuchen dürfen, wenn er nicht kommt.* Aber immer mehr überwältigt ihn dieses Gefühl der Leere, des Verbrauchtseins, der Todesnähe. In Erwartung des Frühlings notiert er Nike am 10. Januar 1920 den Satz: *Manchmal frag ich mich, ob mein Herz dieser Ausdehnung noch fähig ist, die alte Leute sterben ja oft daran an diesem unwillkürlichen Mitgerissenwerden ins Freie, Wehende, grenzenlos Offene ...* Rilke paßt seine Sprache der Schweizer Wohlstandsmentalität sehr an. Nun spricht er nicht nur vom *Stübli*, sondern auch vom *Briefli*. Das ist dann komisch. Plötzlich aber dringen durch dieses kunstgewerbliche Tischfeuerwerk, das Rilke nicht lassen kann gelegentlich in seinen Briefen abzubrennen, bestürzende Härten der Selbstwahrnehmung hindurch. So schreibt er am 9. Januar 1920 in der »Pension Villa Muralto« den oft zitierten Satz nieder, ein bißchen käme er sich vor wie ein *Hochstapler des Elends*. Er habe das Elend Maltes in Paris selber ja nie durchmachen müssen – im Unterschied zum schweren Schicksal der todkranken Angela Guttmann. Die Grundstimmung dieser Jahre, die nur phasenweise in kurzen Schaffensräuschen verfliegt, ist im selben Brief ausgesprochen und mutet wie eine frühe Ahnung schleichender Todeskrankheit an: *Allerhand Trübes lagert mir im Körper.* Und parallel dazu wächst jenes andere, das man einmal (und allzu oft, bis es zum Schlagwort wurde) das Numinose genannt hat und das zum Zentrum der geistigen Existenz Rilkes wird: *Ach, liebe kleine Nike. Wir wissen nicht viel. Ich auch nicht. Aber E i n e s wissen wir, ein Namenloses, das ganz in der Mitte des Welt-Alls steht. Schwebende, Leichte, Unbeirrliche –, halten Sie mich an, daß ich auch immer sicherer darin werde in diesem e i n e n Wissen.* Ein paar Sätze weiter springt Rilke schon wieder hinüber zu seiner Zimmereinrichtung und den Leuchtern, die er sich erbeten hatte: *Der Messingleuchter: Liebe, wie sie mir hell sind auf ihm, und wie sie sich Mühe giebt, die schlanke leichte Flamme, Ihnen ein klein wenig ähnlich zu sein.* Rilke kann sehr charmant sein. Zu Weihnachten 1923 schreibt Rilke seiner Gönnerin folgendes Gedicht:

Alle die Stimmen der Bäche,
jeden Tropfen der Grotte,
bebend mit Armen voll Schwäche
geb ich sie wieder dem Gotte

Und wir feiern den Kreis.

Jede Wendung der Winde
war mir Wink oder Schrecken;
jedes tiefe Entdecken
machte mich wieder zum Kinde –,

und ich fühlte: ich weiß.

Oh, ich weiß, ich begreife
Wesen und Wandel der Namen;
in dem Innern der Reife
ruht der ursprüngliche Samen,

nur unendlich vermehrt.

Daß es ein Göttliches binde,
hebt sich das Wort zur Beschwörung,
aber, statt daß es schwinde,
steht es im Glühn der Erhörung

singend und unversehrt.

Rilke steht vor einer Entscheidung: entweder findet er eine
dauerhafte Bleibe in der Schweiz oder er wird das Land verlassen müssen, denn dauerhaft in Hotels zu wohnen, das kann
weder er selbst noch jemand anderes bezahlen. Er sieht sich
intensiv um, aber erst ein Zufall läßt ihn in Sierre im Schau-
fenster eines Ladens ein Foto entdecken, das ihn sofort fasziniert: Muzot! Das ist nun allerdings kein *Stübli*, sondern ein
Gebäude aus dem 13. Jahrhundert. Renovierungsbedürftig,
hat es – wie Duino – noch kein elektrisches Licht, aber dafür
einen Garten mit Brunnen und wilden Rosen. Hier kann Rilke
sich vorstellen, Burgherr zu sein. Aber die Besitzerin des Châ-
teaus erweist sich als schwierig. Sie will Muzot nur für einige
Monate vermieten und das für 250 Franken monatlich – viel
zuviel für Rilke. Nike muß helfen! Sie schildert Werner Rein-

hart das Problem, der Muzot sofort mietet (später kauft) und
Rilke auf Lebenszeit überläßt. So vor die Erfüllung seiner
Träume gestellt, passiert, was bei Rilke immer passiert: er zö-
gert. Viel Arbeit ist in das baufällige Château zu investieren.
All das Malern, Decken-Abstützen, Rattenlöcher-Verstopfen
ist nun allerdings etwas, womit Rilke nicht behelligt werden
möchte – er geht ein bißchen auf Reisen. Erst als es ums
Einrichten der Räume geht, tritt Rilke wieder auf den Plan. Ein
Stehpult wird gezimmert, dann noch eins. Nike schickt Möbel,
die Rilke gefallen haben, aus der Unteren Mühle nach Muzot.
Und das Wunder passiert: in der neuen und doch so ge-
schichtsträchtigen Umgebung beginnt Rilke wieder konzentriert zu arbeiten. An einem der Pulte schreibt er, meist nachts
bei Kerzenlicht, die »Elegien« zu Ende, am anderen Pult die
»Sonette an Orpheus«.

Angela Guttmann und die Realität des Elends

Rilke sieht sie in einem Buchladen in Locarno und ist fasziniert – von ihrem Elend. Sie ist schwer leidend, hat Tuberku-
lose und kein Geld. Rilke, dem ein Hang zur Romantisierung
des Elends innewohnt, bindet die junge Frau sofort an sich,
sitzt stundenlang an ihrem Bett und monologisiert. Die durch-
sichtige Schönheit der herzkranken Schwindsüchtigen hat
seine Liebe sofort entflammt. Angela Guttmann stammt aus
Mähren, hatte mit ihrem ersten Mann in Rußland gelebt und
schreibt Gedichte für expressionistische Zeitschriften. Mit ihrem zweiten Mann, dem Dichter Simon Guttmann, wohnte sie
in Berlin. Auch diese Ehe war gescheitert. Angela Guttmann
hat das, was man ein schweres Schicksal nennt. Sie erzählt
Rilke, daß sie mit dreizehn in einer religiösen Krise zum Ju-
dentum übergetreten sei, was zum Bruch mit ihrer Familie geführt habe. Nun ist sie mittellos im Tessin gestrandet. Und

Rilke gibt wieder die Rolle des Erlösers. Ihn reizt es, wenn er, der ewig von älteren und reichen Frauen Abhängige, nun selbst in eine Position gelangt, in der andere von ihm abhängig sind. Ralph Freedman schreibt sogar, die Vorstellung bitterster Armut habe in ihm einen »libidinösen Widerhall« ausgelöst. Während ihm Angela Guttmann von ihrem Hunger und Elend erzählt, schwelgt er in seiner Pariser Elend-Erinnerung und den Bildern des »Malte Laurids Brigge«. Aber er schreibt wegen ihr auch Bittbriefe an seine Mäzene und stellt sie seinem Arzt vor. Angela bindet sich eng an ihn, glaubt an Dauer. Aber immer, wenn Rilke spürt, daß sein erotisches Schwärmertum in feste Bindungen zu münden sich anschickt, reagiert er panisch. So auch hier. Als sich auf einer Abendgesellschaft für ihn das Angebot ergibt, einige Monate als Gast auf einem Gut bei Basel zu verbringen, sagt er sofort zu. Er hat Schuldgefühle, sicher, wie bei Marthe, die er sich erst vertraut gemacht und dann zurückgelassen hat. So bleibt auch Angela Guttman allein zurück, krank in ihrem eiskalten Zimmer.

Rilke besitzt das Talent, noch seine Gewissensbisse zu poetisieren – das macht es ihm leichter. Angela Guttmann ist geschockt, will an den Verrat nicht glauben, reist Rilke hinterher, wird abserviert und mit Unverbindlichkeiten auf Distanz gebracht. Das Kapitel Angela Guttmann ist für Rilke abgeschlossen. An Nanny Wunderly-Volkart schreibt er die pathetischen Worte vom *Sakrament der Trennung*. Schlichter gesagt, Rilke ist erotisch bereits wieder anderweitig in Anspruch genommen.

Über das weitere Schicksal Angela Guttmanns gehen die Meinungen auseinander. Während Wolfgang Leppmann vermutet, sie sei wenig später in Davos gestorben, glaubt Ralph Freedman sie in Angelina Rohr zu erkennen, die mit 95 Jahren 1985 in Moskau starb, nachdem sie viele Jahre in Stalins Gefängnissen, auch als Lagerärztin in Sibirien, verbracht hatte.

Lisa Heise, »Briefe an eine junge Frau«

Sie ist eine reine Briefbekanntschaft. Ähnlich wie in seinen »Briefen an einen jungen Dichter« (Franz Xaver Kappus) versucht Rilke sich in der Rolle des Mentors; des überlegen-souverän Rat Gebenden. Es ist nicht die Sorte Brief, in der sich Rilke erotisch selbst erhitzt. Offensichtlich gehört die Briefschreiberin nicht zu den Frauen, die seine Fantasie anregen. Lisa Heise wird ihm ein Medium der Abkühlung, des Klarblicks. Denn in ihrer Einsamkeit und der Schwere ihres Lebens kommt sie ihm auch wieder sehr nah – vielleicht zu nah.

Dieser Briefwechsel ist höchst aufschlußreich. Zum einen, weil Lisa Heises Briefe eine ungewöhnlich poetische Kraft besitzen, zum anderen, weil er hier eine Art Alter ego entdeckt. Eine junge Frau, die seine Ideale versucht zu leben – und der es dabei sehr schlecht geht. Das ist für Rilke wie ein Blick in einen trüben Spiegel. Er flüchtet sich in eine gönnerhafte Pose und hält das Elend, das hier so ganz ohne jeden Glanz – wenn auch von großer Würde – ist, weit von sich fern. Er, der selbst so viele Bitt- und Bettelbriefe schreibt, zeigt sich unangenehm berührt, wenn ihm jemand von seinem eigenen schweren Leben berichtet und dabei zwar nicht um Hilfe bittet, aber vielleicht doch welche erhofft.

Lisa Heises erster Brief bringt eine Saite in ihm zum Klingen. Diesen ersten Brief schickt sie im Juli 1919 an Rilke. Es ist ein kurzer Brief, der nicht viel mehr enthält als einen Dank: »Ich bin Ihnen seltsam nahe, schon durch Tage und Wochen. Ihre Lieder berühren mich wie etwas Wiedergefundenes.« Dann teilt sie ihm mit, sie lebe mit ihrem Kind in »tiefer Einsamkeit«. Das Erstaunliche passiert. Rilke antwortet mit einem sehr langen Brief. Denn er fühlt sich gerade selber höchst fremd und einsam in der Schweiz. Nun erreicht ihn in Soglio, im Palazzo Salis, die Klage einer ledigen Mutter. Er zeigt sich angerührt davon, daß der Brief *wirklich zu mir* geredet hat. Es trifft Rilkes eigene Situation – und sein Lieblingsthema sowieso. Er spricht von einem *Alleinsein unter Seinesgleichen,* das in manchen Momenten einen Grad erreicht, den man unter normalen Umständen nicht zugäbe.

Atmosphärische Nähe zwischen den zwei Briefschreibern stiftet ein Thema: die Natur. Beide wissen (sie instinktiver als er), Natur ist etwas, das uns nur nahkommt, wenn wir uns ihr in eine Nähe bringen. Lisa Heise denkt da wohl zuerst an die äußere Natur; Rilke mehr an seine eigene. Denn aus Natur-Transformationen ist das gesamte Spätwerk Rilkes gemacht, vor allem die »Duineser Elegien« und die »Sonette an Orpheus«. Er schreibt Lisa Heise: *Die Natur ist nicht fähig, an einen heranzureichen, man muß die Kraft haben, sie umzudeuten und anzuwerben, sie, gewissermaßen, ins Menschliche zu übersetzen, um ihren mindesten Teil zu sich zu beziehen; das gerade aber ist es, was man, als ein gründlich Vereinsamter, nicht leisten kann: man will dann ja beschenkt sein, bedingungslos, man kann kein Entgegenkommen leisten, wie ein Mensch in einem gewissen Tiefstande seiner Vitalität kaum den Mund öffnen möchte für den dargereichten Bissen ...*

Rilke fühlt sich physisch schlecht gerüstet für das poetische Umformungsunternehmen Natur. Da sprechen die Klagen Lisa Heises sehr intensiv zu ihm. So schlimm steht es mit ihm noch nicht, aber er weiß, derselbe Abgrund bedroht auch ihn. Und Lisa Heise kann wirklich schöne Briefe schreiben. Von einer schlichten Unmittelbarkeit, die Rilke nicht gegeben ist. Friedrich Sieburg hat das Dilemma des Briefschreibers Rilke in großer Schärfe ausgesprochen: alles nur Monolog, »weil dem Dichter ein wirkliches Verhältnis zu Mitmenschen, zum Du, nicht gegeben war.« Bleibt die Frage, wann ein Verhältnis zu anderen Menschen wirklich ist. Wer bestimmt die Kriterien für die Besonderheit, die jedes einzelne Leben – zumal ein Dichterleben – bedeutet? Aber Sieburg bemerkt richtig die narzißtische Grundgestimmtheit bei Rilke. Um so interessanter, die – zugegeben seltenen – Momente, in denen Rilke sehr radikal sein Innerstes einem anderen Menschen, zumeist einer Frau offenbart, ja geradezu aufbürdet. Diese Stellen gibt es immer wieder, auch in dem schmalen Briefwechsel mit Lisa Heise. Hier verzichtet Rilke ganz darauf, die Rolle des Charmeurs zu spielen. So treten die Grundfragen seiner Existenz sehr deutlich zutage. Und das vor allem deshalb, weil Lisa Heise nicht nur den Ton, auch das Thema vorgibt.

Lisa Heise lebt mit einem zweijährigen Sohn, getrennt von ihrem Mann, dem Maler Wilhelm Heise, in einem Haus in Hofgeismar bei Kassel. 1913 hatte sie – als Zwanzigjährige – ihre Familie fluchtartig verlassen. Der Vater war Feldwebel und danach Krankenhausverwalter gewesen. Mit »steinharter Stimme« kommandierte er auch die Familie. Die Mutter besitzt ein von Konvention beschränktes Gemüt. Die eine Tochter sei geistesschwach, die andere habe den »Künstlerkoller«, so klagt sie in einem Brief: »da hast Du unser Elend«. Lisa bricht aus diesem Kreis spießbürgerlicher Bigotterie aus. Sie flüchtet zu dem Maler Wilhelm Heise, was sich schnell als Irrtum herausstellt, denn beide verstehen sich nicht. Lisas Vater hat ein Haus gekauft, aber das bringt ihnen kein Glück. Sie haben sehr unterschiedliche Vorstellungen davon, wie Frau und Mann zusammenleben sollen. Wilhelm sieht in der Frau nur die praktische Gehilfin für seine Arbeit. Er selbst nimmt sich – als Künstler – alle Rechte persönlicher Freiheit und hält Lisas Hoffnung auf die Ehe als eine Form von gelebter Innigkeit bloß für romantisch. Die äußere Not ist groß. Lisa hat bis zu siebzehn Klavierschüler gleichzeitig.

Als der Weltkrieg beginnt, ist sie allein in dem großen Haus. Wilhelm hat von einer sächsischen Prinzessin, die sich mit Malen und Buchbinden die Zeit vertreibt, einen Auftrag bekommen und bleibt monatelang aus. Wie sehr muß sich Rilke hierin selbst erkannt haben, als Lisa ihm ihr Leben schildert. Das Schicksal einer Künstlerehe – nun andersherum, von der Frau erzählt. Und die ist alles andere als eine bloße Hausfrau. 1965 wird Lisa Heise in ihren Erinnerungen notieren, wie sie ihren Bruder Carl traf, der aus dem Krieg kam: »Eine gemar-

terte, durch alle Höllen der Erde gejagte Kreatur. Ein irres Kind, das Mann spielen mußte.« Ihre so ganz unpatriotische Sicht auf den Krieg hat sie vollends der mehrheitlich kriegsbegeisterten Gesellschaft entfremdet. Ihr Blick ist der einer Nüchternen inmitten einer taumelnden Welt: »Das trunkene Geheul der Menge, in der ich wie ein Fremdkörper trieb, ihr Lachen, Singen und Tücherschwenken, all ihr jauchzender Lärm – was sollte das? ... Ich wußte, der Krieg, den sie alle in vier Wochen für beendet erklärten, würde erst dann zu Ende sein, wenn ihn jeder Einzelne am eigenen Leib gespürt hatte.« Was folgt, ist die Rückzugsbewegung in den eigenen Garten; die Scholle als Refugium des Geistes, der so arg korrumpiert erscheint: »Zum ersten Mal beschlich mich ein Mißtrauen dem Geist gegenüber, der glatt und gleisnerisch ... sich wie eine Wetterfahne drehen ließ.« Dies ist eine in Deutschland sehr seltene Haltung. Auch Rilke hatte ja im Sommer 1914 zum Kriegsausbruch höchst seltsam-pathetische Gedichte geschrieben. Im August erlebte er in München die fanatischen Ausbrüche der Mobilmachung mit; es hatte ihm angst gemacht, aber auch ihm erschien es als ein große Stunde, auf die er (ein seltenes Zeit-Dokument!) spontan mit »Fünf Gesängen« antwortet, die in ihrem homerischen Grundton sehr nach Ernst Jünger klingen: *Menschlich hebt sich das Feld ins Menschengewitter.*
Hans Egon Holthusen in seiner Ende der 50er Jahre geschriebenen und bis heute weitverbreiteten Rowohlt-Bildmonographie meint, nie sei Rilke Hölderlin so nah gewesen wie hier. Gott bewahre! Diese Wertung sagt uns mehr über das geistige Klima der Bundesrepublik der 50er Jahre als über Rilke. Der feiert den Schmerz. Ein großes Thema für den einzelnen – auf die Masse übertragen aber wird es sofort schal: *Der Schmerz hat auch seine Jubel. O, und dann wirft sich die Fahne über euch auf, im Wind, der vom Feind kommt! Welche? Des Schmerzes. Die Fahne des Schmerzes. Das schwere, schlagende Schmerztuch. Jeder von euch hat sein schweißend nothaftes Gesicht mit ihr getrocknet ...* Wenn man bedenkt, daß

hier die erste der Duineser Elegien schon vorlag, schüttelt man den falschen Weiheton leichter ab. Vom »herrlichen Zorn« allerdings zeigt sich Rilke sehr schnell geheilt. Schon ein Jahr später, im Sommer 1915, ist der »Schmerz« wieder sein eigener – und da ist er kompetent. Er schreibt an Marthe Henneberg: *Sie werden mir glauben, wenn ich Ihnen sage, daß ich mich seit einem Jahre Schritt um Schritt durch eine Wüste von Nicht-begreifen-können und Schmerz fortschleppe; ich leide, nichts sonst, es fehlt mir die geringste Erleichterung durch Tätigsein, denn ich, ich könnte nur für alle, gegen keinen kämpfen. Wird jemals ein Gott genug Linderung haben, um diese ungeheure Wunde zu heilen, zu der ganz Europa geworden ist?* Als ihm Lisa Heise im Sommer 1919 ihren ersten Brief schickt, hat er Deutschland, den Krieg und auch die Münchener Räterepublik, mit der er sympathisierte, für immer zurückgelassen. Es ist ihm wie Kunde aus einem Schattenreich. Er lebt nun in Soglio, kurz vor der italienischen Grenze, im »Palazzo Salis«, damals ein Gasthof mit dem schlichten Namen »Pension Willy«, zu dem es der Architekt Guido von Salis umgebaut hatte. Die Salis waren eine der reichsten Familien der Schweiz, mit der sich Rilke folgerichtig bald anfreundete. In ihnen – wie auch in den Brüdern Reinhart, um deren Mäzenatentum er mit Hermann Hesse heftig konkurrierte – fand er Gönner für seinen Schweizer Neuanfang. Rilke sagen der große elegante Speisesaal mit der Gewölbedecke, die Holz-Täfelungen, der Garten und vor allem die stille alte Bibliothek sehr zu.

Er genießt Privilegien. Nur er darf die Bibliothek benutzen, weil er schließlich Ruhe und Alleinsein braucht. Ralph Freedman vermerkt lakonisch: »Er genoß in jeder Hinsicht eine schöne Erholung.« Nur mit dem Schreiben sieht es weit weniger schön aus. Er macht Skizzen zu einem »Entwurf einer politischen Rede«. Nicht gerade das Terrain, auf dem er zu Hause ist. Da kommen ihm die Briefe Lisa Heises gerade recht. In ihnen spürt er etwas, das ihn wieder zu sich selbst bringen könnte. Er läßt sich ein, er nimmt die feinsinnigen Texte der jungen Frau zum Anlaß, die Fragen, die er lange mit sich trägt, für sich zu beantworten.

Vor allem die eine Frage: Was heißt Leben? In einem Brief vom 11. Februar 1924 schreibt er, es sei nichts anderes als eben das Wagnis, ein neue Form auszufüllen, um frei zu werden in der Verwandlung. Vier Jahre zuvor hatte dieser Satz Lisa Heise für Rilke wie ein Weckruf geklungen: »Daß man zu den einfachsten Dingen so weite Umwege gehen muß!« Lisa Heise muß zwischenzeitlich als Magd arbeiten, um sich und ihren Sohn zu ernähren. Wie eine heroische Selbstermutigung klingt es, wenn sie schreibt: »Aber ich gelange zu eigener Kraft: ich bin tapferer und sicherer geworden. Ich fühle mich zu großen und unmöglichen Dingen bereit – und weiß doch, daß ich den kleinen wenig gewachsen bin.« Und immer wieder das auch Rilke tief in sich tragende Thema einer Mutter, die sich zugleich als Künstlerin versteht: »Wieviel verdanke ich diesem kleinen Sohn!« Sie lebt mit einer Freundin auf einem gepachteten Stück Land bei Weimar, das sie in gemeinsamer Arbeit urbar gemacht haben in einer einfachen Hütte, ohne Strom und Wasser. Das frühe ökologische Ideal, im Einklag mit der Natur zu leben, ist stark. Doch wieder hat sie kein Glück. Nach einigen Jahren entzieht ihr der Eigentümer das Land, sie steht wieder mit nichts da, überlegt, ob sie auswandern soll, vielleicht nach Argentinien oder Kanada. Verzweifeltes bekommt Rilke zu hören: »Ich habe Mühe, mich zusammenzuhalten.« Das Refugium zerbricht, der Rückzug aus der Welt gelingt nicht. Sie komme sich so »restlich und abgenutzt vor« wie ihr Garten schreibt sie am 30. Januar 1923 an Rilke: »Es liegt ein Schatten über der Welt. Wie lange schon und wie lange noch? Die jahrelange Erwartung von etwas schleichend Fürchterlichem, das Vorgefühl eines jähen und gewaltigen Sturzes, setzt die Nerven unter eine Hochspannung, unter der man zu verbrennen droht. Langsam wird man eingezogen in die Zerstörungen der entfesselten Zeit. Schon gehört am Tage die Hälfte meiner Gedanken nicht mehr mir, und die Nächte sind voll fiebriger

Visionen. Das Denken stößt auf nichts als Unbegreiflichkeiten. Man möchte schreien, nichts sein als Schrei! Als sei jedes andere menschliche Vermögen vernichtet.«

Das sind Sätze, die Rilkes Grundstimmung bis zu seinem Tode entsprechen. Er sei Gast, wo sie Pächterin sei – was heißen soll: ausgeliefert seien sie beide. Er versucht zu trösten und Mut zuzusprechen. Als erstes rät er davon ab, nach Argentinien zu gehen. Dann zeigt sich, wie sehr ihn die Situation in Deutschland nach dem Krieg doch politisiert hat: *Deutschland hat versäumt, sein reines bestes, sein auf ältester Grundlage wieder hergestelltes Maß zu geben –, es hat sich nicht vom Grunde aus erneut und umbesonnen, es hat sich nicht jene Würde geschaffen, die die innere Demut zur Wurzel hat, es war nur auf Rechnung bedacht in einem oberflächlichen, raschen, mißtrauischen und gewinnsüchtigen Sinn, es wollte leisten und hoch- und davonkommen, statt, seiner Natur nach, zu ertragen, zu überstehen und für sein Wunder bereit zu sein. Es wollte beharren statt sich zu ändern. Und so fühlt man nun: ... etwas ist ausgeblieben.* Und Lisa Heise antwortet, sie habe gehofft, daß Deutschland sein Schicksal bejahe, daß ganz Europa zu einer Umkehr bereit sei. Aber nun ständen sich zwei Völker »wie Betrunkene gegenüber und suchen Ausweg in neuem Menschenmord.«

Und dann gibt es einen Brief Rilkes an Lisa Heise, der ganz ungewöhnlich ist. Auf diesen Brief wird sie nicht antworten, und auch Rilke unternimmt keinen neuen Versuch, mit Lisa Heise in Kontakt zu kommen. Dieser Brief spricht Rilkes drängende Natur-Thematik in aller Offenheit aus, fast wie mitten in der 68er Studentenrevolte verfaßt. Ohne sexuelle Befreiung wird es auch keine Befreiung aus falschem Leben geben! Gut, daß das seine Mutter nicht gelesen hat, gut auch, daß sie die Phallus-Gedichte nicht gelesen hat! Rilke preist in seinem letzten Brief an Lisa Heise vom 7. Mai 1924 die *Einfalt und Unschuld des Körpers.* Bestimmte körperliche Ungemach wolle *ganz einfach leiblich getröstet sein.* Auch große Geister (von

wem spricht er jetzt?) hätten sich *in einer plötzlich unerträg-
lichen Einsamkeit des Leibes in die schmählichsten Erniedrigungen* gestürzt. Mehr noch des Frevels: ein *bißchen körperliches Glück schien ihnen in einem eigentümlich und
geheimnisvoll verschobenen Augenblick alle die unendlichen
Werte aufzuwiegen, um die sie sonst so entschlossen bemüht
gewesen waren.* Dieser Brief verschlägt Lisa Heise die Sprache.
Sie antwortet Rilke nicht – der Briefwechsel ist mit Rilkes
beachtlichem Exkurs über das Geschlechtliche beendet.

Aber der Anspruch ist definiert: befreunde dich mit dir selbst
als Geschlechtswesen. Aus diesem Geist erwächst auch Rilkes
Spätwerk: *Gemüt und Geist selbst stammen aus der elemen-
tarischen Spannung des Umarmens- und des Fruchtenwollens
und ihr ganzes Wesen, ihre Süße, ihre Stärke, ihre Eindringlichkeit, ist an diese hiesige Herkunft gebunden.*

Lisa Heise, der sanften Naturfreundin, geht diese Offenheit zu
weit. Ihr Garten ist am Ende doch ein anderer als Rilkes Garten.
Vielleicht aber ist es vor allem Scheu, die Lisa Heise verstummen läßt. Wie sie auch im weiteren Leben nie die Energie fand,
die Dinge nach ihrem Willen zu zwingen. 1930 erschienen
postum Rilkes »Briefe an eine junge Frau«, und 1934 veröffentlichte Lisa Heise »Meine Briefe an Rainer Maria Rilke«. Damit rückte sie stärker ins öffentliche Interesse, erhielt Ein-
ladungen in die Schweiz, verbrachte ein viertel Jahr am Lago
Maggiore. Aber ihre Lebensangst blieb. Während des Zweiten
Weltkrieges kehrte sie in das Haus ihres verwitweten Vaters zurück und führte ihm den Haushalt. Sie schrieb dann noch einiges, das sich bewußt – leider bis in die Diktion – an Rilkes
Denkweise anlehnte. Es blieb meist unveröffentlicht. Sie litt
lebenslang unter Depressionen. 1969 nahm sich die 76jährige
in Ravensburg das Leben.

Anita Forrer

Hier kann Rilke ganz »Lehrer« sein. Besser noch Ersatz-Vater. Denn Anita Forrer ist achtzehn Jahre alt, als sie ihm nach einem Leseabend im Januar 1920 einen Brief schreibt, adressiert an den Leipziger Inselverlag, von dort weitergeschickt nach Locarno, wo Rilke in der Pension Villa Muralto wohnt. Er hebt an: »Rainer Maria Rilke, Sie haben eine Sprache, die in unserem Innern tönt und lebt. Und was Sie sagen, arbeitet in uns weiter ... wie schön müßte es sein, Sie kennenzulernen.« Anita schickt ihm auch einige Gedichte, aber hier ist Rilke viel zu sehr kompromißloser Wortarbeiter, um leichtfertig zu loben. Bei Briefen ist das anders. So angesprochen werden bedeutet Rilke immer auch, nicht allein zu sein und doch – schreibend, sich formulierend – bei sich selbst bleiben zu können. Das teilt er Anita Forrer gleich in seinem ersten Brief an sie mit: *Ich empfinde die Heillosigkeit des Krieges noch in meiner ganzen Natur: es müßte mir ein eigenthümlicher Schutz und eine besondere Stille zu Hülfe kommen, damit ich jene freudige, zur offenen Welt bezogene Verfassung wiedergewänne, aus der immer mein Bestes und Gültigstes hervorgegangen ist.* Dieses Bekenntnis enthält auch eine Warnung an die junge Frau, die von ihm geforderte Distanz nicht zu unterschreiten. Dennoch läßt Rilke schließlich persönliche Nähe zu. Anita schickt Rilke zu Weihnachten selbstgebackenen Kuchen, und Rilke nimmt sich wohlwollend-herablassend seiner »Wahltochter« an. Er wolle sie nur mit Anita anreden, *wie es ja der ›Lehrer‹ dürfte, als den Sie mich ansprechen, besonders, wenn er selber eine Tochter hat, die von Ihrem Alter nur ein halbes Jahr unterschieden ist* – rügt dann die *Reimchen*, die sie ihm geschickt hatte, um den Appell anzuschließen: *Man kann gar nicht oft genug im Leben das Gefühl des Anfangs in sich wecken, es ist so wenig äußere Veränderung dafür nöthig, denn wir verändern ja die Welt von unserem Herzen aus, will dieses nur neu und unermeßlich sein, so ist sie sofort wie am Tage ihrer Schöp-*

fung und unendlich. Der Tod als *Mitte des Lebens*; auch diese seine Grundüberzeugung legt er dem jungen Mädchen dar, auch, daß er nur einmal im Leben ein Gefühl von Heimat hatte: 1899 in Rußland. Bei der mit Hilfe von Nanny Wunderly-Volkart zustande gekommenen ersten Begegnung war die junge Frau überfordert. Zu sehr hatte sie sich die von Rilke in einem Brief geforderte distanzierende »Hülfskonstruktion in der Geometrie des Herzens« zu eigen gemacht, um nun mit dem so viel älteren Mann umgehen zu können.

1979 erinnert sich Anita Forrer an diese Begegnung von 1923. Rilke holt sie vom Zug ab, sie streiten darum, wer ihren Koffer tragen darf; Rilke siegt, aber zeigt sich trotzdem verstimmt. Anita Forrer ist wie gelähmt in seiner Gegenwart, unfähig, ein Gespräch zu führen. Seine Stirn und die Augen gefallen ihr ebenso, wie ihr Mund und Kinn mißfallen. Sie essen gemeinsam, dann muß Rilke sich ausruhen und bringt sie zurück zur Bahn. Seine Abschiedsworte: *Anita, warum gehen Sie immer zwei Schritte vor und drei zurück?* Die brüsk Verabschiedete schreibt wieder erklärende, werbende Briefe. Rilke aber hat die Lust verloren und antwortet nicht mehr. Noch einmal, kurz vor Rilkes Tod, treffen sie sich – zufällig – am 21. August 1926 in Ragaz. Anita Forrer chauffiert ihren Vater, der als Präsident der Kuranstalten von Bad Ragaz an einer Sitzung im Hotel Hof Ragaz teilnimmt. Dort wohnt auch Rilke. Als er lächelnd auf Anita Forrer zutritt, flüstert sie ihm zu: »Rainer, wie konnten Sie sich mit diesem für mich so trostlosen Satz verabschieden und nie mehr antworten? Ich bin nie darüber hinweggekommen.« Rilke antwortet wie ein Bilderbuch-Dichter, voll erstaunter Überraschtheit: *Was für ein furchtbares Mißverständnis.* Dann trinkt er Tee mit der Familie Forrer, und die letzten Worte an sie, an die sich Anita Forrer später erinnerte, sind diesmal: *Ihre Familie, das sind doch alles bedeutende Menschen.* Anita schreibt wieder Briefe an den vergötterten Dichter, dessen Nähe sie stumm gemacht hatte, und Rilke antwortet wieder nicht.

Wahltöchter

Von einigen seiner Liebesaffären mit sehr jungen Mädchen wissen wir wenig, weil Rilke kaum Schriftliches darüber hinterlassen hat. Manchmal beichtet er es Marie von Thurn und Taxis oder Lou Andreas-Salomé. So schreibt er am 6. Januar 1917 an Lou Andreas-Salomé: *Ruhe und Arbeit sind noch nicht wieder in mir, seit der Wiener Bresche. Wenigstens, daß die Unruhe des letzten Monats eine wie von unruhigen Engeln war, durch die Gegenwart eines schönen jungen Mädchens bei mir.* Die Rede ist von Mia Mattauch, von der wir sonst nichts wissen. Mit ihr hatte Rilke eine kurze, aber heftige Affäre. Wolfgang Leppmann merkt zu diesem Ungleichgewicht von Liebesaffären mit hinterlassenem Briefwechsel (vielleicht auch noch von einem »Erinnerungsbuch« flankiert) zu denen ohne schriftliche Hinterlassenschaft an: »Daraus, daß einige Frauen ihre Erinnerungen an ihn zu Papier brachten, ist nicht unbedingt zu schließen, daß sie eine größere Rolle in seinem Leben gespielt haben als ihre mehr oder minder anonym gebliebenen Schwestern. Viel Selbststilisierung ist in diese Beziehungen eingegangen, auf seiner Seite wie auf der seiner Freundinnen, die sich meist wichtiger nahmen, als sie waren.« Aber für Rilke ist diese Selbststilisierung ein Teil seines Selbstverständnisses, eine Maske, hinter der er seine Zerrissenheit verbirgt. Und wieder ist es die Narziß-Thematik, die in Rilke arbeitet, sein Wissen, daß, wie Michael Hamburger schreibt, »sein Verhältnis zu Menschen sich in keiner Weise von seinem Verhältnis zu jenen Dingen unterschieden hatte, die Gefühle nicht erwidern und nicht erwidern können.« Darum bekommen seine Liebes-Schwüre etwas so ausufernd Prätentiöses. Er selbst projiziert sich in sein Gegenüber hinein – und der ungeheure verbale Aufwand verdeckt nur, daß er den anderen nicht zu hören vermag. Er hört nur, was er selbst in ihn hineinruft. Es ist dieser hermetische Monolog, diese pathetisch maskierte Leere, die im Engel der Duineser Elegien Gestalt gewinnt. Eine kalte Höhenluft weht um Rilke.

Narziß, die Wiedergeburt der Frau im Gedicht
oder Was ist Liebe?

Gründet alle Liebe vielleicht tatsächlich im Narzißmus, wie ihn uns Rilke vorführt und über den er immer wieder nachdenkt? Bereits Stendhal hatte in seinem Buch »Über die Liebe« geschrieben: »Von dem Augenblick an, da er liebt, sieht auch der klügste Mann kein Ding mehr, *wie es wirklich* ist ... Seine Befürchtungen und Hoffnungen bekommen auf einmal etwas *Romantisches (Absonderliches)*.« Ist das nun ein Zustand, der zu fürchten ist, diese leichte Verrückung der Perspektive auf Wirklichkeit? Oder sucht der Dichter genau danach: ein Reich des Möglichen, der Verwandlungen? Ortega y Gasset wird in seinem Aufsatz »Zur Geschichte der Liebe« noch deutlicher. Über die »höfische Liebe« der Troubadoure, die den bloßen Geschlechtstrieb in eine geistige Spiel-Form bringen, ohne diese von ihrem animalischen Quell abzuschneiden, notiert er: »Diese Liebe ist unvereinbar mit jedwedem sinnlichen Vollzug; sie lebt in der Ferne und in der sehnsüchtigen Einsamkeit wie eine Nachtigall. Und darum war sie auch unvereinbar mit der Ehe, die mitten im Bereich der Wirklichkeit angesiedelt ist.«

In seinen »Betrachtungen über die Liebe« kommt Ortega auch auf Mariana Alcoforado zu sprechen. Die Liebe wird als Medium der Selbststeigerung über die eigene Natur hinaus vorgestellt. Das verbindet Mariana Alcoforado, Rilke und Ortega. Die Liebe ist ihnen etwas Monologisches. Der imaginären Verschmelzung mit dem anderen einher geht das reale Getrenntsein. Das wird zum konstitutiven Moment der monologischen – narzißtischen – Liebe. Sie ist dann ein Produkt der Einbildungskraft, die die Realität nur als Humus benutzt – niemals als Ziel. Ortega spricht den narzißtischen Zug jeder Liebe, ihren Egoismus aus. Alle Nähe ist scheinbar und jede Gemeinschaft lügt: »Wenn wir lieben, geben wir die Ruhe und Seßhaftigkeit in uns selbst auf und wandern virtuell in den

Gegenstand aus. Und dieses unaufhörliche Hinüberwandern heißt Liebe.« Das Schlüsselwort ist »virtuell«. Die Vereinigung mit dem anderen – sie vollzieht sich nur *in* uns; nur da besitzt sie Realität. Das meint auch Rilke, wenn er davon spricht, einer sei der Hüter der Einsamkeit des anderen. Aber warum auf der Höhe dieses Skeptizismus sich unbedingt verheiraten, sich der beengenden Realität einer Institution aussetzen? Weil Fantasie Illusionen braucht – und selbst immer neue produziert. Die nüchterne Skepsis muß dann erst wieder die Distanz herstellen.

Rilke hat seinen Ehe-Irrtum schnell korrigiert. Ehe ist Kompromiß und der Dichter will keine Kompromisse. Die Leidtragende bleibt Tochter Ruth. Sie kann gar nichts dafür, daß ihr Vater so ein kompromißlos-narzißtischer Liebender sein muß, um der Dichter zu werden, der er sein will. Rilke lebt so, als ob er den Satz von Ortega zum Motto erhoben hätte: »Wenn in der wirklichen Frau keine hinreichenden Gründe vorhanden sind, um das Herz zu entzücken, in welchem Traum-Badeort ist ihm dann die imaginäre Schöne begegnet, die uns in Flammen setzen kann?«

Rilke sieht Frauen nicht wie ein Eroberer, sondern mit dem Geschwisterblick. Der läßt die größtmögliche Nähe von Mensch zu Mensch zu, ohne den vom Geschlechtstrieb bestimmten männlichen Beuteblick. Aber diese Geschwisterlichkeit führt geradewegs hinein in die erotische Verstrickung, unter der Rilke leidet, weil sie ihm die Distanz nimmt, den Platz, den er für sich selber braucht. Der Masochismus, die dienernde Unterwürfigkeit des dabei doch Überlegenen, ist ein Teil des Maskenspiels und ein rein ästhetisches Phänomen. Rilke erniedrigt sich im Bewußtsein seiner unangreifbaren Größe. So erinnert sich Lou Albert-Lasard: »Nie sah ich einen Mann sich mit solcher Natürlichkeit auf die Knie werfen, ohne dabei lächerlich zu erscheinen; es war ein Bedürfnis seiner Natur.« Vor allem, dürfen wir annehmen, war es Koketterie.

Im April 1913 schreibt Rilke zwei Narziß-Gedichte, die aufschlußreich sind, will man den erotischen Funken in all seiner dichterischen Arbeit richtig deuten. Selbst- und Welterkenntnis verschmelzen. Ich und Welt sind eins geworden – im Gedicht. Dabei bleibt die Distanz des Dichters zur Außenwelt riesig. Innen und Außen gehen allein im »Weltinnenraum« des Wortes ineinander über. Die Welt muß für Rilke – wie bei dem Mystiker Meister Eckhart – auf dem Grunde der Seele des einzelnen immer neu wiedergeboren werden.

Narziß (I)

Narziß verging. Von seiner Schönheit hob
sich unaufhörlich seines Wesens Nähe,
verdichtet wie der Duft vom Heliotrop.
Ihm aber war gesetzt, daß er sich sähe.

Er liebte, was ihm ausging, wieder ein
und war nicht mehr im offnen Wind enthalten
und schloß entzückt den Umkreis der Gestalten
und hob sich auf und konnte nicht mehr sein.

Hier ist es Narziß, der vergeht. Vor Liebe? Oder vergeht er wie der Frost, wenn es Frühling wird? Die Doppeldeutigkeit gleich in der ersten Verszeile spricht von Zerrissenheit. Es geht schon vorüber, sicher, aber man vergeht darüber.
Narziß ist hier ein Ökonom der Liebe: was ihm »ausging«, das liebt er »wieder ein«. Die Rechnung muß am Ende stimmen. Die Ausgaben dürfen die Einnahmen nicht übersteigen. Was von einem ausgeht, hinaus in die Welt, steht immer in der Gefahr, es könnte einem dabei auch ausgehen. Die Furcht vor dem Mangel, der inneren Leere ist es, die Narziß vorantreibt und die ihn gleichzeitig stillstehn läßt. Ein Spiegelfechter mit der Welt. Mit sich selbst?

Narziß (II)

Dies also: dies geht von mir aus und löst
sich in der Luft und im Gefühl der Haine,
entweicht mir leicht und wird nicht mehr das Meine
und glänzt, weil es auf keine Feindschaft stößt.

Dies hebt sich unaufhörlich von mir fort,
ich will nicht weg, ich warte, ich verweile;
doch alle meine Grenzen haben Eile
stürzen hinaus und sind schon dort.

[...]

Denn, wie ich mich in meinem Blick verliere:
ich könnte denken, daß ich tödlich sei.

Ein Mann erprobt seine Wirkung. *Dies also: dies geht von mir aus* hebt das Gedicht an. Eine Selbsterforschung mit dem drastischen Befund der letzten Zeile, auf die alles hinausläuft: *Denn, wie ich mich in meinem Blick verliere: / ich könnte denken, daß ich tödlich sei.*
Tödlich für wen? Lou Albert-Lasard schreibt: »Die Frauen wurden so zu Spiegeln seiner überströmenden inneren Schönheit und empfingen davon den Widerschein.« Also sterben sie an seiner »überströmenden inneren Schönheit«? Loulou ist an der eigenen Rilke-Verklärung ziemlich blind geworden für die langen und tiefen Schatten, die der Dichter wirft.
»Tödlich« für andere wird die übergroße Selbstbezogenheit; dieses: *Wie ich mich in meinem Blick verliere.* So entsteht die Hermetik der Ich-Welt. »Tödlich« ist sie, weil Außenwelt gleichsam abstirbt im auf sich selbst gerichteten Blick des Dichters – um erst dann, wiederum durch den Dichter, als angeeignete, durch das Ich hindurchgegangene und bewußt geformte Welt im Wort wiedergeboren zu werden.

Etwas salopp übersetzt kann man die Narziß-Thematik auch auf die Formel bringen: aus Selbst-Haß entsteht keine Liebe für andere. Die Liebe zu einem anderen ist im Grunde – so Rilkes spezieller Platonismus – nur eine Form der Teilhabe an der Selbstliebe.

Eines kommt bei Rilke nicht vor: der christliche Opfergedanke. Selbstlose Liebe – darin ist er Nietzscheaner – ist für Rilke nur eine fromme Lüge. Über das Christentum hatte sich Rilke in höchster Verachtung in einem Brief vom 17. Dezember 1912 aus Cordoba an Marie von Thurn und Taxis geäußert: *Die Frucht ist ausgesogen, da heißts einfach, grob gesprochen, die Schalen ausspucken ... ohne das Telephon ›Christus‹, in das fortwährend hineingerufen wird: Holla, wer dort?, und niemand antwortet.* (Ein Ausruf, der ihm viel Ärger einbrachte. Rudolf Kassner, dem er nicht verborgen blieb, fand ihn unter allem Niveau.)

Beide Narziß-Gedichte entstanden 1913. Das erste ist in der Ich-Form gehalten. Narziß sieht in jedem Spiegel sich selbst. Das bin ja ich! Lou Andreas-Salomé hat darauf hingewiesen, daß es sich im Mythos vom Narziß nicht um einen künstlichen Spiegel handelt. Narziß erblickt sein Spiegelbild auf der glänzenden Oberfläche des Wassers. Er erblickt also zugleich mit seinem eigenen Bild das Wasser selbst. Im Ich-Bezug ist damit ein All-Bezug zur Natur mitgesagt. Der Mensch tritt, fortgesetzt sich in ihr spiegelnd, aus der Natur heraus.

Auf die spezielle Vereinzelung des Dichters bezogen heißt das jedoch: Narziß ist gefangen im Spiegelkabinett der Selbstbilder, die zugleich auch Weltbilder in ihrer höchsten Subjektivität sind. Der Dichter verdoppelt Welt – und damit sein Ich. Er wird damit zu seinem eigenen Doppelgänger, der sich immer auch von außen zusieht. Er verliert sich in der Spiegelwelt der Worte, geht sich selbst voraus und selbst hinterher. Damit verlieren die Worte ihren kommunikativen Sinn, ihren Charakter als Informationsträger. Narziß kann sich anderen nicht mehr verständlich machen. Die Worte gehören nun ihm ganz allein.

Die Schriftstellerin Editha Klipstein, die Rilke im Juli 1915 in München besucht, ist diesem Geheimnis der Anziehungskraft strahlkräftiger Kälte, die Narziß verbreitet, sehr nah gekommen. Ihre Lesart: Indem Narziß sich im Anschauen seiner selbst verliert, wird er zum idealen Medium der Offenheit, das andere geradezu nötigt, das scheinbare Vakuum mit eigenem Leben aufzufüllen. Gleichzeitig bleibt er von anderen unberührt, auch das fremde Leben wird nur zum Spiegel des eigenen. Editha Klipstein sieht darin jedoch einen Vorzug: »So ist er zugleich zarte Liebenswürdigkeit und eisige Kälte, – und die letztere ist es, in der man sich dann menschlich geborgen fühlt ... weil sie das Persönliche endlich ausschaltet, einmal das Wahrste von uns vorherrschen läßt.« Das ist der entscheidende Punkt. Dem Narziß, der sich ganz der Selbstanschauung überläßt, öffnet sich in der Ausschließlichkeit des Sehens eine eigene Dimension der Wahrheit. Unter diesem Blick fügt sich das Getrennteste zusammen, zerfällt das Festgefügteste.

Leben ist für Rilke der Prozeß des ineinander übergehenden Gebärens und Sterbens. Liebe zeigt sich im bejahenden Verhältnis zu diesen gattungsbestimmt-natürlichen Metamorphosen des Ich. Er folgt damit William Blake, der beschwor, man müsse vor dem eigenen Tod sterben, damit dieser erst eintrete, wenn die Vernichtung des Ich vollendet sei. Rilke formuliert dies in seinen Orpheus-Sonetten so: *Sei allem Abschied voran, als wäre er hinter / dir, wie der Winter, der eben geht./ Denn unter Wintern ist einer so endlos Winter, / daß, überwinternd, dein Herz überhaupt übersteht.*

Gräfin Margot von Sizzo

In der Flut der Seichtigkeiten übersieht man leicht die tiefen Stellen. Der Briefwechsel mit der Gräfin Margot von Sizzo ist unerwartet tief. Hier handelt es sich nicht um bloß kokettierende oder Mäzene mit Schmeicheleien gefügig machen wollende Briefe. Es ist ein ernstes und zugleich zartes Gespräch unter verwandten Geistern. Von Angesicht zu Angesicht gegenübergestanden haben beide sich nie.

Im Sommer 1921 übersendet die Gräfin Rilke ihre »Cornet«-Übersetzung ins Französische. Rilke, bei dem alle Gräfinnen und Fürstinnen melancholische Erinnerungen an die Vorkriegszeit wecken, ist zugleich angerührt und befremdet. Denn Rilke übersetzt selbst aus dem Französischen, weiß, wie schwer alles Nach-Dichten ist. Paul Valéry, André Gide, Maurice Betz übersetzen Rilke ins Französische, Inga Junghanns ins Dänische, Witold Hulewicz (den die Nazis 1941 ermorden werden) ins Polnische, Aurelia Gallarati-Scotti überprüft für Rilke italienische Übertragungen. Zu ihnen allen hat Rilke eine persönliche Beziehung. Jedes Übersetzen aus einer Sprachwelt in die andere braucht eine Erfahrung der Nähe. In diesem Sinne ist der so überraschend erfolgreiche »Cornet« aus seiner Frühzeit ihm sehr fremd geworden. Kann sein, er will ihn gar nicht in andere Sprachen übersetzt sehen, weil er ihm selber schon so fern liegt. So teilt er der Gräfin Sizzo höflich, aber bestimmt mit, ihre Übersetzung überzeuge ihn nicht – und eigentlich halte er den »Cornet« überhaupt für unübersetzbar. Es ist mehr als eine galante Schutzbehauptung, wenn er schreibt, wolle man dem »Cornet« etwas zugute halten, dann *eine Unaufhaltsamkeit im Hin- und Vorübergehen seiner Rhythmen –: das möchte sein einziger Vorzug sein, und gerade d e n mit den Mitteln einer anderen Sprache zu erreichen, dürfte außerhalb auch noch des besten Gelingens liegen.*

Rilkes Strenge in diesem Punkt überrascht nicht. Denn immer, wenn der Kern seiner Dichter-Existenz, die Sprache, berührt wird, endet Rilkes Nonchalance. Mit zunehmendem Alter versucht er so die Nachlässigkeiten seiner eigenen Jugendproduktion zu tilgen.

Dieser ehrliche und auf die Dichtung konzentrierte Gesprächsbeginn zwischen ihm und der Gräfin stiftet – trotz der Ablehnung des französischen »Cornet« – eine bis zu Rilkes Tod andauernde Freundschaft. Der schmale Briefwechsel gehört zu den wichtigen unter den vielen eher unwichtigen, die vorliegen. Rilkes Briefe an die Gräfin sind lang, aber ohne jenen Ballast an Konversation geschrieben, der ihnen so oft einen manierierten Zug gibt. Zuerst aber will die junge Gräfin Genaueres wissen, warum Rilke ihre Übersetzung ablehnt, wo er doch auch Freundliches darüber gesagt habe. Darauf antwortet Rilke ohne rhetorische Umwege: Der *beträchtliche Grad des Gelingens,* den er ihr zugibt, genüge eben nicht, *denn wo irgendwo im Gebiete der Kunst ein Gewisses erreicht ist, da tritt sofort die Anforderung nach Vollkommenheit auf.*

Rilke schreibt sehr Kluges über Dehmel und dessen Versuch, den Dichter ins Leben zu stellen. Solche Abneigung gegenüber dem Schreibtisch-Literatentum reiche nicht aus: Ist etwas um den Schreibtisch herum, an den sich einer, sagen wir, zurückzöge, *kein* Leben mehr, reicht Schicksal, Dasein, Nichtsein und alles Bedrängende, Gefährliche und Mächtige etwa nicht bis an diesen dorthin (sagen wir) Geflüchteten?

Hier gelingen Rilke wunderbare kleine Essays. So etwa über Leben und Tod, Überlegungen, die für die späten großen Zyklen unerläßlich sind. Rilke geht von dem Gedanken aus, daß der Künstler *sein* Schweres finden muß: *Man sollte nicht fürchten, daß unsere Kraft nicht hinreiche, irgend eine, und sei es die nächste und sei es die schrecklichste, Todeserfahrung zu ertragen; der Tod ist nicht ü b e r unserer Kraft, er ist der Maßstrich am Rande des Gefäßes: wir sind v o l l, so oft wir ihn erreichen –, und Voll-sein heißt (für uns) Schwer-sein …*
das ist Alles. – Ich will nicht sagen, daß man den Tod l i e-
b e n soll; aber man soll das Leben so großmütig, so ohne

Rechnen und Auswählen lieben, daß man unwillkürlich, ihn
(des Lebens abgekehrte Hälfte), immerfort mit ein-bezieht, ihn
mit-liebt, – was ja auch tatsächlich in den großen Bewegun-
gen der Liebe, die unaufhaltsam sind und unabgrenzbar, jedes-
mal geschieht!

Seinen letzten Brief schickt Rilke am 9. Mai 1926 an Margot
von Sizzo, der er versichert, er zähle sie zu seinen verläßlichen
Freunden. Es ist ein trauriger Brief. Eine verhaltene Klage über
dauerhafte Krankheit und eine Einsamkeit, auf die er sich bisher immer verlassen durfte, die nun aber selber irgendwie krank
geworden sei, als hätte sie einen welken Rand bekommen und
käme nicht mehr zu ihrer reinen Reife. Am meisten vermisse er
in dieser Männereinsiedlerklause eine Frau, so aber bleibe jeder
Versuch, die Dinge so trügerisch zu verschieben, als ob die Be-
rührung einer weiblichen Geste sie zögernd verlassen hätte –
Fälschung und Betrug. Aber dann erfolgt sofort die Selbstdis-
ziplinierung: *Welche Schwachheit, welches Sich-gehen-lassen*
in diesen Zeilen! Verzeihen und vergessen Sie's.

Letzter Näheversuch mit Baladine Klossowska (Merline)

Eine späte Leidenschaft bringt ihn an den Anfang zurück. Der
Schwärmerton aus »Mir zur Feier« kehrt wieder, auch seine
Briefe unterzeichnet er wieder mit *René*. Baladine Klossowska,
geboren 1886 in Breslau, verheiratet mit dem Kunsthistoriker
Erich Klossowski, hat zwei Kinder: Balthusz und Pierre. Sie
lebt in Paris, daher kennt Rilke sie flüchtig. Aber die Leidenschaft bricht in einem ungeahnten Maße erst 1920 in Genf
aus. Sie stürzt Rilke in eine Verstrickung, von der es ihm
schwerfällt, sich zu befreien. Denn *Merline*, wie er sie nennt
(die Zauberin), schert sich nicht so viel darum, daß Rilke als
Dichter Ruhe und Einsamkeit als ein selbstverständliches
Recht einfordert. Sie ist eine leidenschaftliche Frau, die den

Mann und nicht den Dichter liebt – das verwirrt Rilke zutiefst, denn seine Argumente sind plötzlich keine Argumente mehr. Merline nimmt es als selbstverständlich, daß zwei Liebende die Nähe zueinander suchen. Aber eben diese Nähe kann Rilke nur kurze Zeit gewähren.

Am 16. Dezember schreibt Rilke Merline einen Brief, der zeigt, wie verliebt er ist. Eine einzige ekstatische Schwärmerei, wie sie nur ein von Leidenschaft umnebeltes Hirn erfinden kann: *Immer wieder bist Du's, Merline, oh, Geliebte der Erde und des Himmels, die ich besinge! Immer wieder ist es die Macht Deiner Arme, ist es ihr unaussprechlicher Ruhm, so Deinem Herzen zu gehorchen, Deinem herrlichen Herzen, Deinem uralten und jungen Herzen, Deinem frühlinghaften und sommerlichen Herzen, Deinem Herzen, das, trüge es nicht diese strahlende Blüte –, längst ein Stern wäre, nicht so schrecklich groß wie die Venus, aber vom gleichen Feuer, vom gleichen himmlischen Brand!*

Alles, was Rilke schreibt, schreibt er als Dichter. Und so verbirgt sich in diesem »hochgestochenen Wortschwall« (Wolfgang Leppmann) ein nüchternes Kalkül. Wortreich verbirgt Rilke, daß er sich auch dieses Mal wieder gegen das Leben (die Liebe!) und für sein vagabundierendes (von ihm als eremitisch ausgegebenes) Einzelgängertum entschieden hat. Obwohl seine Gefühle für Baladine wohl echt sind, will er doch um keinen Preis eine Existenz aufgeben, die allein darauf ausgerichtet ist, die Bedingungen für sein zögerliches und störanfälliges Schreiben so optimal wie möglich zu gestalten. Der Brief ist in Berg am Irchel geschrieben, einem kleinen Schloß aus dem 18. Jahrhundert, das ein Nanny Wunderly-Volkart befreundeter Oberst Rilke für den Winter zur Verfügung stellt. Merline aber hatte schon eine Wohnung für Rilke in Genf gefunden, in ihrer Nähe. Die Liebe ist immer noch jung, erst wenige Wochen alt – doch schon beginnt Rilkes Absetzbewegung. Rilke will das Angebot von Nanny Wunderly-Volkart nicht ablehnen, zumal sie ihm auch noch eine Haushälterin sponsort. Die heißt Leni Gisler, und Rilke kann sie gar nicht genug loben für ihre vegetarischen Kochkünste und ihre schweigsame Art. Also, wegen der Dichtung, dem großen Werk, dem Rilke dient, müssen alle Opfer bringen. Jetzt erst einmal Merline. Aber zuvor reist Rilke noch nach Paris, das er zum letzten Mal vor dem Krieg gesehen hat und das ihm nun fremd vorkommt und das er erst langsam wieder entdecken muß. Alles ohne die einzige große Liebe! Merline schreibt er nun trotz all seines ausgestellten Schwärmertums im Dezember 1920 aus Berg am Irchel – auf französisch – kühl kalkulierte, sehr didaktische Briefe: *Ach, Merline, wär's möglich, daß mein Gefühl für Dich noch zunähme, in diesem Augenblick hab ich solch eine Fülle in ihm empfunden, daß ich die Augen schließen und mich mit meinen eigenen Armen umfangen mußte ...* So ist es, Rilke fühlt sich in seiner unerfüllten Sehnsucht sehr wohl. Sie trennt ihn ebenso (vom Alltag) der Geliebten, wie sie ihn mit ihr (ihrem Bild) verbindet. Und fährt fort: *Merline, ja Liebes, hilf mir auf diese heldenhafte Weise, werde eins mit dieser stillen Landschaft, mit diesen friedlichen Wänden, die mich beschützen, beschütze Du mich mit ihnen –, sei, ach sei dieser Brunnen, der mir all die Zeit, selbst an so angstvollen Tagen, wiederholte: bleib, bleib –, ich bin da, ich gebe Dir das Vorbild der Bewegung, die du in dir vollenden mußt ...* Ein unangenehmer Nachgeschmack bleibt nach solchen Sätzen. Man gewinnt den Eindruck, Rilke spielt Leidenschaft, imaginiert sich auf pubertäre Weise Erfüllungen herbei, die ihm gar keine Erfüllungen, sondern das Ende seiner Art zu leben wären – die also konsequent verhindert werden müssen. Ja, Rilke scheint hier unaufrichtig, das verrät die überbordende Sprache. Denn daß er keineswegs plötzlich vor lauter Leidenschaft den Verstand verloren hat, offenbaren parallel zu diesen recht theatralischen Liebesdelirien, die ihm vielleicht nur Stilübungen in ekstatischem Sprechen sind, höchst nüchterne Briefmitteilungen an Nanny Wunderly-Volkart über alltägliche Besorgungen. Den Tonartenwechsel beherrscht Rilke virtuos.

Am gleichen 16. Dezember, an dem er Merline seine Text gewordene Liebesekstase sendet, schreibt er auch einen seiner –
fast täglichen – Hausbesorgungsbriefe an Nike: *Nun einzelnes:
verspäteten Dank für das reizend behagliche Fußsackgeschöpf;
dient sehr und mit sichtlichem Vergnügen ... daß Sie sogar an
die Taxi-Adresse gedacht haben. Die Telephon-Nummer ist, auf
einem gelben Blättchen notiert, in die innere Schrankthür ge-
heftet.* Es stimmt also nicht, daß sich Rilke nicht auf Alltag einzulassen vermag, daß er wie ein Mönch nur seiner Dichtung
dient. Die Korrespondenz, die Rilke in Berg am Irchel entfaltet, hat etwas vom zynischen Management eines Parasiten. Er
degradiert seine ihm so wohlwollende Freundin Nike zur
Versandhausaktrice. Wenige Tage vor Weihnachten läuft die
Rilkesche Beschaffungskorrespondenz auf Hochtouren. Am
21. Dezember gibt Rilke seiner Gönnerin Instruktionen, wie die
von ihr bezahlten Dienstleute von ihr – in seinem Namen – beschenkt werden sollen. Er schreibt: *Sollte nicht, fiel mir ein,
auch Straub ein kleines Geschenk haben, vielleicht zu Neujahr,
– der Haushalt vollzieht sich, dank des ›Klima's‹, so diskret,
daß ich nicht weiß, wie weit auch er an meiner Befürsorgung
mitwirkt, wahrscheinlich bringt er das Holz und jedenfalls
macht er die Wege schneefrei u. s. w ...: zur Erwägung, wie ich
das dann am Besten Freundlichsten und Nebenbei-esten ...
thue. – Dem Pfarrer, dem Guten, der viel mit mir zu thun hat,
möchte ich, aber auch erst aufs Neue Jahr, einen hübschen
Kalender schenken, s e i n e m Geschmack, soweit ich das
irgendwie verantworten kann, dabei entgegenkommend, oder
doch zumindest nicht zu sehr in Widerspruch mit dieser kleinen vielleicht, aber gewiß vorhandenen Qualität. Besorgen, ja?
Oder vielleicht haben Sie schon so Brauchbares vorräthig im
Hause? Das vermuth ich eigentlich. Sorge, aber noch für weit-
hin, machen mir die Kippenbergs mit ihrer Ankunft ... w i e
wird man sie nur her und wieder fortschaffen?* So geht das fortwährend. Zur Abwechslung schreibt er dann, zwischen zwei
Geschäftsbriefen, Merline einen weiteren rauschhaften Liebes-

brief, der ihr versichert, er stürbe noch ohne sie. Aber damit sie nicht plötzlich kommt, setzt er die Warnung dazu: es ginge einfach nicht, daß sie bei ihm sei – sie wisse doch, sein Werk sei es, dem er allein diene.

Gewiß ist, Baladine läßt in Rilke noch einmal den Dämon des Eros erwachen, wie er zwischen Mann und Frau immer auf dem Sprung sitzt. Wortreich ringt Rilke mit diesem gewalttätigen Eros, der ihn irritiert, der ihm nicht recht sein kann, weil er ihn bei der Arbeit stört, ihn in dem, was er als Dichter ist, unter neue Rechtfertigungszwänge setzt. Also sieht Rilke, der sich sinnlich erhitzt weiß, nur einen Ausweg: Abstand schaffen und ihn verteidigen. Darum sein Exil auf Schloß Berg am Irchel. Baladine spürt die Entfremdung. Trotz zeitweise zweifellos wahrer Leidenschaft klingen Rilkes Briefe an Merline falsch. Der Dichter ist sichtlich aus dem Takt von Wahrnehmung und Selbstkontrolle gebracht. Diese Liebe bekommt ihm nicht, jedenfalls nicht unmittelbar – erst muß er sie hinter sich lassen, um zu ernten. Aber es fällt ihm schwer, besonders da er an seiner verbliebenen dichterischen Potenz zweifelt. Die Briefe, die er an Merline schreibt, sie kranken alle am falschen Abstand. Als er den wiedererlangt, findet er – auch durch das Erinnerung gewordene Liebeserlebnis mit der Zauberin Merline – noch einmal zur großen Form der Elegien und Sonette.

Diesmal ist der Brief ein unzureichendes Medium. Eine notwendige Zwischenstufe zum gültigen Wort im Gedicht aber wohl auch. Am 18. November hatte er Merline übermittelt: *Du hast die Tür der Erwartung hinter Dir geschlossen, zu der ich immer hinausgeäugt habe, nach jemand der kommen sollte. Das ist die Unruhe gewesen, die mich jeden Augenblick unterbrochen hat. Ich fühle sie jetzt nicht mehr.* Zum Glück für Rilke kommt die Unruhe wieder, ebenso die Erwartung. Aber es ist eine unruhevolle Erwartung, die durch die Liebe zu Merline zur Verwandlung gelangt, die ihre Erfüllung noch einmal in Unerfüllbarkeit transformiert – in Dichtung.

Es gibt immer auch Inseln echter Anteilnahme, die frei sind von den mit dem Triebhaften kämpfenden Dämonien des Schöpferischen. So faszinieren ihn die beiden Söhne von Baladine Klossowska – besonders Balthusz. Rilke, in dem plötzlich der fürsorgliche Vater erwacht, ist beglückt von soviel ästhetischem Sinn bei einem Kind. Den hat er bei seiner leiblichen Tochter Ruth immer vermißt. Nun aber widmet er sich den beiden Jungen. Balthusz, zu dessen später berühmten Bildern ein mit Messer und Gabel Fisch essender Kater gehören wird, malt eine herrenlose Katze. Eine richtige Bildgeschichte über Mitsou, die Rilke so begeistert, daß er zu diesen Bildern des Zwölfjährigen einen Essay scheibt (zum ersten Mal auf französisch) und die Veröffentlichung ermöglicht. Gräfin Sizzo berichtet er ausführlich über *den kleinen Freund, in dem ich immerfort den schon großen Künstler fühle.* Auch um Balthusz' älteren Bruder Pierre bemüht sich Rilke, bringt ihn eine Zeitlang bei Gudi Nölke in Meran unter und empfiehlt ihn André Gide in Paris. So wird Rilke zum Geburtshelfer zweier ungewöhnlicher Lebenswege. Wo Rilke künstlerische Qualität erkennt, da vergißt er seinen Egoismus und dient geradezu demütig dem fremden Werk. Allerdings ist Rilkes Wahrnehmung von Menschen immer mit ihrer schöpferischen Potenz verknüpft. Nur dies interessiert ihn – und da blieb seine Tochter Ruth ihm eine Enttäuschung, er fand keine Ebene, auf der er sich ihr hätte nähern können.

Rilkes Kunst-Urteile sind hier erstaunlich sicher. Er liest Proust, als ihn sonst noch keiner liest, er läßt sich von Philipp Klossowski über Robert Musil erzählen, den dieser für sich entdeckt hat – und hat selber gleich teil an der Entdeckung. Er hat Hesse und Thomas Manns Erstlinge besprochen und ihren Wert erkannt. Aber er weigert sich genauso konsequent, Anfang der zwanziger Jahre in Locarno den benachbarten – und ebenfalls um die Reinhart-Brüder buhlenden – Hermann Hesse zu empfangen (der ihn verehrt), weil er dessen Gedichte nicht schätzt.

Die Beziehung zu Merline gerät in die Krise, in dem Maße, wie Rilke diese Liebe als Stoff für seine Dichtung verbraucht. In der Dichtung lebt sie nun allein weiter – und die reale Frau, die noch Jahre um seine Nähe bittet, wird langsam lästig. Sie, mit der er eine Zeitlang wie mit einer Ehefrau lebte, siezt er konsequent: »O René, sag doch *Du* zu mir, damit es mir ein bißchen wärmer wird.« Sie bittet vergeblich. Die Bindungskraft weiblicher Erotik ist bei Rilke viel zu omnipräsent, als daß *eine* Frau sie dauerhaft zu verkörpern vermag. Mehr und mehr debattiert er mit Nanny Wunderly-Volkart die lästige Affäre (das ist sie ihm plötzlich) mit Merline, die für ihn allen Zauber verloren hat.

Rilke hat jetzt ein Zuhause, in das er nach seinen immer noch vielen Reisen, jetzt aber vor allem durch die Schweiz, zurückkehren kann. Von einer Autotour im Juni 1923 – Rilke, der Technikfeind, ist geradezu ein Auto-Narr – zusammen mit Nanny Wunderly-Volkart um den Genfer See und nach Bern aber kehrt er nicht nach Muzot zurück, sondern steigt im nahe gelegenen »Hotel Bellevue« in Sierre ab. Der Grund: seine Haushälterin und Köchin Frida Baumgartner, von der er schwärmt, hat ihn verlassen, ihre Nachfolgerin Elise Windmeier aber, die Nanny Wunderly-Volkart engagiert, kann Rilke nicht ausstehen. Sie kocht und benimmt sich schlecht. Aus Furcht vor dem bösen Hausgeist bleibt Rilke im Hotel vor seiner Haustür. Aber schon folgt die nächste Katastrophe. Baladine mietet sich im gleichen Hotel für mehrere Monate ein. Rilke fühlt sich belagert und ist verstimmt. Zudem verschlechtert sich sein Gesundheitszustand immer weiter. Einen Monat wohnen Rilke und Merline zusammen im »Bellevue«, aber schon ist klar, Rilke will mit ihr nicht dauerhaft zusammenleben. Er fühlt sich eingeengt und bedrückt – und fährt schließlich zur Kur nach Schöneck am Vierwaldstädter See (Nike managt).

In Rilkes Abwesenheit zieht Baladine nach Muzot. Elise Windmeier ist entlassen worden, Merline sorgt für sich selbst. Mehr noch, sie läßt das Haus renovieren, die Heizung wird überholt, alle Räume werden frisch gestrichen und tapeziert. Zu Rilkes Freude kehrt Frida Baumgartner nach Muzot zurück, aber für Rilke verschärft sich das Problem. Nicht nur er empfindet die um ein gemeinsames Leben mit ihm kämpfende Baladine als Eindringling – auch seine zurückkehrende Haushälterin sieht in Baladine eine Konkurrenz, zumal sie spürt, daß Rilke deren Gegenwart zunehmend nervt. So unternimmt sie alles, die ungebetene Hausherrin zu vertreiben, vergreift sich, wie Rilke nachsichtig rügend konstatiert, Baladine gegenüber im Ton. Heimlich aber ist er froh, daß Baladine jemand so offensiv zeigt, wie unerwünscht sie ist.

Rilke weiß nun sehr genau, was er will: seine Ruhe und keine eheähnliche Existenz. Nur zwei Wochen hält Baladine in der feindlichen Atmosphäre stand, dann gibt sie auf und fährt nach Beatenberg. Wie auf ein erwartetes Signal hin kommt nach Baladines Abreise Nike nach Muzot. Da sie keine Forderungen an Rilke stellt, im Gegenteil, Rilkes viele kleine Forderungen erwartet – und ohnehin alles bezahlt – ist sie wohlgelitten.

Haushälterinnen

Aber auch Nikes Verhältnis zu Frida Baumgartner ist nicht ungetrübt. In Muzot kochen die Eifersüchteleien hoch. Zweimal wird Frida eingestellt, zweimal kündigt sie wieder. Rilke hängt an seiner Haushälterin, die auch eine Bewunderin ist und später (auch sie!) ihre Erinnerungen unter dem Titel »Wie ich den großen Dichter Rainer Maria Rilke erleben durfte« niederschreiben wird. Rilke fängt Frida in einem Netz von Briefen. Immerhin, so etwas wie Standes-Dünkel (bei all seinem aristokratischen Ehrgeiz) kennt Rilke nicht. Nicht nur Frida, auch ihrer Schwester schickt er Briefe, und als ihn Frida dann doch endgültig verlassen muß, schreiben sie sich bis zu seinem Tod. Seinem letzten Brief vom 17. November 1926 legt Rilke Frida ein Zeugnis ihrer Arbeit bei, das mit den Sätzen schließt: ... *sie hat es an Beweisen der Umsicht, Anhänglichkeit und Dienstwilligkeit nicht einen Augenblick fehlen lassen und ist, auch diesmal, der treueste und verläßlichste Hausgenosse gewesen, den man sich denken kann.*

Rilke vergißt Zuwendung nicht. Wie er auch mit der jungen Telefonistin Alice Bürer Briefe wechselt. Sogar mit seiner letzten Haushälterin auf Muzot, Ida Walthert, korrespondiert er von unterwegs. Da finden sich solch praktische Ratschläge und in höfliche Bitten gekleidete Weisungen des Dienstherrn wie: *Gehen Sie nun auch fleißig auf die Fliegen-Jagd, so unerfreulich diese Beschäftigung auch sein mag, sonst wissen wir uns später nicht vor Fliegen zu helfen.* Aber Rilke fragt immer auch nach Befindlichkeiten, geht ein auf die Sorgen noch des entferntesten seiner Bekannten. Gelungene Diplomatie sicherlich, aber auch Rilkes Versuch, wenigstens brieflich teilzuhaben am Leben anderer, ohne dafür den eigenen Rückzugs- als Schutzraum aufgeben zu müssen. An dieser großen Verbindlichkeit liegt es dann, daß Rilke, trotz seiner Bindungsunlust und Egozentrik, keine der vielen Frauen seines Lebens so kränkt, daß sie nach seinem Tod schlecht von ihm spricht.

Man hat den Eindruck, gerade über Häusliches unterhält sich Rilke gern; das tat er schon in Schmargendorf mit Paula Bekker, als sie 1900 nach Berlin zum Kochkurs kam. Auch Frida belegt einen Kochkurs, mit dem von Rilke geforderten Schwerpunkt: *leichte Aufläufe.* Nach erfolgreichem Absolvieren des Kurses erhöht Rilke ihren Lohn von 80 auf 100 Franken. Rilke ist mehr und mehr auf eine Diätküche angewiesen, und darum berichtet er Frida am 19. November 1924 über den Köchinnen-Ersatz während ihres Kurses: *Was Frau Müller angeht, so ist sie brav und aufmerksam, aber es fehlt ihr doch an Intelligenz und Selbständigkeit, um einen solchen Posten dauernd auszufüllen; außerdem sind ihre Kochkünste sehr eintönig und recht grober Natur, und sie weiß sich auf meine vegetarischen Neigungen gar nicht recht einzustellen. Ich hoffe, die berück-*

sichtigen d i e s e in Ihrer jetzigen akademischen Lehrzeit; –
lassen Sie sich nicht zuviel Luxus-Gerichte beibringen, aber
recht viel feine Abwandlungen von Gemüsespeisen und allem,
was man z.B. mit Reis, mit Maccaroni u.s.w. komponieren
kann. Die verschiedenen Arten ›Gnocchi‹ nicht zu vergessen!
Dagegen können Sie ja in der Kochschule mit Ihren ›böhmi-
schen Knödeln‹ Staat machen! Ehrlich erschüttert ist Rilke, als
Frida plötzlich kündigt. Es muß auch an Nike liegen, über die
sich Frida geärgert hat: Kompetenzgerangel. Rilke beschwört
sie geradezu inständig, jetzt, wo sie den Kochkurs erfolgreich
absolviert habe, dürfe sie ihn nicht verlassen. Auch möge sie
doch Nike nicht so wichtig nehmen. Er sagt es allerdings etwas
dezenter: *Und schließlich muß ich Sie daran erinnern, daß es*
sich bei Ihrer Tätigkeit auf Muzot um m i c h handelt; Ihre
dortige Hülfs- und Arbeitsleistung, für die Sie doch Wärme
und Freude hatten aus immer neuen Quellen Ihres Herzens
und Ihrer Überzeugung, gilt m i r, und so darf ich wohl auch
erwarten, i n e r s t e r R e i h e i n B e t r a c h g e n o m-
m e n z u s e i n. Bei so viel Zuwendung muß Frida einfach
schwach werden. Rilkes Dank folgt im nächsten Brief vom
21.Dezember 1924: *Das Christkind hat mich beauftragt, Ih-*
nen, von Sierre aus, eine kleine Weihnachtsgabe zukommen zu
lassen ... Frida darf sich üppig im Programm des Insel-Verla-
ges bedienen (Kippenberg zahlt).

Merlines Verbannung

Baladine Klossowska hofft indessen, daß Rilke sich ihr doch
noch ergibt. Beatenberg liegt nicht weit entfernt von Muzot,
und dort harrt sie den ganzen Winter 1923/24 aus. Rilke ist in
großer Sorge, die er Nike übermittelt: hat sie etwa Muzot
immer noch nicht aufgegeben? Seiner sich nach wie vor um
alles kümmernden Gönnerin schreibt er, man komme schwer

darum herum, Baladines Verhalten *nicht lästig, unmöglich, taktlos zu finden.* Nun ist Rilke ganz der Geheime Rat Goethe, der sich seine Bettine vom Leibe hält.

Rilke ersinnt schließlich eine List, die seiner andauernden Zuneigung zu Pierre und Balthusz entgegenkommt: er vermittelt beiden die besten Kontakte für eine Ausbildung in Paris. Schließlich verläßt auch Baladine die Schweiz, reist ihren Söhnen hinterher. Rilke ist erleichtert. Auch weiter werden ihn liebende Briefe von Merline erreichen – damit kann er leicht umgehen. Baladine aber erträgt alle Demütigungen und die eigene Bitternis, daß der maßlosen Feier der Liebe das plötzliche Fallenlassen durch Rilke folgte. Sie ist wie aus Rilkes Liebesmythos der Mariana Alcoforado gemacht: sie liebt Rilke lange über seinen Tod hinaus, sie braucht seine Gegenliebe dazu irgendwann nicht mehr. In Paris beginnt ihr neues Leben als Malerin.

Gudi Nölke hilft immer

Gudi Nölke wird einer der wichtigen Rettungsanker seiner ersten Schweizer Zeit. Denn Rilkes Aufenthaltsgenehmigung für die Schweiz ist befristet – und jede neue Verlängerung bleibt wiederum, nur noch kürzer, befristet. Gudi Nölke hat gute Kontakte in Regierungskreisen – und tut für Rilke, was sie kann. Vor dem Ersten Weltkrieg hatte die Witwe eines Ingenieurs in Japan gewohnt. Nun war sie mit ihren drei Kindern und dem japanischen Kindermädchen in die Schweiz gekommen, um ein Lungenleiden zu kurieren. Auch sie verfügt nicht über unbegrenzte Mittel, da das Familien-Vermögen in Japan festliegt und erst Jahre später freigegeben wird (Rilke bekommt 1000 Lire davon ab). In seinen Briefen an Gudi Nölke bleibt er ganz demütiger Bittsteller. Seine Anrede steigert sich zwar von »Meine verehrteste gnädige Frau« bis zu »Liebe gnädige

Frau«. Weiter aber auch nicht. Er schreibt Bettelbriefe, aber er schreibt sie nicht ohne Not. Denn seine Lage ist tatsächlich prekär. Am 22. Oktober 1919 heißt es: *Ich bin ganz ungeduldig vor Unterstandslosigkeit, verzeihen Sie's diesem Brief, er läßt viel Unbehagen durch –, nun Sie werden sich dagegen zu schützen wissen.* Rilke ist auf Wohnungssuche, immer im Hotel wohnen kann er nicht. Erstaunlicherweise sind, trotz dieser Anspannung, seine Briefe im Ton eher leicht. So notiert er als Grand-Hotel-Kenner über das »Baur du Lac« in Zürich: *Es ist kein ›Grand‹-Hôtel im mondänen Begriffe, aber ein großer, halb schläfernder Kasten, im Besitze des Herrn Amrhyn aus Luzern, der mehr als Hôtel-Amateur diese Wirtschaft verwaltet, von seiner oberhalb gelegenen Villa aus, die die Villa (ach!) Leoncavallo's war.* Einmal bietet ihm der Fürst zu Fürstenberg-Donaueschingen eine Wohnung im alten Barock-Schloß Wartenberg an – leider betreibt der Schloßverwalter im Erdgeschoß unter der Wohnung eine Kneipe. Schauder ergreift Rilke bei dieser Vorstellung. Mit Hilfe von Freundinnen – vor allem Nikes – hat er sich seine beiden Zimmer in der Pension Villa Muralto in Locarno wohnlich gemacht (*Leuchter, Kerzen, Theegeschirr*). So ganz heimisch fühlt sich Rilke denn doch nicht in der Schweiz: *Aber alles scheint mir so eng hier, auch die Landschaft, wenn der König von Bayern drin spazieren geht, ist sie eigentlich schon complett. Und so deutsch, auch so deutsch im ganzen Gehabe.* Dieser König von Bayern hatte ihm gefallen, als er ihn in Locarno traf: *Im Grandhotel, wo ich die ersten Tage gewohnt habe, giebt es den König von Bayern, der hier, einfach als Vater seiner alten Töchter, vielmehr Dignität hat, als da er in latschiger Bürgerlichkeit Münchens Großpapa vorstellte.*

Am 20. April berichtet er über die Katastrophe. Seine Aufenthaltserlaubnis in der Schweiz läuft wieder einmal ab. Verlängerung, heißt es, sei nun nicht mehr möglich. Aber auch der Rückweg nach München ist abgeschnitten. Denn dort hat man ein Gesetz erlassen, wonach jeder, der erst nach dem 1. August

1914 zugezogen ist, sein Wohnrecht in der Stadt verliert. Das soll die Sympathisanten der Räterepublik treffen. Rilke hat in München seine Wohnung an einen Bekannten untervermietet, mit all seinen Möbeln und Büchern. *So wenig ich nun auch dachte, in München ständig zu bleiben, das Gefühl zwischen zwei Ausweisungen zu stehen, vermehrt meine Unbehaglichkeit und Unruhe um ein Beträchtliches.*

Gudi Nölke und andere schaffen es, die Aufenthaltsgenehmigung zu verlängern – und schließlich wohnt er dank Nanny Wunderly-Volkart und Werner Reinhart in einem eigenen Château in Muzot. Aber Rilke hat immer noch viele Anliegen – und er kennt kein Maß im Instrumentalisieren anderer, wenn diese sich einmal als willig erwiesen haben. Er braucht Geld. Nur für den Notfall und nicht zum Ausgeben könnte man doch ein Konto einrichten? Immer wenn er demütig bittet, beginnt auch sein Stil ganz elendig zwischen Floskeln und Unterwerfungsgesten zu schlingern: *Ich bitte nur um gelegentliche Erwägung meiner Frage, und muß dabei kaum versichern, daß ich jede absagende Antwort verstehen würde: denn die weiteste und sorgendste Voraussicht ist die einzige Haltung, die Sie einnehmen dürfen, und so leichtsinnig und unvorsehlich ich selber wirtschafte, ich könnte Sie in keiner anderen bestärken und Ihnen nirgends so ganz beistimmen, als wo Sie die Zukunft der Ihrigen vertreten und sichern.*

All dies scheint entschuldbar. Rilke, als einer der großen Dichter des 20. Jahrhunderts, hat das moralische Recht, ohne falsche Scham Geld zu fordern, um zu leben. Und da seine Bewunderer meist reich sind, schmerzt es sie nicht, Rilke zu geben. Aber etwas anderes scheint hier in Rilkes Charakter auf: Tücke, rücksichtslose Berechnung, Unaufrichtigkeit. Wieder einmal geht es um Merline und Rilkes Versuch, sie und ihre beiden Söhne loszuwerden. Das ist nicht so einfach, denn er selbst hat sie geholt. Sie begreift zwar, daß Rilke sie nicht in ihrer Nähe dulden will, aber am Geld, fortzuziehen, fehlt es ihr. Und wohin denn? Gudi Nölke, die »verehrte gnädige Frau«, die inzwischen ins Südtiroler Meran gezogen ist und dort im Schloß Winkel wohnt, soll wieder helfen – und die drei bei sich aufnehmen. Rilke als Kuppler, der seine Ware preist. So bescheiden, so fleißig, so willig seien sie. Pierre und Balthusz werden sich bestens mit ihren eigenen drei Kindern vertragen. Die gutmütige Gudi Nölke sagt wiederum ja zu allem. Aber Merline will sich nicht von Rilke verschicken lassen, fährt zu Rilkes Weh-und-Ach-Geschrei erst einmal nach Berlin: *Ich hatte kaum je in solchem Maße das entsetzliche Gefühl, einen lieben Menschen in den Abgrund fallen zu lassen ...*

Aber dann nimmt sich André Gide (auch diesen Kontakt hat Rilke hergestellt) Pierres an, und Baladine Klossowska siedelt mit ihren Söhnen – endgültig – nach Paris über. Rilke ist eine Last los, aber muß sich eingestehen, daß etwas in seinem Leben nicht gut läuft: *Indessen, ich bin in diesen Jahren der Mann, der über Plänen vergißt, daß mit jedem Plan schließlich eine Ausführung gemeint ist.*

Psychoanalyse

In den Jahren nach 1911 vertieft sich Lou Andreas-Salomé immer mehr in die Psychoanalyse. 1913 schreibt sie an Rilke: »Jetzt kann ich mir schon kaum noch vorstellen, daß ich ohne, wenigstens eine, laufende Analyse wäre.«

Rilke aber ist skeptisch, was den Sinn von Psychoanalyse für einen Dichter betrifft. Schon 1905 hatte er Lou mitgeteilt: *Ich denke, ich muß eines Tages dieses fortwährende Arbeiten an der Gesundheit beiseite lassen. Es ist ein fortwährendes Kostümieren und Vorbereiten, während man doch schon auf der Bühne steht und der Vorhang aufgezogen ist. Bleibt da nicht nur eines übrig: zu spielen so wie man ist?*

Während Lou in der Psychoanalyse ihren Welt- und Selbsterkenntnisschlüssel gefunden hat, demonstriert Rilke deutlich

Distanz. Der Dichter verteidigt den Schmerz und seine Depression. Krankheit wird ihm zur legitimen Daseinsform: *Ich denke weniger als früher an einen Arzt. Die Psychoanalyse ist eine zu gründliche Hilfe, sie hilft ein für alle Mal, sie räumt auf, und mich aufgeräumt zu finden eines Tages, wäre vielleicht noch aussichtsloser als diese Unordnung.*

Das Thema steht immer im Raum; denn es geht Rilke schlecht und er sucht Hilfe bei Lou. Auch Lou hat Zweifel, ob eine Analyse sinnvoll für Rilke wäre. Rilke sieht in der Kunst das Mittel zu seiner Selbsttherapie – aber eben in dieser Kunst liegt das Problem. Mit den Worten quält sich Rilke, zu selten bieten sie Entlastung vom inneren Druck. Er sieht die Wurzel des Übels in seiner schwächlichen Konstitution: ... *eine Seele, die darauf angewiesen ist, sich in den immensen Übertreibungen der Kunst zu harmonisieren, müßte auf einen Körper rechnen dürfen, der ihr nichts nachäfft und präzise ist und sich nirgends übertreibt. Mein Körperliches läuft Gefahr, die Karikatur meiner Geistigkeit zu werden.*

Was tun? Diese Frage treibt Rilke immer weiter in einen Kreislauf der Ausweglosigkeiten. Eines aber steht ihm außer Frage: *Ich weiß jetzt, daß die Analyse für mich nur Sinn hätte, wenn der merkwürdige Hintergedanke, n i c h t m e h r z u s c h r e i b e n, den ich mir während der Beendigung des Malte öfters als eine Art Erleichterung vor die Nase hängte, mir wirklich ernst wäre. Dann dürfte man sich die Teufel austreiben lassen, da sie ja im Bürgerlichen wirklich nur störend und peinlich sind ...*

Derweilen taucht Lou immer tiefer in die Dialektik von anal und oral ein.

Rilkes Brief an Lou von Ende Oktober 1925 zeigt seine ganze Verzweiflung. Ihm, kurz vor seinem 50. Geburtstag, geht es schlechter denn je. Es ist eine Leukämie, die er in sich trägt, aber das weiß er nicht. Ihm macht etwas anderes schwere Sorge, ja, er zermartert sich deswegen und bittet schließlich

Lou um Hilfe. Was es ist? *Du, ja ich lebe seit zwei Jahren mehr und mehr in der Mitte eines Schreckens, dessen greifbarste Ursache (eine an mir selbst ausgeübte Reizung) ich, mit teuflischer Besessenheit immer dann am meisten steigere, wenn ich eben meine, die Versuchung dazu überwunden zu haben. Es ist ein entsetzlicher Cirkel, ein Kreis böser Magie, der mich einschließt wie in ein Breughel'sches Höllenbild ... Ich weiß nicht, wie ich s o weiterleben soll.*

Von Masturbation ist die Rede. Wie verwunderlich, daß einer, dem der Ruf vorauseilt, ein »Don Juan« (Marie von Thurn und Taxis) zu sein, sich so von seiner eigenen Natur erschreckt zeigt. Es offenbart auch, wieviel von diesem Ruf bloßer Mythos ist. Rilke verklärt die Frau als Engel, abwechselnd betet er sie an und sucht Schutz bei ihr. Ein offensiv seine Sexualität auslebender Mensch, wie es den ersten Anschein bei Rilkes vielen innigen Frauenkontakten hat, verfällt nicht so in Hysterie, wenn er den Geschlechtstrieb in sich spürt.

Aber Rilke ist ein Narziß. Die Sexualitätsform des Narziß ist, wie Rudolf Kassner sagte, die Fantasie. Die macht den Dichter, aber treibt ihn auch immer weiter in die innere Isolation. Inmitten seiner vielen Frauen lebt Rilke also doch allein – mit der Frau in sich.

Plötzlich erwachen Schuldgefühle. Rilke, der Verteidiger des natürlichen Lebens, ist wieder der katholische Prager Knabe. Rilke dramatisiert diesen Kampf mit dem Sexus auf höchst komische Weise. Und er dämonisiert. Aber für ihn ist es tragisch. Er fühlt sich als ein dem niedersten Trieb Unterlegener, er verachtet sich selbst. *Es ist zwei Jahre her, daß ich zuerst, gewahrend, wie die widerwärtige Neigung, jene Reizung auszuüben, meinen Willen überlistete und überwuchs, ärztlichen Rath aufsuchen ging im Sanatorium ›Valmont‹ überhalb Montreux.*

Dort allerdings bagatellisiert man Rilkes »Leiden«, nimmt seine Reaktion als Form von Hysterie, was diesen empört. Denn für ihn hat sein »Versagen« eine metaphysische Dimension. Er sieht in seinem – anscheinend obsessiven – autosexuellen Tun eine Form der Besessenheit.

Lou versucht zu besänftigen und spricht wiederum viel von anal und oral. Ob es das ist, was Rilke an Erklärung sucht?

Briefe an Aurelia Gallarati-Scotti oder Der Faschismus-Verdacht gegen Rilke

Die 20er Jahre offenbaren, daß es sich nicht nur um eine Durchtechnisierung handelt, sondern auch um Durchideologisierung; daß alles auf die Katastrophe, den zweiten großen Weltkrieg des 20. Jahrhunderts zutaumelt. Rilke wendet sich mit Ekel ab. Das äußert sich mitunter mißverständlich. So in den oft zitierten – und noch öfter sehr ungerecht gegen Rilke instrumentalisierten – Briefen an Aurelia Gallarati-Scotti. Diese wenigen Briefe geben einigen – oberflächlichen – Interpreten Anlaß, Rilke in die Nähe des Faschismus zu stellen.

Rilkes Nähe zur Münchener Räterepublik und dem ermordeten Kurt Eisner ließ bereits vermuten, Rilke sei politisch links gewesen. Richtiger wäre zu sagen, er sei politisch höchst naiv gewesen. Er nahm Ereignisse nie von ihrer interessenhaften, gesellschaftlichen Seite her wahr. Schon Gorki war auf Capri darüber entsetzt, wie jemand so ignorant gegenüber Gesellschaftskritik sein könne. Die Nazis haben Rilke nicht gemocht und ihn einen willen- und kraftlosen Ästheten genannt. Aber dennoch gibt es heute eine Tendenz, Rilke ganz nach rechts zu rücken, aus ihm einen Anhänger Mussolinis zu machen.

Das bezieht sich auf einen (!) französisch geschriebenen Brief an Aurelia Gallarati-Scotti vom 5. Januar 1926. Es ist ein Loblied auf Italien. Auf eine Vitalität, an der es dem schwerkranken Rilke so sehr mangelt. Und es ist – etwas kurios – ein offen ausgestellter Affront gegen den deutschen Nationalismus. An Sidonie Nádherný hatte er nach seinem fluchtartigen Verlassen Münchens geschrieben: *Deutschland möchte ich soviel als möglich vermeiden: das krankhafte Auf und Ab seiner Zustände gibt für nichts Gewähr, es hat sich auch viel zu wenig zu seinen enormen Fehlern bekannt, als daß man sich auf seine neue Ehrlichkeit verlassen dürfte!*

Nun aber illustriert Rilke diese Vitalität ausgerechnet mit Mussolini: *... welch ein Aufschwung nicht nur der Literatur, sondern auch im öffentlichen Leben! Welch schöne Ansprache Mussolinis an den Gouverneur von Rom.* – Schon im nächsten Satz aber ist Rilke wieder bei der Dichtung: *Von ihren schönen Dichtern hat man mich in Paris Ungaretti groß bewundern gelehrt.* Die so in einen Satz gefaßte Zustimmung zu Mussolini muß Aurelia Gallarati-Scotti zu heftigem Widerspruch provoziert haben. Denn in seinem nächsten Brief vom 14. Februar 1926 hebt Rilke kleinlaut an: *Sie haben meinem Dilettanten-Brief zuviel Ehre erwiesen, in Ihrem guten Empfangen sind meine Gedanken gereift, sie kehren mir, gültiger als sie es waren, zurück; von ihrer Besorgnis korrigiert, haben sie etwas wie eine ganz vorläufige Festigkeit, die eher einem Wunsch entspricht als dieser zudringlichen und nicht zu durchschauenden Wirklichkeit, deren tägliche Gefahr sie spüren.*

Um Rilkes seltsame Lobpreisung eines Diktators zu verstehen, die zur Hälfte eine Attitüde und zur andere Hälfte eine Ebenenverwechslung ist, muß man noch eine andere briefliche Äußerung zu Aurelia Gallarati-Scotti vom 23. Januar 1923 hinzuziehen, die Rilkes Eingeständnis einer Abneigung gegen alle Politik enthält: *In der Politik habe ich keine Stimme, keine –, und ich wehre mich, irgend ein Gefühl in sie hineinzuverpflichten. Auf diesem verwüsteten Gebiet sind die Fehler seit langem so sonderbar gestreut und aufgeteilt, daß man hier niemandem ganz Recht zu geben wüßte. Es ist ein Spiel des Unrechts, jeder gegen jeden.* Das zeigt, daß es sich bei Rilke eher um ein allgemeines Unwohlsein gegenüber neuen parlamentarischen Demokratien handelt, deren Schlagworte von »Humanität« und »Internationalität« ihm abstrakt und verlogen vorkommen. Rilkes hier geäußerte Demokratiefeindlichkeit bezieht sich – wie die Nietzsches auch – eben nicht auf die Politik, sondern auf den Geist. In geistigen Dingen gibt es keine Mehrheitsentscheidungen, die nicht in Vermittelmäßigung münden. *Das ist es, was ich der ›Freiheit‹ zum Vorwurf mache, daß sie den Menschen höchstens bis zu dem hinführt, was er versteht, nicht weiter. Die Freiheit allein ist zu wenig; selbst maßvoll und gerecht gebraucht, läßt sie uns auf halben Weg, auf dem schmalen Gebiet unserer Vernunft zurück.* Und nun die Stelle, wo es umschlägt, wo Rilke den Diktator im Geiste mit dem politischen Diktator verwechselt. Einen Diktator trägt jeder radikale Denker und Dichter in sich, er allein vermag Grenzen des bloßen Meinens zu überschreiten und Neues zu denken. Diesen starken Selbstdenker braucht auch die Demokratie. Aber der politische Diktator verhindert, daß überhaupt noch gedacht wird. Rilke scheint sich über diesen entscheidenden Unterschied von Stärke hier nicht ganz klar zu sein: *Ist es nicht dies, was die Diktatoren, die wahren Diktatoren, manchmal wenn sie eine wohltätige und sichere Gewalt ausüben, begriffen haben? ... Die Freiheit! Krankt nicht an ihr die Welt? ... lassen sie das Mittelmaß und einen ehrgeizigen, kurzatmigen Willen sich seiner bemächtigen, und sie werden sehen ...; ach, sie werden genau das sehen, was uns umgibt, diesen leeren, selbstgefälligen Parlamentarismus, dieses Jagen nach Gewinn, diese entsetzliche Ungerechtigkeit in jedem Augenblick, die sich rühmt, die alten, wieviel unschuldigeren, Ungerechtigkeiten zu korrigieren!*

Rilke ist erfüllt von dem Wunsch nach einer starken Ordnung. Es ist der Blick eines Ästheten, der von der Angst vor der Uniformierung durch Massenkultur beherrscht wird. Es ist im Jahre 1926 wohl zu früh für den politisch nicht nur uninteressierten, sondern auch uninformierten Rilke, zu bemerken, daß der Faschismus auch der größte Feind des Ästheten, des Individualisten, des romantisierenden, Ritterlichkeit erträumenden und einer Schlösservergangenheit nachtrauernden Außenseiters ist. Rilke hat die Renaissancefürsten vor Augen, wenn er die Diktatoren lobt. Er sieht die Höhe der italienischen Kultur unter den Medici. Er übersieht, daß Mussolinis Faschismus zwar mit einer elitären Renaissance-Gebärde antritt, aber im Kern eine aus plumpem Masseninstinkt, Kleinbürger-Ressentiments und Geistfeindschaft gemachte Ideologie ist – die den einzelnen nur als Moment der Masse, als uniform dem Führer hinterher marschierenden Gefolgsmann vorstellt. Man darf davon ausgehen: kurze Zeit später hätte Rilke seinen Irrtum bemerkt und in Mussolini jenen Aufstand des Niedrigen im Menschen erkannt, vor dem er auf der Flucht war. 1926 aber lagen diese Dinge noch etwas verdeckter, wie Wolfgang Leppmann bemerkt: »Mit seiner positiven Bewertung Mussolinis, der mit Austen Chamberlain, Aristide Briand und Gustav Stresemann soeben brav den Locarno-Pakt ausgehandelt hatte, vertrat er im übrigen eine damals weitverbreitete Ansicht.«

Der Briefwechsel in Gedichten mit Erika Mitterer

Für Rilkes seltsame Art, Erotik – als Dichter! – zu zelebrieren, ist sein »Briefwechsel in Gedichten« bezeichnend, den er mit der achtzehnjährigen Wienerin Erika Mitterer 1924 beginnt und der bis kurz vor seinem Tod andauert. Während dieser drei Jahre begegnen sich der ältere und kränkliche Mann und die junge angehende Schriftstellerin genau drei Tage. Ende November 1925 besucht sie ihn auf Muzot.
Schreibend fühlt Rilke sich alterslos. Ralph Freedman vermutet, Rilke habe bei dem »Briefwechsel in Gedichten« an Goethes »Gustgen-Briefe« gedacht, die ihm die späte Annäherung an den bis dahin so klassisch-entrückt wirkenden Weimarer Dichter erst erlaubten. Schreiben ist für Rilke ein Medium der Verjüngung. In der persönlichen Begegnung fühlt er sich mehr und mehr alt. Am Abend des 27. Oktober 1925, nachdem er

ein Antwortgedicht an Erika Mitterer entworfen hat, schreibt er die Verse: *ja, ich bin krank. Du fragst genau zur Stunde, da ich unendlich wußte, daß ichs bin* … Und dann folgt der Satz, der vielleicht das Geheimnis andeutet, warum sich Rilke überhaupt auf so ein gereimtes Brief-Gespräch einläßt: *dies nur als Antwort. Übertöns* … Rilke sucht Ablenkung von der zunehmenden Melancholie. An diesem Abend schreibt er sein Testament, in dem er regelt, was nach seinem Tode mit den persönlichen Dingen zu geschehen habe. Es sind wenige, denn zu eigenem Besitz hat es dieser große Dichter seines Jahrhunderts nicht gebracht. Rilke bittet sich aus, in jedem Falle, auch dem der geistigen Verwirrung, *priesterlichen Beistand* von ihm fernzuhalten. Weiterhin wünscht er auf dem hochgelegenen Kirchhof in Raron beerdigt zu werden. Was wohl auch mit seiner Gespensterfurcht zu tun hat, der fixen Idee, Isabelle de Chevron spuke auf dem Friedhof in Miege. Deren Mann war 1515 bei Marignano gefallen, zwei Bewerber durchbohrten sich um ihretwillen beim Duell, worauf sie in Wahnsinn verfiel und nachts auf dem Friedhof erfror. Seitdem hieß es, sie spuke dort, was Rilke, der okkulte Dinge seltsam ernst nahm, beunruhigte. Als Inschrift für den zu beschaffenden (alten!) Grabstein bestimmt Rilke: *Rose, oh reiner Widerspruch, Lust / niemandes Schlaf zu sein unter soviel / Lidern.*

Rilkes Müdigkeit nimmt tatsächlich immer mehr zu. Er schläft schon täglich zehn bis elf Stunden – und ist dennoch immer müde. Er wiegt noch 49 Kilo und hat eine Vielzahl körperlicher Beschwerden.

Da bietet das Gespräch mit einem jungen Mädchen Abwechslung. Zumal sich Rilke darin gefällt, immer noch große leidenschaftliche Erwartungen wecken zu können, von denen er weiß, daß er sie nicht einzulösen vermag. Tatsächlich reagiert das junge talentierte Mädchen leidenschaftlich auf Rilkes briefliche Liebesfeier. Aber derartige Hingabe wird Rilke schnell unangenehm. Enerviert reimt er zurück: *Ich bin jener, den man nicht erreicht, / und im Recht nur, wo ich mich er-*

wehre, / Dicht an Deinem Herzen wär ich Schwere, / aber aus
der Ferne mach ich leicht.

Ganz offen besteht Rilke auf Distanz, sagt, was für ihn Liebe allein sein kann: Fernstenliebe. Wie er dies begründet, ist allerdings originell: *Mein Grund ist zu geheim, um drauf zu bauen; ich bin Gefahr, sonst wär ich nicht Natur.* (Das klingt nach Nietzsches »Ich bin Dynamit!«) Rilkes Preisung der eigenen Natur mündet in das Recht auf Rückzug. Die Gefährlichkeit dieser seiner Natur wird nur beschworen, um sie praktisch wieder zu dementieren.

Der »Briefwechsel in Gedichten« ist bemerkenswert, weil hier keine alltäglichen Mitteilungen den hohen lyrischen Ton unterbrechen. Es gibt neben den Gedichten keine Briefe in Prosa, keine Erklärungen und Anmerkungen. Das entspricht Rilkes Ideal des Spätwerks: Dichten ist Musik inmitten einer amusischen Maschinenwelt. Neben eher konventioneller Komplimentemacherei mischen sich auch immer wieder sehr ernste Verse in diesen spielerisch begonnenen Gedichteaustausch, der hinter den Verbindlichkeitsfloskeln auch den großen Monolog der Sonette an Orpheus fortsetzt. Er umkreist immer wieder das unausgesprochen im Raum stehende Hölderlin-Wort: »Warum Dichter sein in dürftiger Zeit.« Es ist die Frage auch nach der Rechtfertigung seiner Existenz. Mehr noch, nicht nur die Frage, wie ein Dichter in dieser zerrissenen Zeit leben soll, sondern: wie er lieben kann. In seiner Siebenten Antwort an Erika Mitterer klingt diese Zerrissenheit als ein bei Rilke ungewohnter Mißton mit:

Warst Du's, die ich im starken Traum umfing
und an mich hielt – und der ich mit dem Munde
ablöste von der linken Brust ein Ding,
ein braunes Glasaug wie von einem Hunde,
womit die Kinder spielen …, oder Reh,
wie es als Spielzeug dient? – Ich nahm es mir
erschrocken von den Lippen. Und ich seh,

wie ich Dir's zeige und es dann verlier.
Du aber, die das alles nicht erschreckte,
hobst Dein Gesicht, als sagte es genug.
Und es schien schauender, seit die entdeckte
geküßte Brust das Auge nicht mehr trug.

Ruth, die fremde Tochter

Rilke schöpft aus dem Mythos der Kindheit, dem romantischen Zauber der Anfänge. Da herrschen unschuldig-barba-
rische Naturkräfte. Alles ist voller Zukunftserwartung. Diesen
Ursprungsmythos kontrastiert er, indem er die eigene Kindheit
zur unglücklichen Ursprungsverfehlung stilisiert und seinen
vielen Briefpartnerinnen gern und oft die Geschichte von der
bösen Mutter, den Mädchenkleidern und der Kadettenanstalt
erzählt. Was hierin keinen Platz hat, ist das eigene Kind, die
fremde Zukunftserwartung, mit all ihrer kindlichen Rücksichtslosigkeit. Die kann Rilke nur fliehen. In seinem Leben
gibt es nur ein (unglückliches) Kind – und das ist er. Daß Rilke
als Vater seine eigene Tochter noch unglücklicher gemacht hat
als seine Mutter ihn – es kommt ihm wohl nie in den Sinn.
Oder vielleicht doch manchmal, darum hält er Ruth lieber fern.
Aus der Ferne ist für Rilke alles leichter.
Eine Art von Vaterschaftsverweigerung, die nicht aus Roheit
oder Gleichgültigkeit kommt, sondern aus seiner Unfähigkeit,
sich auf einen den Raum besetzenden fremden Willen (und
niemand ist darin so rücksichtslos wie ein Kind) einzulassen.
Theoretisch ist Rilke der beste Vater, der sich denken läßt. Er
setzt sich für Ellen Keys Reformschule ein, die die Drillschule
ersetzen soll, er weiß, was Kinder unter Erwachsenenignoranz
leiden. Aber er kann niemals absehen von sich, er bleibt auch
als Vater der Dichter, also das zur eigenen Tochter konkurrie-
rende Kind.

Bezeichnend ist sein Versuch, der sechsjährigen Ruth eine Geschichte zu erzählen. Als akribischer Wortarbeiter schreibt er sie natürlich auf. In der Geschichte geht es um den eigenen mißglückten Versuch, reiten zu lernen. Eine schöne Geschichte. Aber während des Schreibens vergißt Rilke sofort, daß er sie für ein Kind schreibt, es wird ein reines Stück Selbstverständigungsprosa, das mit Ruth nichts mehr zu tun hat. Ein Dichter muß so rücksichtslos sein, ein Vater darf es nicht. Das ist Rilkes Dilemma: im Bemühen, es gut zu machen, entfernt er sich, konsequent die Geschichte fortschreibend, von dem Kind, in das er sich einfühlen sollte. Rilke aber dreht es sofort um: fordert für sich Einfühlung auf hohem Niveau. Wir Leser können es ihm heute danken, Ruth damals wohl kaum. Den mißglückten Reitstundenversuch beschreibt er ihr so: *Ich war ganz der Bedeutung des Augenblicks erfüllt, feierlich bis zur Rührung. Ich freute mich auf den Moment der Spannung ... Aber da stürzte – weiß ich noch – irgendein Hund herein, mein Pferd scheute, – und Du kannst Dir denken, daß alles Weitere mit meiner Einbildung nicht mehr stimmte, ganz anders ablief und unter jämmerlichen Realitäten. Damals war der liebe Gott gewiß im Zweifel, ob er meine Phantasie streichen sollte oder die Reitstunden. Ich war sechzehn oder siebzehn Jahre, und er überlegte und ließ mir die Einbilderei, um zu sehen, ob ich nicht im Älterwerden lerne, sie besser zu gebrauchen. Wenn ich ihn eines Tages davon überzeuge, – ob er mir dann wohl die Reitstunden zurückgiebt?*

Am 12. Dezember 1901 wird Ruth geboren. Mutter Clara und Vater Rainer proben in Westerwede die Familien-Idylle. Die dauert gerade mal ein Jahr, dann zieht es Rilke nach Paris, und auch Clara fühlt sich mehr zur Künstlerin als zur Mutter berufen. Um die kleine Ruth kümmern sich Claras Eltern.

Weihnachten 1901 aber ist Rilke noch ganz stolzer Vater. An Franziska von Reventlow berichtet er über Ruth: *Sie hat dunkles Haar, ganz dunkelblaue Augen, eine ernste Stirne und ganz wunderschöne Hände. Aber: Sie wissen ja, wie das ist, wenn*

265

man von einem lieben, eigenen Kinde spricht, die Worte sind zu groß und zu eng zugleich, zu grob, zu ungelenk, um das auszudrücken, was man meint. Jedenfalls ist das Leben ganz neu mit einem Schlag: um eine neue Zukunft, um ein ganzes Leben reicher! Sidonie Nádherný, bei der er Ruth gern in Pension geben möchte, schreibt er 1909, und die sorgenvoll drapierte Rhetorik klingt dabei aus dem Munde eines Vaters geradezu impertinent: Wird man eine Schule finden oder einen Menschen, der sich des lieben Menschen annimmt?

Nanny Wunderly-Volkart erklärt er am 14. Januar 1920, er empfinde Ruth doch eigentlich nicht in d e m Sinne als [sein] Kind ..., daß [er] ihr aus seiner Welt die ihrige zurechtschneiden und vorbereiten könnte. Und als ob es damit nicht genug wäre, fährt er fort: Die Bremer sind fast wie die ›Schweizer‹, auch bei Ruth und ihren Briefen, hab ich ein wenig so ein reinhartsches Gefühl, zwar, sie ist wärmer, und gibt sich schon ein Stück weiter aus ihrer Natur heraus, aber dieses Übergehen besteht nur von Ansatz zu Ansatz und ist ohne Kontinuität. Vielleicht auch unterbricht die Entfernung diesen Strom, vielleicht hemm ich ihn selbst, da ich zu manchem, auch Körperlichem in ihr, diese Abwehr habe, die sich über allem rührt, was an die Familie meiner Mutter erinnert. – Nun muß auch noch die ungeliebte Mutter Phia dafür herhalten, daß Rilke seine Tochter nicht liebt und gleichzeitig unglücklich darüber ist, von seiner Tochter ebensowenig geliebt zu werden wie Phia von ihrem Sohn Rainer.

Nike gegenüber scheint Rilke immer wieder das Bedürfnis zu haben, sein distanziertes Verhältnis zu Ruth zu rechtfertigen, oder es zumindest zu erklären. Heiligabend 1919 schreibt er ihr: Ein Bild Ruths steht noch da, das sie mir geschickt hat, die nun achtzehnjährige, – ein Kind noch dem Ausdruck nach, mit dem Anfang eines eigenen Flugs in den Augenbraun, als ob sie schon einmal versucht hätte, sich zu umschweben –, aber das eigenthümlich Schwere im Untergesicht, das sie in der Familie meiner Mutter immer mitbekommen. Und am 3. März 1922 teilt er Nike aus Muzot zwei Dinge mit. Zum einen übersendet er ihr ein Horoskop Ruths, das er in Auftrag gegeben hat, mit der Bemerkung, leider hätte der Astrologe (den er einen Astronomen nennt!), erraten, daß es sich um Ruth handelt. Mit dem Resultat scheint Rilke unzufrieden. Rilkes Hang zum Okkulten treibt seltsame Blüten. Zum anderen teilt er Nike bündig mit (wahrscheinlich hatte sie ihn gedrängt): *Übrigens werde ich Ruth n i c h t nach Muzot einladen, scheint mir jetzt; die Gründe dafür ein anderes Mal ...*

Ob diese »Gründe« mit dem Horoskop zusammenhängen? Leider gehören Ruths Briefe an den Vater nicht zu den vielen (und oft für ein Verständnis Rilkes entbehrlichen) Briefwechseln, die bislang veröffentlicht wurden. Aber ohne sie selbst zu hören, scheint es unmöglich, von ihrer Gestalt eine rechte Vorstellung zu bekommen. Ruth erlangt für uns keine rechte Kontur. Auch ihr Selbstmord 1972 zusammen mit ihrem zweiten Mann Willy Fritzsche (Carl Sieber starb 1945) bleibt im dunkeln. Gewiß scheint, daß Rilke sich keinerlei Mühe gibt – darin ein rechter Sohn seiner Mutter –, Ruth in ihrer von ihm unterschiedenen Besonderheit überhaupt wahrzunehmen. Sie soll ihm immer nur ein Spiegel seiner selbst sein – und als solcher *muß* sie ihn enttäuschen. Ihre landwirtschaftlichen Interessen faßt Rilke als eine einzige Niveau-Unterschreitung und Provokation seines ästhetischen Lebensentwurfs auf, was es wohl *auch* ist. Später, als Nachlaßverwalterin aber widmete sie ihr Leben dem Nachlaß ihres Vaters – eine Rolle, die ihr nicht liegen konnte.

Vielleicht gehört Rilke ja zu den Männern, die bessere Großväter als Väter sind? Theoretisch vielleicht, praktisch aber nicht – da er zu Clara und Ruth in den letzten Jahren fast keinen Kontakt mehr hat. Das letzte Mal sah er Ruth am 5. März 1919 in München. Auch seine 1923 geborene Enkelin Christine (sie stirbt 1947), von Rilke in einem Brief an Clara zärtlich *Christinchen* betitelt, zeigt er kein Verlangen zu sehen (erst recht nicht seinen Schwiegersohn Carl Sieber).

Eine Art Vorstellungsbrief seines künftigen Schwiegersohns, des Schulreferendars Carl Sieber, beantwortet Rilke am 10. November 1921. Daß ihn der fremde junge Mann gleich mit »Väterchen« anspricht, muß ihm wie eine unziemliche Distanzunterschreitung vorgekommen sein. Jedenfalls berichtet er über die Hochzeit, an der er – natürlich – keine Zeit hat teilzunehmen, an Nanny Wunderly-Volkart. Über den Brief des Schwiegersohns klagt er: *All das ist lieb, ist herzlich, man kanns nicht anders nennen, und doch die Art, in der sichs ausspricht, ist irgendwie eine ›Mund-Art‹ für mich, ein Dialect des Gefühls, etwas zu ohne weiters naherückend, ohne Nüance, ohne Abwartung und Abstufung ... Er kommt mir nun sehr von außen und nimmt eigentlich wenig Rücksicht auf die Umstände meines Mit-ihm-Niederkommens. Auch fehlt da etwas, – was? – vielleicht eben nur die Nüance, (die eben doch alles ist für uns!). Und es fehlt, seit sie auf ihn völlig eingeht, auch bei Ruth, ja als verschlösse sich nun für sie, vor ihr eine Welt, zu der sie wohl fähig gewesen wäre ...*

Der Vater ist enttäuscht von seiner Tochter. Aber sie wohl noch mehr von ihm. Irgendwie muß sich Rilke nun, nachdem Ruth nicht mehr allein *seiner* Interpretation des Vater-Tochter Verhältnisses ausgesetzt ist, provoziert und zu einer Rechtfertigung gedrängt gefühlt haben. Er spricht von einer *geheimnisvollen Art* der Verbundenheit mit seinem Kind. Ohne diese (Konjunktiv!), müßte er es sich als *Versäumnis anrechnen*, daß er es an *Gemeinschaft habe entbehren lassen*. Und dann sagt er eine Unwahrheit, von der er wohl weiß, daß es eine solche ist: *Sie empfand von Klein auf, daß dies nicht aus Lieblosigkeit, aus Willkür, aus Leichtsinn geschah, sondern weil die ausschließliche Berufung zu den i n n e r e n Verwirklichungen meines Lebens so groß war, daß die Arbeit an den ä u ß e r e n, nach einem kurzen Versuch, aufgegeben werden mußte.* Und dann ganz unmißverständlich, was mögliche künftige Erwartungen an ihn betrifft: *... die Entscheidungen meines Lebens sind längst gefallen, – ich kann nur noch e i n e r Sache durch-*

aus gehören: meiner Arbeit, und muß um ihretwillen manches Große und Gute zurückstellen, das den Anderen, mit Recht, über alles geht.

Die Aussteuer seiner Tochter läßt Rilke seinen Verleger Anton Kippenberg regeln, zu diesem Zweck reist sie (nicht etwa er) nach Leipzig. An Nanny Wunderly-Volkart schreibt Rilke darüber: *... eine eigentliche Aussteuer ist ja jetzt nicht möglich, aber wenigstens eine Beisteuer, nach besten Kräften zu erwägen, bat ich den fürsorglichen Freund und Verwalter ...* Nein, Rilke weigert sich bis zum Schluß, sich verantwortlich für seine Tochter zu fühlen. Immer sind es andere, die alles regeln müssen.

Am 17. Mai 1926 gesteht Rilke Marina Zwetajewa, die bezweifelt hatte, einer wie er könne verheiratet sein und Kinder haben, sein Un-Verhältnis zu Ruth: *... aber die einzige Zeit eigentlich, da ich wirklich mit ihr war, lag überhaupt v o r aller Wörtlichkeit, so von ihrer Geburt bis über ihren ersten Geburtstag hinaus: dann schon löste sich, was an Haus, Familie und Gründung, ein wenig gegen meinen Willen, entstanden war, auf; auch die Ehe, obwohl nie gesetzlich aufgehoben, gab mich an mein natürliches Einzelsein zurück (nach kaum zwei Jahren), Paris begann: das war 1902.* Nun sei seine Tochter längst verheiratet, *irgendwo auf einem Gut in Sachsen, das ich nicht kenne.* Es klingt bitter, nach schwerem Versäumnis, wenn er über seine nie zu Gesicht bekommene Enkelin mitteilt: *Christine, die ich auch nur von vielen kleinen Augenblicksbildern her vermute, hat ihr zweites Jahr seit November überschritten, wächst schon weit in ihr drittes hinein ...* Aber schon im nächsten Satz kommt der Schwenk auf die *andere Ebene,* auf der Muzot stehe, wo alles nur um ihn kreist: darum, seine Einsamkeit (deren er längst überdrüssig ist) komfortabel zu gestalten.

Sekretärinnen

Von zwei Sekretärinnen aus Rilkes letzten Jahren wissen wir. Marga Wertheimer, die ihre Erinnerungen »Arbeitsstunden mit Rainer Maria Rilke« später veröffentlicht hat, und die junge russische Emigrantin Genia Tschernoswitow, die Rilke noch im Herbst 1926 zu sich nimmt, um mit ihrer Hilfe zwei Dialoge von Paul Valéry ins Deutsche zu übertragen. Beide Frauen wohnen nicht in Muzot, obwohl es dort ein freistehendes Gästezimmer gibt, sondern im Hotel Bellevue in Sierre.

Marga Wertheimer, die im September 1924 für den Dichter arbeitet, wird zum Spiegel für Rilkes Selbstinszenierung. Er geriert sich geradezu als Prophet. In ihrer naiv-bewundernden Art schreibt Marga Wertheimer das alles auf. Wir bekommen einen Einblick in Rilkes Fundus der Verführungstechniken: wohltemperierte Lebensphilosophie, in der Erbauliches und Abgründiges auf eine den Dichter schmückende Weise gemischt werden. Welch unterhaltsam-leichtgewichtiger Salonphilosoph! So etwa Rilkes Exkurs über die Kunst zu essen. Da Rilke ernsthaft an Seelenwanderung glaubt, bekommt so auch Platon etwas Handliches für den Hausgebrauch. Beim Genuß eines Apfels oder einer Orange würden platonische oder sokratische Gedanken übertragen, notiert Marga Wertheimer treuherzig. Weil Rilke kein strenger Arbeiter ist, sondern gern abschweift, kocht seine Sekretärin zwischendurch Holunderkonfitüre, die zu probieren und zu loben Rilke die nächsten Tage beschäftigt. Er läßt auch Wein aus dem eigenen Garten herstellen, obwohl er selber kaum welchen trinkt und die Herstellung dreimal so teuer wird, als wenn er ihn kaufte.

Aber noch wichtiger als Essen und Trinken ist dem gelegentlichen Monokel- und Gamaschenträger Rilke die Kleidung. Der angestrengte Dandy unterrichtet seine junge Sekretärin darin, wie wichtig es sei, sich im Haus anders zu kleiden als außer Haus und am Morgen anders als nachmittags oder abends. Über den Hut entwickelt er eine ganze Philosophie.

270

Der Hut gehöre in den Außenraum. Einem Menschen auf der Straße ohne Hut fehle eine Dimension. Als Marga Wertheimer schamhaft gesteht, sie selbst komme jeden Morgen »unbehütet« nach Muzot hinauf, antwortet der ewige Charmeur ungerührt: *Sie sind der einzige Mensch, bei dem ich wirklich liebe, daß er ohne Hut herumläuft. Also bitte ziehen Sie keinen Hut an, wenn Sie zu mir heraufkommen!* Aber die Sache mit dem Hut ist noch nicht abgetan. Die junge Frau ist ein dankbares Publikum für Rilke. Nachts jedoch, führt der Meister aller Hüte aus, sei es durchaus richtig, ohne Hut zu gehen: *Sobald die Nacht angebrochen ist, wird die Umgebung unsichtbar, und die beleuchteten Straßen vermitteln den Eindruck eines erleuchteten Innenraums; man kann darum nachts ohne Hut ausgehen.* Worauf Marga Wertheimer einwendet, in der Oper oder bei Abendgesellschaften trügen die Leute doch auch im Innenraum Hüte. Das, bestätigt Rilke, sei wiederum richtig. Wenn ein großer Saal taghell erleuchtet ist, gibt er den Eindruck eines Außenraums bei Tag.

So also gestaltet sich das Zusammensein zwischen dem Dichter und seiner Sekretärin. Aber etwas bestürzt sieht die spätere Rechtsanwältin Rilkes mangelndes Interesse an der Realität: »Manchmal mußte ich Rilke erzählen von meiner Arbeit auf der Amtsvormundschaft; ich konnte dabei sehen, wie unreal er im Leben stand. Von dem vielen Elend hatte er wenig oder gar keine Ahnung.« Ständig geht Rilke in seinem Studio auf und ab und deklamiert Verse. Aber das ist mehr als Selbstverliebtheit in die eigene Dichtung, es ist intensive Arbeit, wie Marga Wertheimer spürt, so daß sie schließlich erschüttert ausruft: »Es ist unglaublich, wie lange Rilke an seinen Gedichten feilte, sie immer wieder überarbeitete, bis sie auch klanglich den Ton hatten, den er suchte!«

Im darauffolgenden Monat reist Marga Wertheimer ab. Rilke besteht darauf, sie zu begleiten, jedoch, so die junge Frau rückblickend: »Wenn ich auf ihn gewartet hätte, würde ich den Zug verpaßt haben.« Doch Rilke ist nur deshalb aufgehalten worden, weil er noch ein Abschiedsgedicht für seine junge Hilfskraft schreiben will:

Was unser Geist der Wirrnis abgewinnt,
kommt irgendwann Lebendigem zugute;
wenn es auch manchmal nur Gedanken sind,
sie lösen sich in jenem großen Blute,
das weiterrinnt …

Und ists Gefühl: wer weiß, wie weit es reicht
und was es in dem reinen Raum ergiebt,
in dem ein kleines Mehr von schwer und leicht
Welten bewegt und einen Stern verschiebt.

So versteht Rilke, jedes Versäumnis mit Beflissenheit noch zu seinen Gunsten zu wenden. Er will niemanden enttäuscht oder verbittert zurücklassen. Zu gut weiß er: die Zurückbleibenden sind es, die sein Bild in die Nachwelt tragen.

Letzte Amouren

Mitte Juli 1926 war Rilke wegen seines anhaltend schlechten Gesundheitszustandes für fünf Wochen zur Kur nach Ragaz gefahren. Trotz Müdigkeit und Kraftlosigkeit sammelt er Kurbekanntschaften. Es ist Rilkes letzter Sommer. Aber scheinbar ist alles wie immer. Er fertigt, um nicht den Überblick zu verlieren, eine sechzig Namen enthaltende Liste an. Darauf findet sich eine junge holländische Sängerin, Beppy Veder. Er erinnert an *unsere Stunden allein* und hofft, sie noch viel zu sehen.
Der achtzehnjährigen Telegraphistin des Postamtes Ragaz, Alice Bürer, schenkt er den »Cornet« und übergibt ihr sein Kur-

Trinkglas zur Aufbewahrung. Es wird seine letzte Affäre mit einem jungen Mädchen sein. Daß es keine adelige Dame der Gesellschaft, keine nützliche Mäzenin ist, hat etwas Versöhnliches. Als Artist der Liebe, nicht als Zyniker, verabschiedet sich Rilke aus der Welt der Erotik. Er behauptet das Credo seines dichterischen Beginnens gegen alle bitteren Erfahrungen, die er selbst machte und die er anderen bereitete, seitdem der zwanzigjährige Schwärmer 1895 an Fräulein Ella nach Misdroy schrieb, die einzige Gnade, die er erflehe, sei die, daß seine Werke ein zartes Echo in den Herzen hübscher Frauen finden möchten. Der Zweifel, ob er dies erreicht hat, hält ihn auch jetzt noch gefangen. In seinem Widmungsgedicht an Alice Bürer ist diese große Unsicherheit ebenso spürbar wie das Unabgegoltene seiner Sehnsucht – von der eloquenten Art, Dichtung zum Verführungsmedium zu machen, ganz zu schweigen.

Für Fräulein Alice Bürer

Wie waren Sie im Recht, dem Wunsche nachzugeben,
von meiner eignen Hand beschenkt zu sein!
Vielzuviel Zögern unterbricht das Leben:
singt einer auf, so stimmt der Andre ein.

Was wir versäumen, das bleibt an uns hangen;
die Zeit wird schwer von dem, was man verschweigt.
Vielleicht, bevor sie wünschten, zu empfangen,
war ich zum Geben schon geneigt.

Natürlich bändelt er in Ragaz auch mit seiner Tisch- und Zimmernachbarin an, einer jungen Belgierin. Und auch das Ägyptische, das Rilke einst vor den Pyramiden so tief erschütterte, daß es noch in seinen Duineser Elegien nachzitterte, findet einen verspielten Nachklang. Auf der Hotelterrasse trifft er eine Tochter des Kammerherrn des Sultans Hussein von Ägypten:

Nimet Eloui Bey. Ihr exotische Schönheit versöhnt ihn mit der stummen Gewalt der Pyramiden. Dieser Engel ist schön, dabei trotzdem freundlich und charmant – nicht schrecklich wie jener aus der Zweiten Duineser Elegie. Rilke sieht sich im Optimismus seiner »Sonette an Orpheus« bestätigt. Die späte Engelsüberwindung trägt Züge der Versöhnung mit sich selbst.

Rilke ist voller Übermut und trägt sich mit Reiseplänen. Aber der Inselverlag wartet auf die Valéry-Übersetzungen und bereitet eine Gesamtausgabe vor. Darum kehrt Rilke nach Muzot zurück und hat für die anstehende Arbeit Nanny Wunderly-Volkart gebeten, ihm eine Sekretärin zu engagieren. Am Nachmittag des 17. Septembers trifft Genia Tschernoswitow in Sierre ein. Am 23. September kommt auch Nanny Wunderly-Volkart nach Sierre. Rückblickend schreibt sie: »Ich überraschte R., sah ihn von weitem im Eßsaal sitzen und erschrak ganz furchtbar: so elend, so ängstlich, bleich wie nach einer schweren Krankheit sah er aus.«

Erfüllte Fernstenliebe zu Marina Zwetajewa

Der Briefwechsel Rilkes mit Marina Zwetajewa umfaßt keine vierzig Druckseiten – aber die sind wunderbarste Briefdichtung, eine Hohelied auf die Liebe. Am 3. Mai 1926 schreibt er seinen ersten Brief an die ihm unbekannte Dichterin, am 7. November schickt sie ihre letzte Karte an ihn: »Lieber Rainer! Hier lebe ich. – Ob Du mich noch liebst? Marina« Sie erhält keine Antwort. Rilke liegt bereits im Sterben.

Dieses große Briefgedicht ist sehr viel urwüchsiger und unbedingter als Rilkes etwas virtuos-vertändelter »Briefwechsel in Gedichten« mit Erika Mitterer. Den stärkeren Part hat zweifellos Marina Zwetajewa inne. Sie ist es, die Rilke als ihre große Liebe imaginiert. Sie agiert, Rilke reagiert nur. Aufhorchend wie beim Erklingen lang erwarteter und kaum mehr für möglich gehaltener Töne. Vor uns liegt ein irritierend offener Bekennertext in verteilten Rollen.

Boris Pasternak macht Marina Zwetajewa brieflich mit Rilke bekannt. Pasternak (wie Rilke, wie Zwetajewa) ist verheiratet, hat aber mit der ekstatischen Dichterin ein intensives Verhältnis, dem wohl auch erotische Facetten nicht fehlen. Jedenfalls ist Pasternaks Frau ohnehin eifersüchtig auf die Zwetajewa, das Verhältnis ist angespannt. In diesem Moment begeht Pasternak den Fehler, die angebetete Marina einem anderen berüchtigten Ekstatiker in die Hände zu spielen. Rilke ist in Liebesdingen fast genauso schnell entflammbar wie Marina Zwetajewa. Boris Pasternak, mit dessen Vater Leonid, dem Maler, Rilke schon sehr lange befreundet ist, sieht sich plötzlich aus der innigen Briefgemeinschaft, die er gestiftet hat, ausgeschlossen.

Ein Taumel. Ein Rausch von Bekenntnis und Zustimmung. Beide fühlen sich verstanden wie nie zuvor. Und Rilke sieht sein Ideal der Fernstenliebe erfüllt. Die Frau erkennt den Dichter, der er ist – und liebt also den Mann in seiner höheren geistigen Potenz. Ohnehin rennt die Zwetajewa offene Türen ein, denn sie ist Russin. Also Inbegriff dessen, was er an Sehnsucht nach Harmonie und Erfüllung in sich trägt.

Dennoch führt diese Fern-Beziehung zu wirklicher Nähe. Rilke und die Zwetajewa sind sich sehr ähnlich. Einer spiegelt sich im anderen. Welch ein Glücksgefühl! Marina sagt all das, was Rilke ohnehin schon immer gesagt hat, und sie hört von Rilke das, was sie immer schon hören wollte. Gibt es mehr an Selbstbestätigung, an Selbst-Zustimmung im jeweils anderen? Man kann nur spekulieren, wie lange dieser ekstatische Moment des gelingenden Spiegelns des eigenen im anderen angehalten hätte. Vielleicht wäre der aufgeladene Eros der imaginierten Intimität schnell in sich zusammengefallen – aber so bleibt die Erotik über Rilkes Tod hinaus bestehen, ja sie erfüllt sich erst durch diesen.

Auch das hat Rilke in seiner Dichtung immer wieder herbeigesehnt, man muß schon sagen: propagiert. Und nun erfüllt es sich tatsächlich. Einen vollkommeneren Dichter-Liebestod hätte Rilke sich nicht wünschen können. Denn immer ging es ihm um die Figur, die er als Dichter machte. Das Bild des großen Liebenden, der er sein will – und doch die leibhaftige Nähe niemals lange aushält. Und nun dieses Finale.

Marina Zwetajewa schlägt Rilke in vielem. Sogar im Rühmen. Das liegt wohl in ihrem Wesen, das zustimmen und feiern will – und doch im Alltag kaum Gelegenheit dazu hat. Denn sie lebt in Paris als Mutter zweier Kinder sehr kärglich, ohne Geld, vom Haushalt bedrängt, ums tägliche Überleben für sich und ihre Kinder kämpfend. Schließlich resignierte sie vor der Fremde, wo man sie als Dichterin nicht kannte. Auch Rilke hatte fast nichts von ihren russischen Gedichten lesen können, sie wurden wenig gedruckt und wenn, dann nur in kleinen Exilzeitschriften. 1939 ließ sie sich mit falschen Versprechungen ins Sowjetreich zurücklocken, im Glauben, als russische Dichterin gehöre sie dorthin. Von dem darauf folgenden Passionsweg an Demütigung und Verfolgung erfuhr Rilke nichts mehr. Marina Zwetajewa nahm sich 1941 in Jelabuga das Leben.

Rilke hat viele Briefe in seinem Leben bekommen. Tausende. Aber so einen wie den ersten von Marina Zwetajewa vom 9. Mai 1926 noch nie. Wie eine Welle kommt es über ihn. Denn in seinem ersten Brief an sie vom 3. Mai hatte er sich eher über sie der Freundschaft Pasternaks versichern wollen: *Ich bin so erschüttert durch die Fülle und Stärke seiner Zuwendung ...* Dann fragt er, der im Jahr zuvor noch einmal in Paris gelebt hatte, warum er sie dort nie getroffen habe. In einem Nachsatz schlägt er, zur Antwort einladend, vor, sich in der französischen Sprache zu treffen, sie sei ihm »ebenso vertraut wie Deutsch«.

Darauf geht Marina nicht ein. Im Gegenteil. Sie ist eine Bewunderin der deutschen Romantik und beherrscht die deutsche Sprache bis in Nuancen hinein, was sie mit koketter

Schüchternheit gern verbirgt. Dieses Sensorium, in Sprache einen eigenen Raum zu sehen, den man anders verläßt als betritt, verbindet sie sofort. Dichtung als Medium der Selbstverwandlung – der Verwandlung in sich selbst, dieses magische Zutrauen zur Sprache bringt sie zueinander. Dichten, so Marina Zwetajewa, ist immer ein Übersetzen, auch von der eigenen Muttersprache aus. Von der Alltagssprache hinüber zum Gedicht muß jedes Wort – wie in einem kleinen Boot auf einem reißenden Fluß – von einem Ufer zum anderen gebracht werden. Das heißt Übersetzen.

Marina nimmt die Antworten, die möglichen Einwände immer gleich selbst vorweg, um sich an ihnen mit Kraft abzustoßen, hinauf auf die nächste Ebene. Das ist eine Dialektik, die aufs Ganze zielt. Dem kann sich Rilke nicht entziehen. Denn es ist das, was er selbst will. Nun schreibt sie es ihm: »Antworten brauchst Du mir nicht, ich weiß, was Zeit ist, und weiß, was ein Gedicht ist. Ich weiß auch, was ein *Brief* ist. Also.«

Alles in einem, im ersten Brief! Sie schließt: »Die Schweiz läßt keine Russen hinein.« Als Rilke diesen Brief in Händen hält, weiß er wohl selbst nicht, ob er das gut oder schlecht finden soll. Jedenfalls hat Marina nicht vor, nur aus der Ferne zu lieben. Auch bei ihr gilt: das, wohin es den Menschen zieht, ist etwas anderes als das, was der Dichter sich vorstellt, wohin es ihn ziehen sollte. Beide wissen das sehr genau – und sprechen es, so gut es eben zu übersetzen geht (es geht quälend schlecht) immer wieder aus.

Rilke antwortet augenblicklich. Den Brief Marinas aus Paris vom 9. Mai mit Nachschrift vom Tag darauf, als sie sein Bücherpaket erhält (um 7 Uhr morgens) hält er am gleichen Tag in Händen und ist selbst erstaunt, als er das Datum 10. Mai auf seinen Briefkopf schreibt. (Von wegen, *wir* leben in einem Zeitalter der Beschleunigung, wollten wir aufzählen, was für uns alles in den letzten hundert Jahren langsamer geworden ist, die Liste wäre lang!) Für Rilke ist das wie Zauberei: »Marina Zetaewa, sind Sie nicht doch eben hier gewesen? Oder *wo* war *ich?* Es ist immer noch zehnter May – und seltsam, Marina, Марина … *dieses* Datum schrieben Sie (vorausgeworfen in die Zeit, vorausgeworfen in den zeitlosen Augenblick, da ich Sie lesen sollte!) über die Schlußzeilen Ihres Briefes!« Sie kommen an einem Punkt miteinander ins Gespräch, wo es für beide mit anderen längst endete. Auch Rilke wählt als routinierter Brief-Dramatiker den eher nüchternen Einstieg (wenn man die Verwunderung über schnelle Post, mit philosophischen Sentenzen angereichert, für nüchtern halten will) – um sich dann Schritt für Schritt, Satz für Satz, hineinzusteigern. Das *Sie* kippt auch bei ihm klug inszeniert mitten im Brief zum *Du* – es wird gleichsam zum Wettkampf der bekennenden Stilisten, die auch stilsichere Bekenner sind.

Marina Zwetajewa muß Rilke an Mariana Alcoforado erinnert haben, die Nonne aus dem 17. Jahrhundert, die ihn faszinierte in ihrer Liebesekstase allein dem Bild des Geliebten gegenüber. So etwas liest man nicht alle Tage. So etwas schreibt man wohl auch nicht alle Tage, nur in einem Moment, wo einen der Blitz trifft. Aber Marina Zwetajewa ist keine Nonne mit mystischem Jenseits-Brennen da, wo bei anderen die tierische Sinnlichkeit sitzt. Sie formt ihren Ekstasen virtuos (und also nüchtern-kontrolliert), denn sie enthalten der höheren Zustimmung wegen immer auch Negierungen des Naheliegenden. So etwas ist ein bewußter Formungsakt des seine Wirkung suchenden Schreibens: »Sie sind nicht mein liebster Dichter (›liebster‹ – Stufe), Sie sind eine Naturerscheinung, die nicht mein sein kann und die man nicht liebt, sondern besteht, oder (noch zu wenig!) das verkörperte fünfte Element: die Dichtung selbst, oder (noch zu wenig) das, woraus die Dichtung entsteht, und das größer ist als sie (Sie). Es handelt sich nicht um den Mensch-Rilke (Mensch: das, wozu wir gezwungen sind!), um den Geist-Rilke, der noch größer ist als der Dichter und der eigentlich für mich Rilke heißt – Rilke von übermorgen.«

Mit diesem offensiven Sich-auf-die-Knie-Werfen vor Rilke unterwirft sie ihn sich. Rilke ist wehrlos. Ein anderer wäre vielleicht befremdet gewesen, dann, wenn sie allzu dick aufträgt. Aber nicht Rilke. Er glaubt es ihr, weil sie sich selbst glaubt. Wir Zuschauer dieser besonderen Beziehungsanbahnung stehen etwas peinlich berührt daneben: »Was nach Ihnen ein Dichter noch tun kann? Einen Meister (wie Goethe z. B.) überwindet man, aber Sie überwinden – heißt (würde heißen) die Dichtung überwinden. Ein Dichter ist der, der das Leben überwindet (überwinden soll). Sie sind eine unmögliche Aufgabe für künftige Dichter. Der Dichter, der nach Ihnen kommt, muß *Sie* sein, d. h., Sie müssen noch einmal geboren werden.«

Marina nimmt ohne Anlauf die Hürde, an der Baladine Klossowska und viele andere scheiterten: das Du. Dazu braucht die Zwetajewa nur einen Brief. Den beginnt sie in der Sie-Form, aber auch schon emphatisch alle Distanz niederreißend: »Rainer Maria Rilke! Darf ich Sie so anrufen? Sie, die verkörperte Dichtung, müssen doch wissen, daß Ihr Name allein – ein Gedicht ist. Rainer Maria, das klingt kirchlich – und kindlich – und ritterlich. Ihr Name reimt nicht mit der Zeit – kommt von früher oder später – von *jeher*.« Das klingt unwiderstehlich, auch wenn sie nicht weiß, daß »Rainer« eine Erfindung von Lou Andreas-Salomé ist, und kirchlich sollte er nun gewiß nicht klingen – wohl nicht einmal ritterlich. Kindlich, oh ja! Der erste Brief endet bereits in höchster Intimität, die allerdings – und allein mit diesem Zugleich fängt sie Rilke – eine schwindelerregende Sprachgewalt offenbart. Denn auch Marina ist eine Virtuosin, die ihr gesamtes Bekennertum gleichzeitig kühl von außen kontrolliert – das erst macht sie zur Dichterin: »Ihre Bücher erwarte ich wie Gewitter, das – ob ich will oder nicht – kommen wird. Fast eine Operation des Herzens (keine Metaphore! Jedes Gedicht ((Deines)) schneidet ins Herz und schnitzt es nach *seinem* Wissen – ob ich will oder nicht). Nicht wollen!« Welch ein klug kalkulierter dramatischer Effekt, jenes doppelt eingeklammerte ›Deines‹. Marina ist auch im Deutschen auf der Höhe des Sprachbildes. Die »Operation des Herzens«, in das ein anderer nach seinem Wissen schneidet und schnitzt, sie führt zwangsläufig zum Du, gegen das nun kein Widerspruch mehr möglich ist.

In Marina Zwetajewa verbindet sich Hingabe mit Klarblick, die ihrer Art von Ansprechen – über die Distanz hin – eine unwiderstehliche poetische Kraft gibt. Hier vermag Rilke keine Liebesmaskerade aufzuführen wie in seinen Schwärmer-Briefen an die arme Baladine Klossowska. Marinas Direktheit des umweglosen Aussprechens führt im Hintergrund ein feinsinniges Seelenleben. Rilke muß sich immer wieder ertappt gefühlt haben, etwa wenn sie schreibt: »Sie sind auch ein Muttersohn.« Aber zuvor hatte sie diesen Rilke tief unangenehmen Satz scheinbar arglos in Bewunderung verpackt, daß es Rilke unmöglich sein mußte, sich ihm zu entziehen. Bewundernd findet Marina Einlaß in Rilkes Intimstes – um dort angelangt Aufruhr zu stiften.

Zum Thema Liebe und Leib schreibt sie am 13. Mai: »Ich liebe den Dichter, nicht den Menschen.« Aber bei einer leidenschaftlichen Frau kann das nur der Auftakt für eine Reihe von Dementis sein. Ab und zu kommt Rilke auch zu Wort. In seinem zweiten Brief vom 10. Mai spricht er schon über das Thema, das ihn, mit der bohrenden Krankheit im Leib, gerade am meisten beschäftigt: das Verhältnis des Dichters zum Menschen, des Geists zum Körper: *Aber, sagst Du, es handelt sich nicht um den Mensch-Rilke: auch ich bin zerworfen mit ihm, mit seinem Körper, mit dem sonst immer so reine Verständigung gewesen war, daß ich oft nicht wußte, w e r glücklicher dichtet: er, ich, wir beide? (Fuß-Sohlen, selige, wie oft, selig vom Gehen über alles, über Erde, selig vom ersten Wissen, Vorwissen, Mitwissen übers Wissen hinaus!) Und nun Zwie-tracht, doppelte Tracht, Seele anders gekleidet, Körper vermummt, anders.*

Auch in einem Dichter steckt ein Mann, und die reine Seelenliebe trifft auf den ungeschützten Leib. Das Große an Marina Zwetajewa ist: sie verhandelt ihre Verwundungen auf offener Bühne. Und macht sich so wieder anonym, etwa, wenn sie eintaucht in die Natur und sagt, sie las seinen Brief am Ozean, »der Ozean las mit, wir lasen beide«.

Sie beherrscht die Kunst des höheren Bekennens, das im Selbstangreifen unangreifbar wird: geheimnisvoll, anziehend, fremd. Etwas, das Rilke begehren *muß*: »Was ich von Dir will, Rainer? Nichts. Alles.«

Nun also der Mann im Dichter, den die Liebe trifft. Rilkes Briefe laden zur Nähe ein, wohl weil er sich so sicher war, daß Marina nie zu ihm kommen würde. Aber nun ist plötzlich alles anders. Schon in ihrem Brief vom 12. Mai heißt es: »Eine Topographie der Seele – das bist Du.« Und am 13. Mai folgt bereits der nächste Brief Marinas. Man kann sich vorstellen, wie es in ihr brennt. Aber noch versichert sie ihm eilfertig – und es klingt wie Selbstbeschwörung – »… daß Du nur nicht denkst, daß ich mich in Dein Leben, in Deine Zeit, in Deinen Tag (Arbeits- und Gesellschaftstag) dränge, der ein für allemal geplant und verteilt ist.« Aber sie will alles von ihm wissen: »Bist Du lange krank? Wie lebst Du in Muzot? Die Herrlichkeit. Groß und ernst und hoch. Hast Du eine Familie? Kinder? (Glaub nicht.) Bleibst du noch lange im Sanatorium? Hast Du dort Freunde?« – Aber Rilke läßt sich auf einmal gern befragen, denn eines berührt Marina in ihrem Sturzbach der Fragen doch nicht: wie es um den Fortgang seiner Dichtungen bestellt ist. Diese Feinfühligkeit weiß Rilke zu schätzen. Darum beginnt er von selbst darüber zu sprechen. Darüber, daß er immer die Einsamkeit gewollt habe, aber sie nun auf Muzot nicht aushalte. Einsamkeit brauche er zum Arbeiten, aber leben könne er so nicht. Das klingt verzweifelt, und tatsächlich flieht Rilke immer wieder ins »Hotel Bellevue« in Sierre, danach ins Sanatorium Val-Mont, von wo aus er diesen Brief an Marina schreibt. Immer wieder versteht es Rilke, in wenigen Tagen einen ganzen Kreis von neuen Bekanntschaften, vor allem junge Frauen, um sich zu sammeln. Auf Val-Mont bändelt er soeben mit Lally Horstmann an.

Val-Mont als Zauberberg

Val-Mont ist so etwas wie Thomas Manns »Zauberberg«: eine Insel im Meer der Zeit. Insel der Verlorenen? Rilke kennt die junge Frau, die im Sanatorium Val-Mont über dem Genfer See im Zimmer direkt unter ihm einzieht. Vor zehn Jahren war er ihr begegnet – im Hause ihrer Eltern. Lally (Leonie) von Schwabach war damals achtzehn Jahre alt. Eine Bankierstochter. Sie heiratete den Diplomaten Alfred Horstmann, einen Kunstfreund. Lally und ihr Mann führten zwischen den Weltkriegen einen für Berliner Verhältnisse opulenten Salon. Diesem preußischen Geldadel gegenüber bleibt Rilke innerlich auf Distanz. Aber die Sanatoriumseinsamkeit treibt seltsame Blüten. Gleich nach Lallys Ankunft macht er seinen Arzt zum Blumenboten. Der steht dann mit einer Rose in der Hand vor Lallys Tür. Am nächsten Tag schickt Rilke einen Band mit Abbildungen französischer Skulpturen der Gotik, und am übernächsten steht er selbst da.

Lally bewohnt ein privilegiertes Zimmer mit Kamin. Vor diesen setzt Rilke sich gern, um zu lesen oder zu sprechen. Er habe immer nur monologisiert, erinnert sich Lally. Auf Bildern erscheint sie orientalisch-verführerisch, eine geheimnisvolldunkle Schönheit. Ganz der Typus, dem Rilke gern vorauseilend verfällt. Rilke wird Stammgast in ihrem Zimmer, schickt immer neue Bücher und unternimmt mit Lally Ausflüge. Sie ist hier wegen eines ständigen Fiebers, das nicht abklingen will, und »Schatten auf der Lunge«, über die sie lachen muß, weil dieses Bild sie an einen Wald erinnert, wo hierher Sonne und dahin Schatten fällt. Rilkes Verhältnis zu ihr ist nicht unbedingt innig. Eher zynisch. Selten schrieb er so flüchtige Briefe ohne jede innere Anteilnahme. Man könnte denken, er komme nur wegen des Kamins, vor dem er oft bis Mitternacht sitzt, ein Platz, den er auch gegen diensteifrige Sanatoriums-Schwestern verteidigt. Aber Lally ist dabei nur ein Ornament, ein Stück schönen Interieurs wie die vielen Blumen in ihrem Zimmer. Rilke flüchtet vor dem Alleinsein, das er plötzlich nicht mehr erträgt. Er kompensiert innere Leere, die Angst, nicht mehr arbeiten zu können. Und an Nanny Wunderly-Volkart schreibt er am 30. März 1926: *Seit einiger Zeit ist hier Frau Horstmann aus Berlin, eine geborene von Schwabach (Tochter des bekannten Bankiers dieses Namens) die einmal, im Jahr 1916, anläßlich eines Diners neben mir saß. Sie ist häßlich, zierlich, intelligent und äußerst sympathisch, ihr Zimmer quillt über von Blumen und reizenden Sachen ... und da die N°31 über einen Kamin verfügt, gab es bei ihr ein gutes Feuerchen, wo ich mich an den vergangenen beiden Sonntagen wärmen konnte.*

Vielleicht sagt er das mit der Häßlichkeit nur, um Nike vor Eifersucht zu bewahren; vielleicht bereitet ihm diese unfreundliche (und ungerechte Drastik) auch eine heimliche Befriedigung. Wer immer davon lebte, Frauen schmeicheln zu müssen, ob sie ihm gefielen oder nicht, der entwickelt vielleicht so einen Hang zur Drastik, der sich an der eigenen Unaufrichtigkeit nicht stört. Denn er ist es schließlich, der sich Lally aufdrängt, der ihr Komplimente (über ihr Aussehen!) macht. Und der schließlich, wie Lally etwas befremdet bemerkt, auch hier in die Lehrer-Rolle gerät, um ihre Bildung zu verbessern. Allerdings, Rilkes Wahrnehmung bleibt höchst selektiv. Was ihn nicht interessiert, das ignoriert er.

Nun aber langweilt er sich. Immer hat er nur alles auf sich bezogen, die ganze Welt um sich kreisen lassen. Aber hat er je für andere ein Opfer gebracht? Für Clara und Ruth jedenfalls nie. Und auch seinen »Wahltöchtern« wandte er sich nur so lange zu, wie sie *ihn* anregten. Wo Pflichten entstanden, Verantwortung auf ihm zu lasten begann, da kehrte er den Künstler heraus und ging – das alles zurücklassend – auf Reisen. Hat er überhaupt eine Vergangenheit? Rilke begreift, er ist wirklich allein, alle Brücken zu Menschen, die ihm nahekommen wollten, hat er selber abgebrochen. Zuletzt zu Merline. Darum sitzt er nun trotz des Kamins fröstelnd neben einer jungen, ihm ziemlich fremden Frau. Einen Kamin besitzt sein Zimmer nicht. Auch muß er aus Geldmangel zwischendurch das Sanatorium verlassen und in eine billigere Pension umziehen.

Die Briefe bleiben Plänkeleien. Lallys im nachhinein verfaßte Erinnerungen lesen sich unbeholfen, offiziös, feierlich-bürokratisch. Deutlich aber tritt Rilkes frankophiler Zug dieser letzten Lebensphase vor uns. Nicht mehr Rußland ist es nun, wo er sich seelisch zu Hause fühlt, sondern das Frankreich Paul Valérys.

Einwanderung ins Französische & Adieu Marina

Die Großstadt Paris, die ihn doch am Anfang zu erdrücken drohte und die er mit all seiner Widerstandskraft bekämpfte, wird nun zum Sehnsuchtsbild. Geselliges Leben, Kultur, wie sie es nur in großen Städten gibt – all das treibt Rilke 1925 für acht Monate zurück nach Paris. Aber es ist wohl auch schon ein Abschiedsgefühl, das ihn beschleicht, da seine Physis sich so dauerhaft erschöpft zeigt. Er will die Stadt, die ihn über viele Jahre so entscheidend geprägt hat, daß er sich in seinen letzten Jahren immer mehr auch in die französische Sprache hineinschreibt, anfängt, auf französisch zu dichten und Paul Valéry zu übersetzen, diese Stadt will er noch einmal mit allen Sinnen aufnehmen. Etwas überdrüssig ist er schon der kleinkarierten Schweiz und der kleinkarierten Schweizer, die ihn so großzügig aushalten, aber auch Dankbarkeit und (vor allem!) Aufmerksamkeit erwarten. Im Traum von der schützenden

Anonymität der Großstadt kehrt sich sein lebenslanges Wunschbild vom Schloß auf dem Land um: Zuflucht ist immer da, wo wir nicht sind.

Selten liest man vom routinierten Brieffabrikanten Rilke so unroutinierte Briefe, wie die, die er Marina Zwetajewa schreibt. Es ist das, was diese gemeint hatte, als sie darauf bestand, sich auf deutsch mit ihm zu schreiben, weil es ihr schwerer falle als französisch: »Von mir zu Dir darf nichts fließen. Fliegen – ja! Und wenn nicht – lieber stocken und stolpern.« Und nun Rilkes Bekenntnis ganz ungeschützt der Freundin anvertraut, keine vierzehn Tage nach seinem ersten Brief an sie: ... *auf eine tükkische Art hat sich mein eigenes Alleinsein mit einem physischen Stachel wider mich gekehrt, mir das Mit-mir-selber-Sein verdächtig und gefährlich machend und ängstlich mehr und mehr durch die körperlichen Störungen, die nun d a s übertönten, was die mir je und je ursprünglichste Stille war.*

Rilke führt seine ihn so leiden lassende Krankheit (die Leukämie), die von den Ärzten als Erkrankung des Hauptnervs »Grand Sympathique« (fehl-)diagnostiziert wurde, auf zu häufige »Selbstreizung« – also Masturbation – zurück. Wahrhaft tragik-komisch. Und Marina, scheint, versteht es, und auf ihre direkte Art bietet sie sich ihm am 2. August an: »Manchmal denk ich: ich muß den Zufall ausnützen, daß ich noch (doch!) Körper bin.« Ganz unverblümt und doch poetisch: »... sei mir nicht bös, *ich* bin's ja, ich will mit Dir schlafen – einschlafen und schlafen. Das herrliche Volkswort, wie tief, wie wahr, wie unzweideutig, wie genau das, was es ist. Einfach – schlafen. Und weiter nichts. Nein, doch: den Kopf in Deine linke Schulter eingraben, den Arm um Deine rechte – und weiter nichts. Nein, doch: und bis in den tiefsten Schlaf wissen, daß Du's bist. Und noch: wie dein Herz klingt. Und – Herz küssen.«

Und so fährt sie fort in diesem Lobpreisungsbrief des Körpers, ähnlich dem, den Rilke an Lisa Heise geschrieben hatte, worauf er nie mehr eine Antwort von der irritierten Frau bekam. Marina: »Seele wird nie so geliebt wie Leib, höchstens – gelobt.« Hat sie damit Rilke irritiert? Wenn, dann zeigt er es nicht. Aber daß der letzte Satz ihres Briefes eine Liebe besiegelt, die niemals aus der Imagination in die Realität übersetzt werden darf, um sie nicht zu zerstören, das weiß er wohl. Marina: »Antworten brauchst Du nicht – weiterküssen.« Darum muß es ihn beunruhigt haben, als sie ankündigt, nun, so schnell es ginge, zu ihm zu kommen. Aber in die Schweiz dürfen die Russen nicht – dann also gleich hinter der Grenze? Ein wenig befangen wird Rilke schon gewesen sein, so im Handstreich von einer Frau erobert zu werden – klassischer Rollentausch! –, das hätte er sich nicht träumen lassen. (Oder doch – genau das?)

Aber wie diese merkwürdig ekstatische Russin wohl ist, das möchte er doch herausfinden – und fürchtet es zugleich. Ob es zu einem Treffen gekommen wäre, wenn sich Rilkes Zustand nicht so rapide verschlechtert hätte, darüber kann man nur mutmaßen.

Rilke anwortet in seinem letzten Brief an Marina bemüht abgeklärt – und den Vorbehalt eher leise und sehr zart vorbringend: *Ja und Ja und Ja, Marina, alle Ja, zu dem was Du willst und bist, so groß, zusammen, wie das Ja zum Leben selbst …: aber in dem sind ja auch alle zehntausend Nein, die unvorhersehbaren.*

Nach diesem Brief verstummt Rilke. Und sie sagt ihm in dem letzten Brief, den er von ihr in Händen halten sollte: »Rainer, sag nur immer Ja zu allem, was ich will,– Ich kenne Dich, Rainer, wie ich mich kenne. Je weiter von mir – desto weiter in mich.«

Elegie
an Marina Zwetajewa-Efron

O die Verluste ins All, Marina, die stürzenden Sterne!
Wir vermehren es nicht, wohin wir uns werfen, zu welchem
Sterne hinzu! Im Ganzen ist immer schon alles gezählt.
So auch, wer fällt, vermindert die heilige Zahl nicht.
Jeder verzichtende Sturz stürzt in den Ursprung und heilt.
Wäre denn alles ein Spiel, Wechsel des Gleichen,
                                                    Verschiebung,
nirgends ein Name und kaum irgendwo heimisch Gewinn?
Wellen, Marina, wir Meer! Tiefen Marina, wir Himmel.
Erde, Marina, wir Erde, wir tausendmal Frühling, wie Lerchen,
die ein ausbrechendes Lied in die Unsichtbarkeit wirft.
Wir beginnen als Jubel, schon übertrifft es uns völlig;
plötzlich, unser Gewicht dreht zur Klage abwärts den Sang.
Aber auch so: Klage? Wäre sie nicht: jüngerer Jubel nach
                                                    unten.
[...]

Das Ende

Der Auftakt des letzten Aktes klingt wie eine Legende, aber er
ist von verschiedenen Seiten verbürgt. Immer wenn er Da-
menbesuch empfängt, führt Rilke diesen in den Garten und
pflückt Rosen. In diesen Tagen aber verletzt er sich dabei an
einem Dorn. Nanny Wunderly-Volkart notiert, Rilke sei am
Morgen mit einem verbundenen Finger heruntergekommen.
Am darauffolgenden Tag entzündet sich auch ein Finger der
anderen Hand. Ende Oktober schreibt Rilke an seinen Verleger
Anton Kippenberg: ... *beide Hände staken zehn Tage lang in
teilweisen Verbänden; kaum daß diese Übelstände überwunden
waren, holte ich mir in Sion, wo sie scheints, umgeht, eine*

fiebrige Darmgrippe, mit der ich nun, seit nächstens vierzehn Tagen, sehr geschwächt, zu Bett liege. Die junge Russin, als Sekretärin verpflichtet, wird immer mehr zur Pflegerin. Rilke hält sich nun kaum noch in Muzot auf, sondern wohnt ebenfalls im »Hotel Bellevue« in Sierre, ist bettlägerig. Die Leukämie – eine seltene, besonders schmerzhafte Form – tritt in ihre letzte Phase. Rilke weiß nichts von der Diagnose und hofft immer noch auf Genesung. Die Schleimhäute in Mund und Nase verändern sich, entwickeln schwarze Knoten, die aufbrechen und bluten. Rilke kann nicht trinken und leidet unter quälendem Durst. Die einzigen, die Rilke um sich duldet, sind Nanny Wunderly-Volkart und die junge Russin.

Auch auf dem Sterbebett lassen ihn die finanziellen Sorgen nicht los. Kippenberg teilt ihm mit, daß er sein Konto um sechstausend Mark überzogen hat. Rilke muß Nanny Wunderly-Volkart bitten, die Hotelrechnung im »Bellevue« für ihn zu bezahlen. Und doch kümmert sich Rilke noch Mitte November um die Belange anderer. So bittet er Georg Reinhart um finanzielle Unterstützung für Regina Ullmann. Und er drängt seinen Verleger, auf die Lizenz-Gebühr für die polnische Übersetzung des »Malte Laurids Brigge« zu verzichten, weil die Situation in Polen derzeit dafür keine Spielräume lasse und Witold Hulewicz sich doch so stark für die Übersetzung engagiert habe.

Der letzte Text zu Lebzeiten Rilkes erscheint. Es ist die Übersetzung von Paul Valérys »Fragment zum Narziß«. Das besitzt einen ebenso merkwürdigen Symbolwert wie zuvor die Verletzung gerade an einer Rose, jener Blume, die Rilkes Existenz – reiner Widerspruch zu sein – so sinnlich-metaphorisch zusammenfasst.

Am 30. November begleitet Genia Tschernoswitow ihn ins Krankenhaus nach Val-Mont. Sein Zustand verschlechtert sich weiter. Seinen 51. Geburtstag am 4. Dezember verbringt er allein. Rilke vermag liegend nur noch kurze Mitteilungen mit Bleistift zu schreiben. Überwiegend benutzt er dafür die französische Sprache. Er bittet Werner Reinhart, die Kosten für seinen Krankenhausaufenthalt zu übernehmen. Am 13. Dezember schickt er seinen Abschiedsbrief an Lou Andreas-Salomé: *Dorogája, das siehst Du also wars, worauf ich seit drei Jahren durch meine wachsame Natur vorbereitet und vorgewarnt war: nun hat sie's schwer, durchzukommen ... es weht etwas Ungutes in diesem Jahresschluß, Bedrohliches ...*

Mitte Dezember schreibt Rilke auch sein letztes Gedicht, in dem er der letzten großen Herausforderung seines Lebens – dem Sterben – als Dichter entgegentritt. Und dies in höchster Vollkommenheit:

Komm du, du letzter, den ich anerkenne,
heilloser Schmerz im leiblichen Geweb:
wie ich im Geiste brannte, sieh, ich brenne
in dir; das Holz hat lange widerstrebt,
der Flamme, die du loderst, zuzustimmen,
nun aber nähr' ich dich und brenn in dir.
Mein hiesig Mildsein wird in deinem Grimmen
ein Grimm der Hölle nicht von hier.
Ganz rein, ganz planlos frei von Zukunft stieg
ich auf des Leidens wirren Scheiterhaufen,
so sicher nirgend Künftiges zu kaufen
um dieses Herz, darin der Vorrat schwieg.
Bin ich es noch, der da unkenntlich brennt?
Erinnerungen reiß ich nicht herein.
O Leben, Leben: Draußensein.
Und ich in Lohe. Niemand der mich kennt.

Gestrichen hat er – auch jetzt noch inmitten der Todeskrankheit die ästhetische Gedicht-Form über die bloße Mitteilung stellend – die letzten Zeilen des Gedichts, die das nahende Ende an den Anfang der Kindheit zurückbanden, wo man erst durch Krankheiten hindurch ins Leben hineinwuchs:

Verzicht. Das ist nicht so wie Krankheit war
einst in der Kindheit. Aufschub. Vorwand um
größer zu werden. Alles rief und raunte.
Misch nicht in dieses was dich früh erstaunte.

Der Schmerz, den der Dichter beschwor, er trifft nun brutal
den gequälten Leib. Aber Rilke, den Friedrich Gundolf doch
»willenlos« nannte, zeigt sich als Dichter dem Schmerz auch
dann noch gewachsen, wenn er als Mensch so von ihm gepei-
nigt wird. Hier wächst Rilkes Gestalt zu ganzer Größe. Und er
gibt, solange es geht, auch Kunde davon.
An Katharina Kippenberg hatte er schon am 23. März 1921 geschrieben, man dürfe den Schmerz nicht im Bewußtsein auflösen, er vertrage keine Auslegung. *Daß der Körper sein eigenes Schicksal habe, ist zuletzt nicht so verwirrend, wie, daß
wir gezwungen sind, sein Los falsch auszulegen, und das dieser vielstellige Irrtum zum Guthaben wird im Vermögen unseres Geistes.*
Rudolf Kassner übermittelt er aus der Tiefe des Vernichtungs-
schmerzes am 15. Dezember 1926 noch diese Botschaft: *Und
ich, der ich ihm nie recht ins Gesicht sehen mochte, lerne,
mich mit dem inkommensurabeln anonymen Schmerz einrichten. Lerne schwer, unter hundert Auflehnungen, und so trüb
erstaunt.*
Zu Weihnachen wünscht sich Rilke von Nanny Wunderly-
Volkart nur eins: ... *helfen Sie mir zu meinem Tod, ich will
nicht den Tod der Ärzte – ich will meine Freiheit haben.*
Die Tage über Weihnachten läßt Rilke sich abwechselnd von
seiner Pflegerin und Nanny Wunderly-Volkart französische
Prosa vorlesen. Er lebt noch ganz in seinen Valéry-Übersetzungen. Nanny Wunderly-Volkart schreibt über diese letzten
Augenblicke an Gudi Nölke: »Oft verwechselte er mich mit der
Schwester – er lag immer theilnahmsloser, hustete sehr –
seufzte – ach, es zerschnitt einem das Herz – nahm nichts mehr
zu sich – bis der Todesschlaf anfing – sein letztes war: merci –

für Dr. Haemmerli und die Schwester – dann ging es vom Morgen bis wieder am Morgen – bis er seine letzten, leisen Athemzüge tat.«

Am 29. Dezember bringt ein Schlitten den Sarg von der Klinik Val-Mont in die Kapelle von Raron. Keine Totenmaske existiert, der Leichnam darf nicht fotografiert oder gezeichnet werden.

Am 2. Januar 1927 soll Rainer Maria Rilke auf dem Bergfriedhof in Raron beerdigt werden. Katharina Kippenberg erinnert sich, wie sie und ihr Mann am Neujahrstag nach eiliger Anreise in Sierre im »Hotel Bellevue« ankamen. Dasselbe Hotel, in dem Rilke immer seine Besucher unterbrachte. Hierher floh er auch, wenn ihm Muzot zu einsam wurde.

Es ist überfüllt, so viele Menschen drängen sich, daß Kippenbergs nur mit Mühe das letzte freie Zimmer bekommen. Katharina Kippenberg rühren die vielen Menschen an. All die wollen zur Beerdigung? Der Hotelangestellte versteht nicht: Zum Silvesterball, sagt er.

Wieder ist es Nanny Wunderly-Volkart, die sich um das kümmert, was der Tod an profanen Dingen mit sich bringt: »Der Sarg mußte in eine kleine Kapelle gestellt werden bis zur Beerdigung, wir gaben ihm das Geleite, nachts spät, im hohen Schnee mit herrlichen Sternen über uns: Dr. Haemmerli, die Schwester und ich. Dann die Sachen packen, desinfizieren, Rechnungen und Trinkgelder begleichen – für Blumen und Kränze danken ...« Den Freunden und Bekannten wird telegrafiert.

Sie haben sich dann noch etwas einfallen lassen, was Rilkes Sinn für – erotische – Inszenierung entgegengekommen wäre. Sein Sarg wird von jungen Mädchen aus dem Dorf zum Bergfriedhof Raron hinaufbegleitet. Es ist klar und kalt, der Schnee reflektiert das Licht zu einer großen Helligkeit. Von den vielen Frauen, die Rilke gekannt hatte – Fixsternen, Kometen und Sternschnuppen –, konnten so schnell nur wenige hierher

291

kommen. Nanny Wunderly-Volkart, Katharina Kippenberg, Regina Ullmann und Loulou Albert-Lasard sind da. Die Wolken hängen tief, die Trauernden fühlen sich ihnen näher als der Erde unten im Tal. Der Sarg wird ins Grab hinabgelassen. In diesem Moment reißen die Wolken auf. Als wenn ein riesiger Engel blendend hervorträte, so scheint es den Anwesenden. – Die Legende beginnt zu leben.

Gesang ist Dasein – die »Sonette an Orpheus« (Epilog)

Die Engel sind gerade deswegen aus dem Verkehr gezogen worden:
Leiden des Verfalls, mystische Wonnen der Fäulnis haben sie nicht
gekannt. Das Idealbild der Vollkommenheit muß geändert werden,
und die Moral muß sich die Vorteile des Zerfalls aneignen, damit sie
nicht ein leeres Gefüge bleibt.

E. M. Cioran, Gedankendämmerung

Orpheus ist der Vorsänger aller Dichter. Singen bedeutet ein-
verstanden sein mit dem Leben, es rühmen: *Hiersein ist herrlich.* Und das bei Zunahme der Widrigkeiten, der Schwere,
des: *Überstehn ist alles.*
Dichten als orphischer Gesang wird zur ästhetisch überwun-
denen Schwere, zur organisch wieder angeeigneten fremden
Außenwelt: *Daß ich dereinst am Ausgang der grimmigen Einsicht aufsinge zustimmenden Engeln.* Ein großes Zustimmen
soll sein, was uns Rilke hinterläßt – inmitten des Schmerzes,
inmitten des Todes. Marina Zwetajewa hat Rilke den »deutschen Orpheus« genannt. Sie hat ihn und die »Fernstenliebe«
verstanden, als sie vom »ewigen Paar, der sich-Nie-Begegnen-
den« sprach und sein letztes großes, das Orpheus-Thema gefeiert. In »Dein Tod« schreibt sie: »Wie auf Wogen trägt uns der
Tod über die Grabhügel ins Leben.«

In der Ersten Duineser Elegie spricht Rilke von Linos, einem
beinah göttlichen Jüngling. Aus der Klage um ihn entsteht
zum ersten Mal Musik. Ein anderer Weltzustand tritt ein, in
der das *Leere in jene Schwingung geriet, die uns jetzt hinreißt
und tröstet und hilft.* Musik besitzt eine verwandelnde Kraft.
Und auch Dichtung wird Musik, die zu hören eine Kunst ist.

Die Entstehung der »Sonette an Orpheus – geschrieben als ein Grab-Mal für Wera Ouckama Knoop«, dieser letzte große innerlich-notwendige Gestaltwandel in Rilkes Werk, hat einen Zufall zum Anlaß. Ruth verlobt sich, und Gertrud Ouckama Knoop schreibt einen Glückwunschbrief. Ihre Tochter Wera war mit Ruth in München befreundet gewesen – und auch Rilke hatte sie einige Male gesehen. Und nun war sie vor zwei Jahren gestorben – mit neunzehn Jahren an Leukämie. Der gleichen Krankheit, an der auch Rilke, vier Jahre später, qualvoll sterben wird. Weras Sterben, ihre große Lebensfreude trotzdem, ihr Ringen mit dem Tod und das Einverständnis mit ihm zuletzt – all das schildert die Mutter Rilke. Der ist erschüttert. Innerhalb von nur vier Tagen (!), vom 2. bis zum 5. Februar 1922 entstehen die ersten fünfundzwanzig der insgesamt fünfundfünfzig »Sonette an Orpheus«. Ein Ausbruch an Schöpferkraft, der letzte, den Rilke erfahren sollte. Hier findet er die lang gesuchte Klammer zwischen Geburt, Schönheit, Jugend, Weiblichkeit und Tod.

Das Einzelschicksal Weras weitet sich zum Sinnbild von Leben und Vergänglichkeit, von Absterben und ewig jungem Bild der Schönheit. Gräfin Sizzo gegenüber präzisiert er seine Auffassung von Tradition und Mythos in den Sonetten: *In der Tat, je mehr uns die Tradition äußerlich abgeschränkt und abgeschnürt wird, desto entscheidender wird für uns, ob wir fähig bleiben, zu den weitesten und geheimsten Überlieferungen der Menschheit offen und leitend zu bleiben. Die Sonette an Orpheus sind, so verstehe ich sie immer mehr, ein im letzten Gehorsam geleiteter effort in dieser tiefen Richtung.* Eine Anrufung der Kunst als Lebensausdruck, mehr noch: eine Beschwörung der magischen Macht des Wortes als geheimes Bindeglied des Humanen zu allem Göttlichen. Und das in einer Gegenwart, deren Horizont sich auf banale – und darum selbstmörderische – Weise im maschinellen Machbarkeitskult von Technik schließt:

Sieh, die Maschine:
wie sie sich wälzt und rächt
und uns entstellt und schwächt

Dagegen setzt Rilke im dritten Sonett sein trotziges: *Gesang ist Dasein*. Eine Gabe der Götter. *Für den Gott ein Leichtes.* – Aber für uns? – *Wann aber s i n d wir?* Wenn unsere Natur über sich hinausgreift und wächst. Wenn sie die Fähigkeit zur Einsicht gewinnt in die eigene Natur. Da beginnt Verwandlung. Und alle Verwandlung ist göttlich – auch die ins eigene Ich. Der göttliche Funke, er bleibt eingeschlossen in unsere Körper – und nur die transparenteste aller Künste, die Musik, vermag es, ihn ins Freie zu führen. Hier harmonieren Natur und Geist, Sinnlichkeit und Intellekt miteinander. Glücklicher Moment der Balance unseres unausbalancierbaren Lebens auf den Tod zu. Da ist Schönheit, die nicht schrecklich ist.

Wera war bis zum Ausbruch der Krankheit eine anmutige Tänzerin gewesen. An Margot von Sizzo schreibt Rilke am 12. April 1923 über sie: *Dieses schöne Kind, das erst zu tanzen anfing und, bei allen die sie damals sahen, Aufsehen erregte, durch die ihrem Körper und Gemüt eingeborene Kunst der Bewegung und Wandlung, – erklärte ihrer Mutter unvermutet, daß sie nicht länger tanzen könne oder wolle ...; (das war eben am Ausgang des Kindseins) ihr Körper veränderte sich seltsam, wurde, ohne seine schöne östliche Gestaltung zu verlieren, seltsam schwer und massiv ... (was schon der Anfang der geheimnisvollen Drüsen-Erkrankung war, die dann so rasch den Tod herbeiführen sollte) ... In der Zeit, die ihr noch blieb, trieb Wera Musik, schließlich zeichnete sie nur noch –, als ob sich der versagte Tanz immer leiser, immer diskreter noch aus ihr ausgäbe ...*

Musik wird zum Medium der Todesüberwindung. Orpheus hatte mit ihr in der Unterwelt die Schatten gebannt:

Da stieg ein Baum. O reine Übersteigung!
O Orpheus singt! O hoher Baum im Ohr!
Und alles schwieg. Doch selbst in der Verschweigung
ging neuer Anfang, Wink und Wandlung vor.

Ralph Freedman interpretiert das so: »Wenn Orpheus singt
und sein Dasein im Singen bestätigt, steigt eine Musik im Ohr
des Hörenden auf wie ein Baum.« Und Katharina Kippenberg
erklärt in ihrer bis heute gültigen, kurz vor ihrem eigenen Tod
geschriebenen Deutung, was den Eros von Orpheus ausmacht:
»War Orpheus von der besungenen Erde in die Unterwelt ge-
drungen, so kam er eben dort unserem Dichter entgegen, der
zwischen dem Leben und dem Tode keine strenge Grenze auf-
gerichtet wissen wollte.« Orpheus überwindet Grenzen, nicht,
indem er sie niederreißt, sondern indem er sie öffnet – für die
Musik.
Im »Brief des jungen Arbeiters« hat Rilke zeitgleich zu den Sonetten eine Apologie des Menschen geschrieben. Aus dem
Korsett des Christlichen befreit, wird er in all seiner vergäng-
lichen Leiblichkeit zum Gefäß des göttlichen Geistes. In den
alten Kirchen sieht er: *Hier ist der Engel, den es nicht giebt,*
und der Teufel, den es nicht giebt; und der Mensch, den es
giebt, ist zwischen ihnen, und, ich kann mir nicht helfen, ihre
Unwirklichkeit macht ihn mir wirklicher.
Mit den Orpheus-Sonetten gelingt Rilke die Aufhebung des
negativen Prinzips, für das der Engel steht. Dieser Engel war
jeglicher Versöhnung mit uns selbst ein Riegel gewesen, der
sich beständig in kalter Distanz zwischen Frage und Antwort
schob. Der Engel hielt die kalte Ferne aufrecht, in der alle
Schönheit zu etwas Schrecklichem gerinnt – weil sie unbe-
rührbar bleibt für uns. Orpheus ist es, der – singend – aus dem
Totenreich heraustritt und dem Leben seine heitere Zuversicht
zurückgibt. Wie etwas Göttliches übersteigt uns diese Musik.
Die Toten, so lautet Rilkes Botschaft, sie haben teil an unserem
Leben – sie waren es ja, die uns das Leben geschenkt haben.

Und wir werden wieder Leben-Schenkende, durch unseren Tod. Die »Sonette an Orpheus« stellen den Menschen in den großen Strom der Geschichte, der ein endloser Zug der Toten ist. Aber für Momente treten wir heraus. Glück, dessen Stunde zu ergreifen ist! Ein Fest, auf dem Musik erklingt, die zu hören wir erst lernen müssen. Aber dann wird sie uns auch begleiten in die Totenwelt – aus der das Leben wächst. Hörend verstehen wir, daß Leben und Tod sich in einer höheren Einheit zusammenfinden – und daß Orpheus der Sänger dieser Einheit ist.

Orpheus versöhnt durch Gesang: die Kunst mit der Natur, das Leben mit dem Tod. Das Offene steht vor uns, als ein das Dunkel durchdringendes Licht. Das ist Rilkes Utopie, sein Beharren auf der Wirklichkeit des Traums, aus dem nicht nur alle Kunst, sondern auch alles Leben gemacht ist.

Zeittafel

1875	am 4. Dezember 1875 in Prag geboren
1882–84	Piaristen-Schule in Prag
1885	Trennung der Eltern
1886–90	Militär-Unterrealschule St. Pölten (Freistelle)
1890	Militär-Oberrealschule in Mährisch-Weißkirchen (abgebrochen)
1891–92	Handelsakademie Linz (abgebrochen)
1892–95	private Vorbereitung auf Abitur, Stipendium seines Onkels Jaroslav Ritter von Rüliken
1894	erster Gedichtband »Leben und Lieder«
1895	Abitur, Studienbeginn in Prag (Philosophie, Literatur- und Kunstgeschichte), der Gedichtband »Larenopfer« erscheint, und das Drama »Im Frühfrost« wird aufgeführt (mit Max Reinhardt als Schauspieler)
1896–97	Studium in München (zwei Semester)
1897	Begegnung mit Lou Andreas-Salomé, Übersiedlung nach Berlin
1898	Italienreise, dort Begegnung mit Stefan George und Heinrich Vogeler
1899	erste Rußland-Reise mit Lou Andreas-Salomé, »Die Weise von Liebe und Tod des Cornets Christoph Rilke«, »Die Turnstunde«
1900	zweite Rußland-Reise mit Lou Andreas-Salomé, Besuch in Worpswede, Bekanntschaft mit Clara Westhoff und Paula Becker, »Mir zur Feier« und »Geschichten vom lieben Gott«, »Die weiße Fürstin«
1901	Ehe mit Clara Westhoff, Wohnsitz Westerwede, 12. Dezember Geburt der Tochter Ruth, Bruch mit Lou Andreas-Salomé (»Letzter Zuruf«), »Das tägliche Leben« (Drama)
1902	Trennung von der Familie, Übersiedlung nach Paris, Begegnung mit Rodin, »Das Buch der Bilder«

1903	die Monographien »Worpswede« und »Auguste Rodin« erscheinen, Aufenthalt in Viareggio und Rom
1904	Reise nach Dänemark und Schweden (auf Vermittlung von Ellen Key), Beginn der »Aufzeichnungen des Malte Laurids Brigge«
1905	erstes Wiedersehen mit Lou Andreas-Salomé in Göttingen, Sekretär bei Rodin, »Das Stundenbuch«
1906	»Buch der Bilder«, Tod des Vaters, Bruch mit Rodin
1907	Begegnung mit Maxim Gorki auf Capri, Erlebnis von Cézannes Bildern in Paris, Tod Paula Modersohn-Beckers, »Neue Gedichte«
1910	»Die Aufzeichnungen des Malte Laurids Brigge«, erster Aufenthalt auf Duino bei Marie von Thurn und Taxis
1911	Nordafrika-Reise mit Jenny Oltersdorf
1912	zweiter Aufenthalt auf Duino, Beginn der Arbeit an den »Elegien«, Venedig, Begegnung mit Eleonora Duse
1913	Spanienreise, Übertragung der Briefe der Nonne Mariana Alcoforado, »Das Marien-Leben«
1914	bei Kriegsausbruch in München
1916	von Januar bis Juni Militärdienst in Wien, nach Entlassung Rückkehr nach München
1919	Niederschlagung der Münchener Räterepublik, am 11. Juni verläßt Rilke Deutschland für immer mit einem Zehn-Tage-Visum für die Schweiz
1920	Auf Schloß Berg am Irchel, Locarno, Bern, Paris, Genf, Venedig, fieberhafte Suche nach einem dauerhaften Wohnsitz in der Schweiz, neue Mäzene (Nanny Wunderly-Volkart)
1921	Werner Reinhart mietet für Rilke das Schloß Muzot
1922	Vollendung der »Duineser Elegien« und »Sonette an Orpheus«, Heirat von Ruth Rilke mit Carl Sieber, Beginn ernster Gesundheitsstörungen
1923	intensive Beschäftigung mit französischer Literatur, Übersetzung von Paul Valéry, eigene Gedichte in französischer Sprache, ab Dezember im Sanatorium Val-Mont
1925	von Januar bis August in Paris, Muzot, ab Dezember in Val-Mont
1926	bis Ende Mai in Val-Mont, Muzot, Ablehnung der Wahl

in die Sektion für Dichtkunst der Preußischen Akademie der Künste, ab 30. November in Val-Mont, am 29. Dezember stirbt Rilke an Leukämie in Val-Mont

1927 am 2. Januar Begräbnis in Raron

Register ausgewählter Frauennamen

Albert-Lasard, Lou (Loulou, Lulu), (1891–1969), Malerin 12, 15, 143 ff., 166 ff., 179, 235, 237, 292

Alcoforado, Mariana (1640–1723), portugiesische Nonne, deren (unechte) Aufzeichnungen Rilke übersetzte und zum Vorbild seines Ideals der »Fernstenliebe« nahm 17, 119 ff., 130, 234, 252, 278, 299

Andreas-Salomé, Louise (Lou), (1861 Petersburg–1937 Göttingen), Freundin Nietzsches und Mitarbeiterin Freuds in Wien, Schriftstellerin, Psychoanalytikerin 13, 21, 38 ff., 41, 48 ff., 71, 73, 78 ff., 83, 88, 94, 96 ff., 105 ff., 124, 126, 131, 135, 142 ff., 148, 150, 154 ff., 159 ff., 165, 172 ff., 176 ff., 182 ff., 198, 217 ff., 233, 238, 255 ff., 279, 289, 298 ff.

Baumgartner, Frida, von Rilke sehr geschätzte Haushälterin in Muzot 248 ff.

Becker, Paula (siehe Modersohn-Becker)

Benvenuta (siehe Hattingberg von, Magda)

Bergner, Elisabeth (1897–1986), Schauspielerin 193

Bürer, Alice, Postbeamtin in Ragaz 250, 272 ff.

Cassani-Böhmer, Albertina (Putzi), Sängerin 211 ff.

Chevron, Isabelle de, Ahnfrau von Muzot, über die man Spukgeschichten erzählte, die Rilke ängstigten 262

David von Rhonfeld, Valerie (Vally), (1874–1947), Rilkes erste Freundin und Gönnerin 42 ff.

Delp, Ellen, Schauspielerin bei Max Reinhardt 164 ff.

Dobrčensky, Mary Gräfin (1889–1970), Kunst-Mäzenin 212

Duncan, Isadora (1878–1927), amerikanische Ausdruckstänzerin 114

Duse, Eleonora (1859–1924), italienische Schauspielerin 15, 121 ff., 299

303

Literaturverzeichnis

Werkausgaben / Monographien / Dokumente

Rainer Maria Rilke, Werke – Kommentierte Ausgabe in vier Bänden
und einem Supplementband, Hg. Manfred Engel, Ulrich Fülleborn,
Horst Nalewski, August Stahl, Frankfurt a. M. und Leipzig 1996 bis
2003
- Florenzer Tagebuch, Hg. Ruth Sieber-Rilke und Carl Sieber, Frankfurt
a. M. und Leipzig 1994
- Elegien und Sonette an Orpheus, mit Erläuterungen von Katharina
Kippenberg, Zürich 1951
- Über Gott, zwei Briefe (Hg. Carl Sieber), Frankfurt a. M. und Leipzig
1996

Albert-Lasard, Lou, Wege mit Rilke, Frankfurt a. M. 1952
Andreas-Salomé, Lou, Rainer Maria Rilke, Leipzig 1928
Asadowski, Konstantin (Hg.), Rilke und Rußland, Berlin und Weimar
1956
Bassermann, Dieter, Der andere Rilke – Gesammelte Schriften aus dem
Nachlaß (Hg. Hermann Mörchen), Bad Homburg 1961
- Der späte Rilke, München 1947
Betz, Maurice, Rilke in Frankreich, Wien/Leipzig/Zürich 1938
- Rilke in Paris, Zürich 1948
Bollnow, Otto Friedrich, Rilke, Stuttgart 1956
Freedman, Ralph, Rainer Maria Rilke, Der junge Dichter, 1875–1905,
Frankfurt a. M. und Leipzig 2001
- Rainer Maria Rilke, Der Meister, 1906–1926, Frankfurt a. M. und
Leipzig 2002
Hamburger, Käte (Hg.), Rilke in neuer Sicht, Berlin/Köln/Mainz 1971
Helwig, Werner, Sidonie Nádherný und Rilke, in: Merkur 3/1974
Holthusen, Hans Egon, Rilke, Hamburg 1958
Jokostra, Peter, Nach den Duineser Elegien, in: Neue Deutsche Litera-
tur 12/1956
Jonas, Ilsedore B., Rilke und die Duse, Frankfurt a. M. und Leipzig 1993

Kippenberg, Katharina, Rainer Maria Rilke, Ein Beitrag, Leipzig 1942

Koenig, Hertha, Erinnerungen an Rilke / Rilkes Mutter (Hg. Joachim W. Storck), Bielefeld 2002

Leppmann, Wolfgang, Rilke, München 1996

Nalewski, Horst, Rainer Maria Rilke, Leipzig 1981

- Leben, Werk und Zeit in Texten und Bildern, Frankfurt a. M. und Leipzig 1992

- Rilkes Reise nach Ägypten, Frankfurt a. M. und Leipzig 2000

Rilke, Phia, Gedanken für den Tag, (Hg. Hella Sieber-Rilke), Frankfurt a. M. und Leipzig 2002

Ross, Werner, Lou Andreas-Salomé, Weggefährtin von Nietzsche, Rilke, Freud, Berlin 1992

Sauer, Marina, Die Bildhauerin Clara Rilke-Westhoff, Bremen 1986

Schank, Stefan, Rainer Maria Rilke, München 1999

- Rilke in der Schweiz, Freiburg i. Br. 2000

Schnack, Ingeborg, Rainer Maria Rilke, Leben und Werk im Bild, Frankfurt a. M. 1973

- Rilke-Chronik, Frankfurt a. M. 1996

Sieburg, Friedrich, Rainer Maria Rilke, in: Sieburg, Zur Literatur (Hg. F. J. Raddatz), Stuttgart 1981

Thurn und Taxis, Marie von, Erinnerungen an Rainer Maria Rilke, Frankfurt a. M. 1994

Ullmann, Regina, Ausgewählte Erzählungen (Hg. Friedhelm Kemp), Frankfurt a. M. 1997

Weininger, Otto, Geschlecht und Charakter, München 1997

Wertheimer, Marga, Arbeitsstunden mit Rainer Maria Rilke, Zürich/ New York 1940

Wiesner-Bangard, Michaela und Welsch, Ursula, Lou Andreas-Salomé – … wie ich Dich liebe Rätselleben, Leipzig 2002

Zweig, Stefan, Rainer Maria Rilke, in: Zweig, Essays (Hg. Dietrich Simon), Leipzig 1990

Briefe

Rainer Maria Rilke, Briefe, 2 Bde., Hg. Horst Nalewski, Frankfurt a. M. 1991
- Briefe und Tagebücher aus der Frühzeit, Hg. Ruth Sieber-Rilke und Carl Sieber, Leipzig 1931

- Briefe an Schweizer Freunde, Hg. Rätus Luck, Frankfurt a. M. 1990
- Weihnachtsbriefe an die Mutter, Hg. Hella Sieber-Rilke, Frankfurt a. M. und Leipzig 1995

Brief-Einzelausgaben

Briefwechsel mit Lou Andreas-Salomé (Hg. Ernst Pfeiffer), Frankfurt a. M. und Leipzig 1984
- Anita Forrer (Hg. Magda Keréneyi), Frankfurt a. M. 1982
- Claire Goll, Ich sehne mich sehr nach Deinen blauen Briefen (Hg. Barbara Glaubert-Hesse), Göttingen 2000
- Magda von Hattingberg, Frankfurt a. M. und Leipzig 2000
- Briefwechsel mit einer jungen Frau (Lisa Heise), Frankfurt a. M. und Leipzig 2003
- Eine Begegnung in Val-Mont mit Lally Horstmann (Hg. Ursula Voß), Frankfurt a. M. und Leipzig 1996
- Inga Junghanns, Wiesbaden 1954
- Rudolf Kassner, Freunde im Gespräch (Hg. Klaus E. Bohnenkamp), Frankfurt a. M. und Leipzig 1997
- Ellen Key (Hg. Theodore Fiedler), Frankfurt a. M. 1993
- Katharina Kippenberg, Wiesbaden 1954
- Paula Modersohn-Becker, Briefe und Tagebuchblätter (Hg. S. D. Gallwitz), Berlin 1920
- Paula Modersohn-Becker (Hg. Rainer Stamm), Frankfurt a. M. und Leipzig 2003
- Elya Maria Nevar, Freundschaft mit Rainer Maria Rilke, Bern – Bümpliz 1946
- Gudi Nölke (Hg. Paul Obermüller), Wiesbaden 1953
- Marie von Thurn und Taxis (Hg. Ernst Zinn), 2 Bde, Frankfurt a. M. 1986,

- Gräfin Margot Sizzo, Wiesbaden 1950
- Mathilde Vollmoeller, Paris tut not (Hg. Barbara Glauert-Hesse), Göttingen 2001
- Nanny Wunderly-Volkart, 2 Bde. (Hg. Rätus Luck), Frankfurt a. M. 1977
- Marina Zwetajewa, Ein Gespräch in Briefen (Hg. Konstantin Asadowski), Frankfurt a. M. und Leipzig 1992

Abbildungen auf dem Schutzumschlag

1. Reihe/von links nach rechts: Rilke in Paris, Clara Westhoff (Ehefrau) mit Tochter Ruth Rilke, Sommerabend in Worpswede (Gemälde Heinrich Vogeler), Marie von Thurn und Taxis

2. Reihe/von Links nach rechts: Magda von Hattingberg (Pianistin), Paula Modersohn-Becker mit Clara Westhoff, Eleonora Duse, Rilke 1925, Manuskriptseite aus »Malte Laurids Brigge«

3. Reihe/von links nach rechts: Rilke mit Baladine Klossowska (mit Balthosz), Rilke mit Ehefrau Clara Westhoff, Adelmina Romanelli, Rilke 1918 in Paris

4. Reihe/von links nach rechts: Rilke, Baladine Klossowska als Tänzerin (Gemälde), Nanny Wunderly-Volkart, Lou Andreas-Salomé, Valerie David von Rhonfeld

Armin Strohmeyr

Eine Biografie **George Sand**

240 Seiten. Mit 16 Abbildungen. € 19,90

Gebunden, mit Schutzumschlag.

ISBN 3-379-00808-7

Ihr Leben und Schreiben ist in jedem Sinne maßlos zu nennen: George Sand (1804–1876), eine der produktivsten und meistgelesenen Schriftstellerinnen ihrer Zeit, war bereits früh von Legenden erhöht und von Gerüchten umwittert. In Männerkleidern und Zigarren rauchend provozierte sie ihre Zeitgenossen. Sie kämpfte für die bürgerlichen Rechte, nahm aktiv an der Revolution von 1848 teil, setzte sich mit den Ideen von Marx auseinander und legte sich mit Kaiser Napoleon III. an. Und sie war eine Frau, der Freundschaften über alles gingen. Der Kreis von Dichtern, Musikern, Malern und Gelehrten, der auf ihrem Landsitz Nohant ein und aus ging, spiegelt das geistige Panorama einer bewegten Epoche.

R E C L A M
L E I P Z I G

Wiesner-Bangard / Welsch

Lou Andreas-Salomé

Eine Biographie   »... wie ich Dich liebe, Rätselleben«

296 Seiten. RBL 20039. € 12,90

ISBN 3-379-20039-5

Ein faszinierendes Rätsel blieb Lou Andreas-Salomé ihren Zeitgenossen wohl immer. Mit Nietzsche, Rilke und Freud stand sie nicht nur in lebhaftem gedanklichen Austausch. Ihre philosophische Scharfsichtigkeit rief Bewunderung hervor, als Schriftstellerin überzeugte sie durch psychoanalytisches Feingefühl.

»Die Biographie ist umfassend, genau und angenehm zu lesen. Ein Standardwerk.«
Werner Ross

»Die Autorinnen hüten sich davor, den Leser mit psychoanalytischen Interpretationen einzuengen – so wie diese große, widersprüchliche, intensiv lebende Frau, diese Intellektuelle und wahrhaft Unabhängige sich weder von Ideen noch von Männer einengen ließ.«
Süddeutsche Zeitung

R E C L A M
L E I P Z I G

Karoline Hille
Fünf Malerinnen
der frühen Moderne

256 Seiten. Mit 5 Abbildungen. € 19,90

Gebunden, mit Schutzumschlag.

ISBN 3-379-00797-8

Die vorgestellten Künstlerinnen gehören zu den bedeutenden europäischen Malerinnen des 20. Jahrhunderts. Mit Suzanne Valadon, Paula Modersohn-Becker, Gabriele Münter, Sonia Delaunay-Terk und Ljubow Popowa wurden Vertreterinnen unterschiedlicher Kunststile und Richtungen ausgewählt, die deren Entwicklung maßgeblich mitgestalteten.

»Hille schreibt kenntnisreich und schafft Querverbindungen.«
Frankfurter Rundschau

»Dieses Buch ist ein verborgener Schatz. Wer Hilles Analysen einmal nachvollzogen hat, wird jeden Text über Frauen in der Kunst mit neuen, wachen Augen lesen.«
Emma

RECLAM
LEIPZIG